History of Florida by...
Book 3
Fountain of Youth
1513 – 1514

История Флориды от...
Книга 3
Источник Молодости
1513 – 1514

Konstantin Ashrafyan

Copyright © 2016 Konstantin Ashrafyan

All rights reserved.

ISBN-10: **1542459524**
ISBN-13: **978-1542459525**

Many hundreds of years ago was the moment when Florida was opened for Europe civilization. It was the very original expedition consisting of a team from old sailors to soldiers. This is a very interesting history about the search for the Fountain of Youth and other stories you can read in a light form of a fiction book by Konstantin Ashrafyan "History of Florida by…". You can see the hard life and which began for aborigines after the clash of different cultures.
   Dida S., editor of website www.indiansworld.org

Много сотен лет прошло и много воды утекло с момента, когда Флорида была открыта для европейцев, пожалуй, одной из самых странных морских экспедиций, команда которой была сформирована из если не престарелых, то близко к этому возрасту моряков и солдат. Удивительную историю поиска Фонтана Молодости, а также событий, связанных с этим читатель сможет познать в изложенной в лёгкой, художественной форме книге Константина Ашрафьяна «История Флориды от…». Вы также станете свидетелем той тяжёлой участи, которая выпала на долю проживавших в Америке аборигенов после поистине опустошительного столкновения культур.
Дида С., редактор сайта «Мир индейцев» www.indiansworld.org

I would like to EXPRESS MY GRATITUDE for help in the selection of materials and support, publication and registration for organizations:

Я хотел бы выразить свою благодарность за помощь в подборе материалов и поддержка, публикации и регистрации организациям:

South Shore Regional Library (HCPLC)
Tampa-Hillsborough County Public Library (HCPLC)
City Hall of North Port, Florida
The Tampa Bay Business Owner (TBBO)
Chamber of Commerce of
 Sun City Center, Tampa, Sarasota, Manatee and Hillsborough County,
Florida Museum of Natural History
De Soto National Memorial
Marco Island Historical Museum-
Collier County Museum
Mount Key Archeological State Park
South West Florida Museum of History
Calusa Heritage Trial Rendell Research Center at Pinellas
National Park Service U.S. Department of the Interior
East Bay High School
ESOL Earl. J. Lennard High School
Hillsborough County High School
Bright House Network
Cypress Creek community
Aeroflot Air Company
 Delta Air Company
Southwest Air Company
International Airports of
Tampa, Orlando, Sarasota, New York, Miami, Moscow
Web site www.indiansworld.org

I would like to say "THANK YOU" for motivating me to work hard.
Я хотел бы сказать «СПАСИБО» за мотивацию в этой трудной работе.

Mayor of Tampa - Bob Buckhorn & my family
Мэр Тампы (Флорида) – Боб Бакхорн и моя семья

Doug De Vos (President of Amway) & my family
Даг Де Вос (президент Амвей) и моя семья.

Allan Pease is an Australian body language expert and co-author of fifteen books and my family.
Алан Пиз – австралийский эксперт языка тела и автор 15 книг и моя семья.

Bob Doyle (teachers in the film and bestseller's book "THE SECRET"), **Olga Kovaleva and me.**
Боб Дойл – учитель в фильме и бестселлере «Секрет» (Тайна), Ольга Ковалева и я.

Family of Gina Oviedo-Martinez (HCPLC)
Семья Джины Овьедо-Мартинес
(Библиотекаря в Хилсборо Каунти)

Jackie MacDonnell *Mira Babek*

Family of writer J. Levy and family of writer M. Sondrini.

History of Florida by.... Book 3. 1513-14. История Флориды от... Книга 3. 1513-14

Family of Purdy and *family of McAteer*

Family of Konev (covers and pictures)

Family of Weimann (photos and editing)

Mulin Konstantin Vera Khrust   *Grigory Gromov*

Jeremy DeBary

*David Bocanegra and members society of
De Soto National Memorial.*

*Spain in Florida: 16th & 17th century living history group.
Группа «Испанцы во Флориде. 16 и 17 век.»*

Alisa Petrishcheva

Hello! My name is Alisa Petrishcheva, I'm a student living in Russia. The author of this book, Konstantin Ashrafian, gave me an amazing chance to translate it into English. I'm fond of history as well, so this was a perfect opportunity for me.

"Search for the Fountain of Youth" is a fascinating story combining historical knowledge, an enthralling plot filled with twists, wisdom, and a little bit of magic. If you are interested in history, sea adventures, and discoveries you will for sure enjoy reading this novel.

Алиса Петрищева

Здравствуйте! Меня зовут Алиса Петрищева, я учусь и живу в России. Автор этой книги, Константин Ашрафьян, предоставил мне замечательную возможность перевести её на английский язык. Меня также интересует история, так что это была идеальная возможность для меня.

"Поиски Источника Молодости" - захватывающая история, в которой есть как и описание исторических событий, так и занимательный сюжет, полный неожиданных поворотов, мудрости, а также чуточка волшебства. Если вам интересна история, морские приключения и открытия, вам точно понравится этот роман.

Book characters.

King Ferdinand II of Aragon
Bishop Fonseca – King Ferdinand's personal priest
Juan Ponce de Leon - conquistador, discoverer of Florida
Leonora - wife of Ponce de Leon
Anton de Alaminos - helmsman of the ships and the discoverer of the Gulf Stream.
Juan Bono de Quejo - captain of the Ponce de Leon's ship and his friend
Juana Ruiz from Jimenez - the first woman to set foot on Florida
Miguel de Pasamonte - royal treasurer of King Ferdinand II
Brother Ortiz - a monk of the Dominican Order
Alonso Manso – bishop of Dominican monastery in the New World
King of Calusa - Carlos
Pedro de Cordoba - vicar of the Dominican monastery on the island of Hispaniola.

Main terms:

Caparro (Caparra) - the capital of San Juan Bautista (now the island of Puerto Rico) in times of Ponce de Leon from 1509 to 1513.

San Juan Bautista - island of *Puerto Rico*, the Indians called it *Boriken* (check the reference at the end of the book).

Hispaniola - the island of Hispaniola, where the Republic of Haiti is situated (that's how the Taino Indians called Hispaniola) and the Dominican Republic.

Year **511**, etc. – meaning the year **1511**, as in the conversations and records of that time the chronology starts after the 1000 year.

Calusa (ka-LOO-sa) - an Indian tribe, which translates as "fierce people". This tribe occupied the entire territory of South Florida, and it resisted the Spanish conquistadors fiercely. Subsequently, the whole tribe has disappeared from the territory of Florida, under the blows of Creeks Indians and their offshoots - Seminoles, who had come from the North. The last few hundreds of people - the remains of the once mighty Calusa tribe, were taken by Spaniards from Florida to Cuba.

The Dominican Order of Monks - founded in 1214

Герои книги.

Король Фердинанд II Арагонский
Епископ (бишоп) Фонсека – личный священник короля Фердинанда
Хуан Понсе де Леон[33] – конкистадор, первооткрыватель Флориды
Леонора – жена Понсе де Леона
Антон де Аламинос – главный кормчий кораблей и первооткрыватель Гольфстрима.
Хуан Боно де Кэхо – капитан судна Понсе де Леона и его друг *(Juan Bono de Quejo)*
Хуана Руиз – первая женщина, вступившая на землю Флориду **(Juana Ruiz from Jimenez (Giménez))**
Мигель де Пасамонте **(Miguel de Posamonte)** –) казначей короля Фердинанда II
Брат Ортиз – монах доминиканского ордена
Алонсо Мансо - Бишоп Доминиканского монастыря в Новом Свете
Король Калуса – Карлос
Педро де Кордоба – викарий монастыря доминиканцев на Острове Эспаньола.

Основные термины.

Капарро (*Kapappa*) – столица Сан-Хуан-Батиста **(современный остров Пуэрто-Рико)** *во времена Понсе де Леона с 1509 по 1513 год.*

Сан-Хуан-Батиста – остров **Пуэрто-Рико**, *индейцы его называли -* **Борикен (см. ссылку в конце книги).**

Эспаньола – *остров Эспаньола, на котором сейчас находятся республика Гаити* **(так называли Эспаньолу индейцы Таино – прим. К.А.)** *и Доминиканская республика.*

Год **511** *и т. п. - год* **1511***, так как в записях и разговоре того времени все отсчеты велись после* **1000 года.**

Калуса (ka-LOO-sa) – *индейское племя, которое переводится как «Свирепые люди». История Калуса насчитывает более 6000 лет. Это племя занимало всю территорию южной Флориды, и оно оказало яростное сопротивление испанским конкистадорам. Впоследствии все это племя исчезло с территории Флориды под ударами индейцев* **Криков** *и их ответвления –* *индейцев племени* **Сименолов***, пришедших с Севера. Последние несколько сот человек - остатки некогда могущественного племени Калуса, были вывезены испанцами из Флориды на Кубу.*

Доминиканский Орден Монахов – *основан в 1214 году.*

Содержание.

Глава 1
Отплытие армады из трех кораблей из Сан-Жермена. В путь - к Бимини!

Глава 2
Открытие Гольфстрима. Первые контакты с индейцами Калуса.

Глава 3
Встреча с индейцами Калуса.
Открытие Островов Мучеников (острова Ки Вест).

Глава 4
Месть карибов.
Разрушение дома Понсе де Леона и Прихода доминиканских монахов.

Глава 5
Царь Калуса Карлос против Испанцев.

Глава 6
Нападение индейцев Калуса на армаду кораблей Понсе де Леона.

Глава 7
Второе нападение индейцев Калуса.

Глава 8
Армада поворачивает обратно на юг.
Спасительный волшебный остров Тортуга.

Глава 9
Любовь. Истории женщин на корабле Санта Мария.

Глава 10
Неизвестная Земля.

Глава 11
Остров Старой Женщины.

Contents

Chapter 1.
The departure of the armada of three ships from San Germaine. Off we go to Bimini!

Chapter 2.
The discovery of the Gulf Stream.
The first contacts with the Indians of the Calusa tribe.

Chapter 3.
Meeting with the Calusa Indians.
Discovery of the Martyrs Islands (Key West).

Chapter 4.
The revenge of the Caribbeans.
The destruction of Ponce de Leon's house and the arrival of the Dominican monks.

Chapter 5.
Carlos, the king of the Calusa, against the Spaniards.

Chapter 6.
The attack of the Calusa Indians on the ships of Juan Ponce de Leon.

Chapter 7.
The Calusa Indians' second attack.

Chapter 8.
The armada turns back to the south.
The magical lifesaving Tortuga Island.

Chapter 9.
Love. The stories of the women on the Santa Maria ship.

Chapter 10.
The unknown land.

Chapter 11.
The Island of the Old Woman.

Глава 12

Неожиданная встреча. Спасение врагов.

Глава 13

Понсе де Леон возвращается домой. Продолжение Аламиносом поисков Бимини.

Глава 14

Итоги экспедиции. Возвращение Понсе домой.

Глава 15

Бимини и Источник Молодости найдены!

Глава 16

Возвращение экспедиции Антона де Аламиноса.

Эпилог

Ссылки

Глава 17 (дополнительная)

Источник Молодости.

Теплые Минеральные Источники.

Coin. Ponce de Leon
Монета. Понсе де Леон

Chapter 12.
The unexpected meeting.
Hatred and Forgiveness.

Chapter 13.
Ponce de Leon comes back home. Alaminos continues the search of Bimini.

Chapter 14.
The results of the expedition. Ponce's way home.

Chapter 15.
Bimini and Fountain of Youth are found!

Chapter 16.
Expedition of Anton de Alaminos comes back.

Epilogue.

References

Chapter 17 (additional).
The Fountain of Youth.
Warm Mineral Springs.

Ponce de Leon's armada.
Армада Понсе де Леона

Глава 1

В Четверг **3 марта 1513 года** состоялось отплытие из Сан-Жермен (SAN GERMAN **(сейчас город называется Гуанилла - GUAYANILLA – прим. К.А.)** армады из трех кораблей аделантадо Бимини Хуана Понсе де Леона к удивительной и желанной стране Бимини, на которую так возлагал надежды старый король Фердинанд II Арагонский и его бишоп Фонсека, надеясь воплотить в жизнь создание Единой Империи.

Курс был взят на северо-запад.

Армада из трех кораблей плыла на север. В судовых журналах кораблей можно было найти запись маршрута.

Эта экспедиция должна была, во-первых, изменить расстановку сил в Новых Индиях между королем Фердинандом II и семьей Колумба, которая восстановила в правах и обелила своего родоначальника – Христофора Колумба, забытого и брошенного всеми. Сын Колумба – Диего удачно женился и через суд восстановил и закрепил за собой и своей семьей права на все открытые его отцом Земли. Он стал Вице-королем Индий и стремился расширить свои владения во все стороны.

Главной же целью должно было быть открытие Источника Молодости, в котором был заинтересован самый могущественный монарх Европы – шестидесятилетний король Фердинанд II **(десятого марта 1513 года ему было уже 61 год – прим. автора К.А.).**

Этот человек уже почти подошел к объединению Испании и ему не хватало самой малости! Ему не хватало ВРЕМЯ. Поэтому Источник Молодости был нужен ему как можно быстрее – еще предстояло сделать много дел, чтобы подчинить весь христианский мир под своей властью и, желательно, сделать СВОИХ наследников и продолжить тем самым свой род – род Трастамара, а не отдать все сделанное роду Габсбургов и своему **внуку Карлу** – сыну от нелюбимой и сумасшедшей дочери Хуаны Безумной и ее умершему мужу **(а по некоторым версиям им же и отравленному - прим. автора К.А)** - французу Филиппу Красивому.

Chapter 1

On Thursday, **March 3, 1513,** the ships, departure from Saint-Germain **(now the city is called Guayanilla – note K.A.).** The armada of three ships of Bimini Adelanto, Juan Ponce de Leon, set off to the amazing and desirable country of Bimini, which old King Ferdinand II Aragon and his Bishop Fonseca had so much hope for, wishing to bring the creation of a unified empire to life.

They headed north-west.

Armada of the three ships sailed north. The record of the route, found in the ship's journal.

This expedition had to, firstly, change the balance of power in the New Indies between King Ferdinand II and the family of Columbus, which restored the rights and whitewashed its ancestor - Christopher Columbus, who was forgotten and left alone. The son of Columbus - Diego had a fortunate marriage and with the help of court secured, his and his family's right to all of the lands discovered by his father. He became the Viceroy of the Indies and strived to expand his ownership in all directions.

The main purpose was to discover the Fountain of Youth, as the most powerful monarch in Europe –60-year-old King Ferdinand II **(on March 10, 1513 he already turned 61 - note K.A.)** was interested in it.

This man almost reached the unification of Spain and he lacked just a minor matter! He did not have the TIME. Therefore, the Fountain of Youth was necessary to him as quickly as possible –he still had to do many things to unite the whole Christian world under his rule. And it was desirable to make heirs and continue his bloodline – the bloodline of Trastamara, and not to give everything he has done to the Habsburg family and his grandson Carl - son of his unloved and crazy daughter Juana and her deceased husband **(and according to some versions poisoned by the king himself – note K.A.)** - Frenchman Philip the Fair.

Титулы короля Фердинанда говорили сами за себя:
• Фердинанд II, король Арагона, Сицилии, Валенсии,
• граф Барселоны.
• Фердинанд V, король Кастилии
• Фердинанд III, король Неаполя (Италия)
• Фердинанд, король Наварры (Франции)
• Фердинанд Католик (Fernando II el Católico) – защитник Христианской Веры.

***

Шло время. С 3 марта по 2 апреля были открыты новые и пройдены открытые еще Христофором Колумбом острова и им даны новые названия. Они были занесены на карту **(см. Приложение – прим. К.А.).**

*

Шло 2 апреля 1513 года от рождества Христова.
- Земля! Земля! Земля! - раздался крик матроса.
Понсе вышел на палубу. То, что он увидел, поразило его воображение.
Шел очередной день Пасхи (**(Easter) исп. Pascua Florida**). Женщины молились, а доминиканский священник говорил о том, что Дева Мария ведет их в Рай на Земле. И должна открыть Волшебные Ворота к Источнику Молодости.
Ночью Понсе де Леону приснился сон, что он снова стоит молодой и счастливый с мечом в руке и смотрит на бесконечные волны моря. Он представил это так ярко и сильно, что запомнил этот образ даже когда проснулся.
Преисполненный чувств и молясь, Понсе посмотрел на открывшуюся землю. Красивая и пышная растительность, после пустынных островов Лукайос, будоражила воображение. Ярко зеленые краски и яркий желтый песок, солнце и голубое небо радовали глаза Хуана Понсе. На островах Лукайос не было ни людей, ни хорошей пресной воды. Его команда нуждалась в пополнении запасов.
Понсе позвал Антона де Аламиноса.
- Скажи, Антон, эти острова принадлежат или может быть были открыты семьей Колумба?
- Нет, **аделантадо**, похоже, что мы прибыли к тому острову, где мы были два года назад и захватили индейцев. Хотя, наверное, нет… Но растительность и место похожи!

The titles of King Ferdinand spoke the volumes:
- **Ferdinand II, King of Aragon, Sicily, Valencia,**
- **Count of Barcelona.**
- **Ferdinand V, King of Castile**
- **Ferdinand III, king of Naples (Italy)**
- **Ferdinand, King of Navarre (France)**
- **Ferdinand the Catholic – the defender of Christianity**

***

Some time passed. From **March 3 to April 2**, they discovered new islands and passed by those that had been discovered by Columbus. They gave them new names. These islands were mapped **(check the Attachment – note K.A.)**.

*

April 2, 1513, A.D.
"Land! Land! Land!" a sailor shouted.
Ponce came to the deck. What he saw struck his imagination.
It was another day of Easter (Pascua Florida in Spanish). Women prayed and Dominican priest said that the Virgin Mary was leading them Paradise on Earth. Moreover she will open the Magic Gates to the Magic Fountain of Youth.

At night, Ponce de Leon had a dream that he was once again young and happy with a sword in his hand and looking at endless waves of the sea. It presented so clearly and strongly, that he remembered the image even when he woke up.

Filled with feelings, praying, Ponce looked at the land in front f him. Beautiful and lush vegetation fired his imagination after the deserted Lukayos islands. Bright green colors and bright yellow sand, the sun and the blue sky gladdened the eyes of Juan Ponce. There were neither people nor good fresh water on the island of Lukayos. His team needed restocking.

He called Anton de Alaminos.

"Tell me, Anton, have these islands been discovered or do they belong to the Columbus family?"

"No, Adelantado, it seems that we have arrived at the island, where we had been two years ago and had taken over the Indians. Although, probably not. But the vegetation is similar. And the place is as beautiful."

- Как красиво и какие цвета! - тут же раздался рядом голос женщины.

Это была Хуана Руиз (**JUANA RUIZ**).

- Это дивно и красиво! - повторила за ней ее рабыня.

Солнце зашло за налетевшую откуда-то случайно тучку и снова осветило берег, как бы играя красками после унылого моря.

- Что это? – спросил доминиканский священник. – Я удивлен этой божественной красотой!

- Похоже, что мы открыли новую землю! – улыбнулся Антон де Аламинос. – И, похоже, это Бимини.

- Это точно Бимини? – спросил Понсе. – Тогда не стоит оставлять такой земле индейское название, Эту удивительную страну надо назвать по-другому.

- Сейчас Пасха, - сказал священник. – И богу было бы угодно, если бы ты назвал эту страну божественно!

- Готовьтесь к высадке! – приказал Понсе де Леон. – Мы высадимся и властью короля Фердинанда II Арагонского объявим остров владением Испанской Короны.

- Только я бы рекомендовал все-таки сначала, чтобы высадились баталеры (солдаты) и матросы, чтобы обследовать остров, – сказал Антон де Аламинос. – Здесь индейцы могут неожиданно выскочить. А вот завтра, если ночью все будет хорошо, то можно будет и Вам, аделантадо Понсе, сойти на берег.

- Хорошо, Антон. Отряд сейчас высадится. Солдаты и матросы обследуют остров и возьмут воды.

Он посмотрел на остров, и ему показалась, что в самой природе острова можно легко различить лик Девы Марии.

- Посмотрите! – сказал он спутникам. – Посмотрите на это удивительное чудо – кажется, что в чертах этого берега воплощается сама Святая Дева Мария! Ее лик так и завораживает!

- Действительно! – подхватила женщина Хуана Руиз. – Как это интересно! Действительно кроны деревьев как волосы, а стволы как нос и губы видны!

- Красиво! - подхватила ее рабыня. – Действительно, похоже, что сама Дева Мария возникает в образе этого берега.

- Смотрите, а еще три птицы и они показывают лик Христа!

"How beautiful and colorful!" a woman's voice was heard.
It was **Juana Ruiz.**
"This is so marvelous and beautiful!" her slave repeated.

The sun had set over a cloud flown from somewhere by chance and lit up the shore again, as if playing with colors after the dull sea.

"What is this?" the Dominican priest asked. "I am astonished by this divine beauty!"

"It seems that we have discovered a new land!" smiled Anton de Alaminos. "And, apparently, it's Bimini."

"Are you sure this is Bimini?" Ponce asked. "Then we shouldn't leave the Indian name for this amazing land. We should call it differently."

"Its Easter now," said the priest, "and God will be pleased if you call this country in his honor!"

"Prepare for landing!" Ponce de Leon ordered. "We will land and with the power of King Ferdinand II of Aragon the island will be declared as possession of the Crown."

"I would only recommend sending soldiers and sailors firstly to explore the island" Anton de Alaminos said. "Indians can pop out unexpectedly here. But tomorrow, if everything goes alright at night, it will be possible for you, Adelantado Ponce, to disembark."

Juana Ruiz - first european women which visit Florida landwith expedition of Ponce de Leon.

"Alright, Anton. The squad will land now. Soldiers and sailors will examine the island and take some water."

He looked at the island, and it seemed that it was easy to discern the face of the Virgin Mary in the very nature of the island.

"Look!" he said to his companions. "Look at this amazing miracle - it seems that in the features of the coast is embodied the Holy Virgin Mary herself! Her face is fascinating!"

"Indeed!" Juana Ruiz agreed. "So interesting! The trees actually look like hair, the trunks look like nose, and you can even see the lips!"

"So beautiful!" her slave said. "Indeed, it seems that the Virgin Mary herself appears in the image of the bank. Look! Three birds show the face of Christ!"

- Дети мои, если каждый из Вас видит Деву Марию и сейчас идет такой праздник, то и надо дать имя этому красивому месту достойное...

- Давайте назовем эту землю Цветущая Земля **(Land of Flowers) Terra de Florida)**! – предложила Хуана Руиз.

- Неплохо, но лучше Пасха **(Easter – eng, Pascua – es.)** так как сегодня весь Христианский мир празднует Пасху! – возразил доминиканский монах. – Это было бы угодно богу!

- Тогда совместим одно и другое и назовем **Цветущая Пасха (Pascua Florida)**! – подытожил Понсе де Леон.

- И звучит красиво на карте - «Цветущая Пасха»! - вставил свое слово Антон де Аламинос. – Хотя и Бимини было бы тоже неплохо.

- Это языческое название не стоит того, чтобы его сохранять на земле, принадлежащей королю Католику! – тут же напомнил еще раз монах-доминиканец.

- Это правда! - сказал Понсе де Леон. – Стоит назвать это место как **Цветущая Пасха (Pascua Florida)!** И всегда это будет напоминать всем о своей красоте и о нашей Христианской Вере!

- Шлюпка на воде! – послышался крик боцмана.

И лодка, с гребцами и солдатами, поплыла к неизведанному берегу.

Все смотрели на нее и следили за берегом – не покажутся ли аборигены.

Руки солдат сжимали оружие, а матросы гребли что есть мочи.

Напряжение достигло предела, когда кусты затряслись...

Но из кустов показалась ... семья кабанов, которые быстро ушли обратно. Все облегченно вздохнули.

Побродив до заката солнца, но ничего не найдя, шлюпка вернулась обратно.

Двойная стража, выставленная на каждом из кораблей на ночь, всматривалась в темноту, ожидая подвоха.

Однако, ночь прошла спокойно.

***

"My children, if each of you sees the Virgin Mary, and today is a holiday, then it is necessary to give a worthy name to this beautiful place..."

"Let's call this the land the **Land of Flowers (Terra de Florida)**!" Juana Ruiz suggested.

"Not bad, but **Easter (Pascua)** is better, because today the whole Christian world celebrates Easter!" the monk objected. "It would be pleasing to God!"

"Then let's combine both of these names and call it **Blooming Easter (Pascua Florida)**!" summed up Ponce de Leon.

"And it would sound nice on the map - "Blooming Easter!" Anton de Alaminos added. "Although, Bimini wouldn't be too bad either."

"It is a pagan name and is not worth to keep it on land owned by the King of Catholics!" Dominican monk reminded him immediately.

"It's true!" Ponce de Leon said. "It is necessary to call this place **Blooming Easter (Pascua Florida)**! And it will always remind everyone of its beauty and of our Christian faith!"

"Boat is in the water!" the boatswain shouted.

Moreover a boat with rowers and soldiers sailed to the unknown shore.

Everyone looked at it and watched the shore - whether aborigines will appear.

Soldiers' arms clasped the weapons. The sailors rowed with all their might.

Tension reached a high point when the bushes began to shake...

And from the bushes came out… a family of wild boars, which quickly went back. Everybody sighed with a relief.

Having wondered a little more before the sunset, they did not find anything and came back.

Double guards, put up for each of the ships at night, peered into the darkness, waiting for the catch.

The night passed quietly.

***

3 апреля 1513 года. Это исторический момент для Северной Америки.

В песчаный и красивый берег Новой Неизвестной Земли, названной Паскуа Флорида, врезались шлюпки

В них с лучшими солдатами и матросами находился Хуан Понсе де Леон, старые кастильские поселенцы из Сан-Хуан-Батиста и Эспаньолы и первая Европейская женщина – Хуана Руиз со своей рабыней и еще одна свободная черная женщина и индианка из племени Таино, взятая как переводчица.

Не доезжая до берега, Понсе спрыгнул в воду. Рядом с ним в воду спрыгнул его друг – Хуан Кэхо и его секретарь. Секретарь дал в руки Понсе свиток с **«Рекеримьенто»** (**«Требование»**)[12] (формальный юридический акт о переходе земли под юрисдикцию Испанской короны,– прим. автора К.А.).

И Понсе развернул Рекеримьенто и стал читать:

Я, Хуан Понсе де Леон, слуга высочайших и всемогущих королей Кастилии и Леона, покорителей варваров, будучи их вестником и капитаном, извещаю и сообщаю вам, что:

Бог, Наш Господин, Единственный и Вечный, сотворил небо и землю, и мужчину и женщину от коих произошли мы и вы, и все те люди, что будут потомками. Но поскольку за последние пять тысяч с лишним лет прошедших со дня создания мира родилось очень много людей, стало необходимым переселение людей, разделившихся на множество королевств и провинций, потому как в одном месте они не смогли бы прокормить себя….

- …и то, что я говорю и требую от вас, я прошу присутствующему здесь секретарю засвидетельствовать. - Произнес Хуан Понсе де Леон, торжественно закончив чтение, стоя в воде по колено.

- Ну, все! Эта Земля, которая точно не принадлежит ненавистному дому семьи Колумбов, теперь она принадлежит нашему королю Фердинанду II Арагонскому. Осталось только исследовать этот остров, который так красив, а также найти на этом Бимини, тьфу, то есть на этой Паскуа Флорида Источник Вечной Молодости!

April 3, 1513. Historic moment for North America.

The boat drove into the sandy beach of the beautiful New Unknown Land of the Earth called Pascua Florida. Juan Ponce de Leon, the old Castilian settlers of San Juan Bautista and Hispaniola and the first European woman - Juana Ruiz with her slave, one free black woman and an Indian from the Taino tribe, taken as a translator were there with some of the best soldiers and sailors. Before reaching the coast, Ponce jumped into the water. His friend – Juan de Quejo and his secretary jumped in the water beside him. The secretary gave Ponce a scroll with **"Rekerimento" ("Demand")** [12] **(a formal legal act, read out by the - note K.A.).**

In addition Ponce opened the Rekerimento and began to read:

"I, Juan Ponce de Leon, the servant of the highest and all-powerful kings of Castile and Leon, the conqueror of the barbarians, as their messenger and captain, notify and inform you that:

God, Our Lord, One and Eternal, created the heavens and the earth, and a man and a woman from whom we descended, and you, and all those people that will be our descendants. But as for the last five thousand years have passed since the foundation of the world, lot of people have been born, and it has become necessary to relocate people who divided into many kingdoms and provinces, because they could not feed themselves in one place....

... And everything I say and I demand from you, I ask the Secretary who is present here to witness." said Juan Ponce de Leon, officially ending the reading, standing in the water knee-deep.

"Well, that's it! This land, which for sure doesn't belong to the hated Columbus family, now belongs to our King Ferdinand II of Aragon. It's only left to explore the island, which is so beautiful, and find on this Bimini, ugh, I mean on this Pascua Florida this Fountain of Youth!"

- Чудесно! – улыбнулся его друг Кэхо и засмеялся.

- Смотря вокруг можно просто восторгаться всей этой красотой! – подхватил Понсе. – И это, друг, наша с тобой земля.

- И тут уж точно не будут устраивать вам никаких подвохов никакие проколумбовские прихвостни! – улыбался Кэхо.

- Слушай, а давай пройдем вокруг этого открытого острова и опишем его, а потом просто поймем, где лучшая бухта и где лучшее место! – предложил Понсе де Леон.

В воде рядом с ними показались плавники.

- Акулы! – закричал сидевший на корме лодки матрос.

Стоявшие до сих пор в воде Понсе и Кэхо с секретарем рванули из воды в сторону берега.

В воде показались черные тени и треугольные плавники акул. Они плыли к лодке, но вдруг свернули и ушли в море.

- Интересно, кто здесь еще плавает?! – спросил секретарь у Понсе де Леона.

- Мне кажется, если можно было бы спустить воду и мы посмотрели кто здесь плавает, то вы бы, капитан, обложались или стали заикой! – сказал Понсе.

- А скорее всего навсегда перестали бы ходить купаться! – поддакнул его друг Кэхо.

И как бы в подтверждение этому в ласковой воде показалась огромная масса плавников.

- Это снова акулы! – закричал секретарь.

- Да нет, это семейство огромных скатов решило посмотреть кто ступил на эту землю! – громко сказал тот же матрос.

С дюжину огромных скатов пронеслось рядом с берегом. Они сделали круг возле лодки и поплыли дальше.

Куча маленьких рыб, сияя на солнце своими серебряными тельцами и выпрыгивая из воды, как будто специально решили приветствовать и посмотреть на Понсе и его команду.

- Мы будем здесь разбивать лагерь? – спросил капитан Кэхо.

- Если мы сегодня разобьем лагерь, то завтра индейцы могут разбить нам голову! – со смехом сказал Понсе.

"Wonderful!" his friend de Quejo smiled and laughed.

"Looking around you can just admire all this beauty!" said Ponce. "And this, my friend, is our land.

"And none of the Columbus' minions will for sure trick us!" de Quejo smiled.

"Hey, let's go through this island, and describe it, and then just understand where the best bay and where the best places are!" suggested Ponce de Leon.

The fins appeared in the water beside them.

"Sharks!" shouted a sailor sitting at the stern of the boat.

Ponce and de Quejo with the secretary who has been standing in the water rushed out of the water towards the shore.

Black shadows and triangular fins of sharks were seen in the water. They swam to the boat, but suddenly turned and went into the sea.

"I wonder who else is swimming in here?" asked the secretary of Ponce de Leon.

"I think if it was possible to flush and we would look at those who swim here, you, Captain, would become a stutterer!" Ponce said.

"And probably would never go swimming again!" added his friend de Quejo.

In addition, as if in confirmation of this a huge mass of fins appeared in the gentle water.

"These are sharks again!" secretary cried.

"No, it's a family of huge stingrays decided to see who set foot on their land!" the same sailor said loudly.

A dozen huge stingrays swept close to the shore. They made a circle around the boat and swam on.

A school of small fish began to jump out of the water, shining with their silver bodies, as if they decided to welcome and look at Ponce and his team.

"Will we set camp here?" asked captain Quejo.

"If we set camp today, the Indians can beat us down tomorrow!" said Ponce laughingly.

- Да, лучше хотя бы войти с ними в контакт! – вторил ему приехавший на той же лодке Антон де Аламинос. – Только не пугайтесь – они здесь огромные и злые! Это вам не индейцы племени Таино – мирные и улыбчивые, беззаботные и…

- И не менее злые… - усмехнулся Понсе. – Если вспомнить, как они сжигали беззащитных поселенцев – мужчин, женщин и детей на Сан-Хуан-Батисте, то как-то сомневаешься в их доброте…

- Ну, те аборигены, которые здесь живут, зовутся вообще «Свирепые Люди»! – вспомнил Антон де Аламинос.

- Ладно, давайте пройдем с разведкой, пополним запасы пресной воды, настреляем какого-нибудь зверья и вернемся на корабль! – приказал Понсе.

- Главное слово какое: «вернемся» или «пополним запасы»? – со смехом переспросил Кэхо.

- Главное слово: «ВЕРНЕМСЯ»! – глядя на друга, сказал Понсе де Леон. – Пошли!

- Давайте возьмем индианку с собой, если мы столкнемся с местными индейцами! – попросил один из идальго Понсе.

Понсе кивнул.

Взяв бочки для воды, несколько баталеров, матросов и индианка-переводчица зашагали вглубь открытого Острова с красивым названием «Паскуа Флорида», который он только что получил от Хуана Понсе де Леона. А около лодок остались Хуана Руиз, ее рабыня и свободная черная женщина.

Едва отряд вступил в мангровые заросли, как тут же в гущу зарослей метнулось несколько теней.

- Индейцы! – выпалил арбалетчик, который шел впереди.

- Нет, тебе показалось! – ответил другой солдат. – Это было тело кошки и… не знаю… еще что-то подобное.

Тут под ногами затрещали кусты, и перед ними прошел весь покрытый панцирем броненосец.

- Ух ты! – засмеялся один из солдат. – Он, похоже не боится никого.

- А вот за это он и поплатиться! – заорал один из солдат и, взмахнув алебардой, отсек голову животному.

- Ну вот, с первой добычей! – засмеялся матрос.

- Посмотрите наверх! – заорал солдат с алебардой.

"Yes, it is better to at least get in contact with them!" Anton de Alaminos who was in the same boat said. "Do not get scared - they are huge and evil! This is not the Taino tribe - peaceful and smiling, carefree and..."

"And no less evil..." Ponce smiled. "If you recall, they burned the defenseless settlers - men, women and children in the San Juan Bautista, I somehow doubt their kindness…"

"Well, these aborigines who live here are called "Fierce People"!" recalled Anton de Alaminos.

"Alright, let's explore, replenish freshwater supplies, shoot some wild animals and go back to the ship!" ordered Ponce.

"Is the key word "return" or "restock"?" asked de Quejo laughingly.

"The key word is "return"." Ponce de Leon said looking at his friend. "Come on!"

"Let's take the Indian with us, in case we meet the local Indians!" one of the Ponce's hidalgos asked.

Ponce nodded.

Having taken water barrels, several soldiers, sailors and the Indian interpreter walked deeper into the discovery of the island with the beautiful name "Pascua Florida", which it had just received from Juan Ponce de Leon. Juana Ruiz, her slave and black woman stayed near the boats.

As soon as the squad entered the mangroves, a few shadows darted in the thick bushes.

"Indians!" blurted the arbalester who went ahead.

"No, it just seemed so!" another soldier said. "It was the body of a cat, and... I do not know... something else like that."

Bushes crackled beneath their feet, and an armadillo walked in front of them.

"Wow!" laughed one of the soldiers. "It seems that he's not afraid of anyone."

"And he will pay for it!" shouted one of the soldiers and, waving his halberd, cut off the head of the animal.

"Well, the first prey!" a sailor laughed.

"Look up!" a soldier with a halberd shouted.

Все посмотрели наверх и увидели большую кошку, сидящую в ветвях дерева.

Выстрел из арбалета пронзил животное насквозь, и мертвая пума свалилась вниз.

- Вторая добыча! – стал считать матрос. – Если так дело пойдет, то может и ходить никуда не надо!

- Если бы не вода, то можно было бы и не ходить! – сказал с грустью в голосе арбалетчик, связывая за ноги свою добычу.

Не прошло много времени, чтобы понять, что это место было создано для прихода испанцев: семья кабанов, две серые лисицы, и странные птицы с хорошим мясом сами бежали к испанцам в руки.

- Спасибо тебе, Дева Мария, что показала нам такую благодатную землю! – расплылся в улыбке Понсе де Леон, когда очередная туша животного была закинута в лодку.

Отряд еще раз углубился в чащу мангровых зарослей. Вскоре они вышли с заполненными водой бочками, смеясь и шутя по пути.

Еще каждый из них нес воду в специальной фляге.

- Понсе, ты не поверишь! – смеясь, проговорил Кэхо. – Сейчас видел здешних крокодилов – это смешные твари, у которых нос такой, как будто по нему проехалась телега!

Все вокруг засмеялись.

- И они такие спокойные: рядом с ними птицы ходят, животные бегают, а они вообще не реагируют. Никак. Мы решили их подразнить. А они вместо того, чтобы напасть – тихо под воду ушли. Мы вот воды набрали спокойно. А то, помнится, нормальные крокодилы хрен тебе дадут воды набрать – только ноги уноси. А этим кто-то, уже по их морде «настучал» и сделал плоской – вот они и присмирели!

- Да, это капитан точно сказал! – подхватили матросы и солдаты. – Смешные твари! Да здесь все такое смешное!

- Не смешное, а удивительное! – с улыбкой поправил своих людей Понсе де Леон. – Удивительное место, подаренное самой Девой Марией!

- Истину говоришь, сын мой! – подтвердил доминиканский священник. – Сама Дева Мария привела нас сюда – в эту удивительную страну с удивительными животными и плодородной землей.

Everyone looked up and saw a large cat, sitting in the branches of a tree.

A shot from a crossbow pierced the animal through, and the dead cougar fell down.

"The second prey!" the sailor began to count. "If you go on like this, maybe we won't have to go anywhere!"

"If it was not for the water, it would be possible!" arbalester said sadly, tying his prey's legs.

It did not take long to realize that this place was created for the arrival of the Spaniards: the family of wild boars, two gray foxes, and strange birds with good meat fled themselves to the Spaniards' hands.

"Thank you, Virgin Mary, for showing us this fertile land!" smiled Ponce de Leon, when another animal carcass was cast into the boat.

The squad plunged into a thicket of mangroves once again. Soon they came out with the water-filled barrels, laughing and joking along the way.

Each of them was carrying water in a special small jar.

"Ponce, you will not believe!" said Quejo, laughing. "I saw the local crocodiles - funny creatures whose noses look like a cart has rode on them!"

Everyone around laughed.

"And they are so quiet: birds walk near them, animals run around, and they do not react. Nothing. We decided to tease them. And instead of an attack –they silently went into the water. We filled the barrels with water quickly. And, remember, normal crocodiles will never let you get water –be ready to run away. And someone has already hit them in the face and made it flat – and they became quiet!"

"Yes, exactly how the captain says!" other soldiers and sailors said. "Funny creatures! Everything is funny here!"!

"Not funny, but amazing!" Ponce de Leon corrected his people with a smile on his face. "An amazing place, a gift from the Virgin Mary!"

"You speak the truth, my son!" the Dominican priest agreed. "The Virgin Mary herself led us here - in this amazing country with amazing animals and fertile land."

- Давайте все попробуем воду, которую вы принесли! – сказал Понсе. – Если вода окажется живой водой, то останется только перенести сюда столицу короля Фердинанда II.

Он открыл фляги и сделал по глотку из каждой и передавал остальным.

Женщины также сделали по несколько глотков. Сколько уже было выпито воды - никто даже уже не считал, но после каждой принесенной фляги, Понсе смаковал воду во рту и внимательно смотрел всех вокруг, пытаясь увидеть в них признаки омоложения. Тоже делали и все остальные.

Все помнили, что главной целью был все-таки - Источник Вечной Молодости.

Еще недавно, когда экспедиция побывала воду с каждого открытого острова, все подтрунивали друг над другом. Но теперь это был уже обряд, к которому все привыкли.

Самочувствие действительно у всех стало лучше, но все понимали, что это не омоложение. Женщины капали воду себе на кожу и долго смотрели на это место. Но моментального омоложения не случилось ни у кого.

- Так! – крикнул Кэхо. – Всем в лодку и плывем на корабль. – Только следите, чтобы кровь животных не попала в моооорррееееееее!

Голос капитана дрогнул…, и он не закончил фразу. Один из солдат не дослушав его, кинул окровавленную часть тела лисицы далеко в воду.

- Ну ты тупой!!! Зачем ты это сделал? – заорали на него матросы. – Вроде бы старый солдат, а тупой! Или ты вообще ничего не соображаешь???!!!

- Быстро в лодку и уносим ноги! – заорал Кэхо. – Быстро!

Все прыгнули в лодку. Замешкавшегося доминиканского монаха просто перекинули внутрь. И, оттолкнувшись, гребцы налегли на весла что есть мочи.

Однако, они успели отплыть совсем немного, как вокруг показались несколько плавников акул, которые неслись к месту, куда была брошена окровавленная часть животного. Две лодки были уже далеко, а лодка с Понсе де Леоном немного приотстала. Акулы, догнав ее, стали кружиться вокруг.

"Let's all try the water that you have brought!" Ponce said. "If this water turns out to be living water, King Ferdinand II will move the capital here."

He opened the jar and took a sip from each, and passed to others.

Women have also made a few sips. No one even counted how much water they have drunk, but after every jar Ponce savored the water in his mouth and stared at everybody around, trying to see the signs of rejuvenation in them. So did the rest.

Everybody remembered that the main goal was still the Fountain of Youth.

More recently, when the expedition tried the water from each island, they made fun of each other. But now it was the rite, and everybody got used to it.

Everybody's the state of health really became better, but everyone knew that this was not rejuvenation. Women dripped water on the skin and stared at this place. But instant rejuvenation did not happen with anyone.

"So!" shouted Quejo. "Everyone, get in the boat and let's go back to the ship. "Just make sure that the blood of animals didn't get into the seeeeeea!"

Captain's voice faltered... and he did not finish his sentence. One of the soldiers did not hear it, threw the bloodied body of the fox away in the water.

"You're so stupid!!! Why did you do that?" sailors shouted at him. "You are an old soldier, but a dumb one! Or don't you ever think at all???!!!"

"Get in the boat and let's get out of here!" yelled Quejo. "Quickly!"

Everybody jumped into the boat. Hesitating Dominican monk was just thrown inside. The rowers pushed off and began to grow as fast as possible.

However, they only had time to sail away a little, when several shark fins appeared around them. The sharks rushed to the place where the bloody part of the animal was thrown. Two boats were already far away, and the boat with Ponce de Leon was a little behind. Sharks caught up with her and began to whirl around.

- Старый глупец! – схватился за голову Кэхо. – А ведь стоило просто не кидать ничего, и было бы все хорошо!

Акулы, почувствовали в лодке запах крови и стали подплывать еще ближе и толкать ее. Кто-то неудачно попятился от края и выдавил окровавленную тушу животного со дна лодки на борт. Через мгновенье акула выпрыгнула из воды, открыла огромную челюсть и, громко сомкнув ее, уволокла тушу под воду. Лодка сильно накренилась и кровь еще больше выплеснулась вместе с водой за борт.

- Гребите быстрее! – заорал Кэхо. – Близко ведь уже! Налегайте на весла!

Понсе де Леон всматривался в лица тех, людей, которые были сейчас в лодке.

За долгие годы он понял, что именно те, у кого лица во время опасности бледнеют – теряются, а те, у кого кровь приливает к лицу - начинает действовать.

Отбирая баталеров для плавания, Понсе подходил к каждому и резко подносил свой кулак, следя за реакцией - он брал тех, у кого лицо становилось красным от приливающейся крови, и он дергался. А тех, кто бледнел – он сразу «отсеивал».

Сидящие в лодке матросы и солдаты по-разному реагировали на опасность. Священник доминиканец неистово молился. Кто-то со страхом смотрел на происходящее и кровь уходила с его лица. А кто-то наоборот – багровел и крепче сжимал оружие, смотря в воду и готовясь дать отпор морскому чудовищу.

На месте, где осталось кровяное пятно, уже было не две акулы, а с десяток.

Еще с десяток рвали тушу животного схваченную с борта корабля.

Когда лодка достигла борта и все стали взбираться по лестнице, то Понсе сделал для себя некоторые выводы.

Во-первых, никто не впал в панику, кроме священника. И это ему уже нравилось. Во-вторых, он понял, что брать с собой глупых или непонятных для него людей он не будет. Третье – если не делать глупости, то и не придется из них выпутываться.

"Old fool!" grabbed his head Quejo. "And it would have been just fine if nothing had been thrown in the water!"

The sharks felt the smell of blood in the boat and began to swim closer and push it. Someone backed away from the edge and forced a bloody carcass of another animal to fall overboard from the bottom of the boat. A moment later, the shark jumped out of the water, opened its huge jaw and closed it loudly, it dragged the carcass into the water. The boat leaned heavily and the blood spilled over board even more.

"Row faster!" yelled Quejo. "We are already close! Lean on the oars!"

Ponce de Leon stared at the faces of those people who were in the boat right now.

Over the years, he realized that it was those whose faces turn pale during the dangerous situations get lost and those who have the blood rushing to the face –begin to act.

Selecting soldier for the expedition, Ponce came up to everyone and suddenly brought his fist, watching their reaction - he took those whose faces became red with the blood rush, and they twitched. And those who turned pale - he immediately "sifted".

Sailors and soldiers sitting in the boat reacted differently to danger. Dominican priest prayed passionately. Someone was looking overboard at what was happening, and the blood went from their faces. And someone, on the contrary, turned red and gripped the weapon more in their hands, staring into the water and ready to fight back the sea monster.

At the site where the blood stain left, there no longer were two sharks, there was a dozen of them.

Another dozen was tearing the carcass of an animal grabbed from the boat.

When the boat reached the ship and everyone started climbing the stairs, Ponce drew some conclusions.

Firstly, no one panicked except the priest. And he liked that. Secondly, he knew he shouldn't take stupid and unclear for him people with him. Thirdly, if you do not do stupid things, you will not have to get out of them.

«Ведь любой героизм – это предварительное проявление чьей-то глупости!» – размышлял про себя Понсе де Леон.

На корабле все уже стояли на борту и смотрели с ужасом на происходящее. Поэтому те, кто стоял на верху, тщательно страховали тех, кто прибыл, чтобы никто не упал в воду на радость акулам.

- Да, денек! А как все хорошо начиналось! – вздохнул Понсе де Леон оказавшись на корабле.

- И не так еще плохо закончилось! – засмеялся Кэхо. – Хорошо, что наши корабли стоят в одной лиге от берега, а не дальше.

- Еще не вечер, дорогой, еще не вечер! – сказал Понсе и, подумав, продолжил. – Поэтому мы подождем попутного ветра и плывем дальше на юг, и постараемся обогнуть весь остров. Посмотрим его и поищем более удобную гавань без этих мерзких акул и заодно, может, найдем место, где живут индейцы и вступим с ними в контакт.

*Spaniards landing on the new land/
Высадка испанцев на новую землю.*
***

Итак, 2 апреля 1513 года стала знаменательной датой ОТКРЫТИЯ ФЛОРИДЫ, а, значит, всей Северной Америки!!!
Первый Европейский человек – Понсе де Леон официально объявил Флориду частью Европейской империи короля Фердинанда II и первая Европейская женщина – Хуана Руиз ступила на землю Североамериканского континента[22].
***

"After all, any heroism is a preliminary manifestation of stupidity!" Ponce de Leon thought to himself.

On the ship, everybody was already on board and looked with horror at what was happening. Therefore, those who stood on the top, insured carefully those who arrived so that no one fell into the water to the delight of the sharks.

"What a day! And how great was the beginning!" Ponce de Leon sighed once he got on the ship.

"It wasn't that bad in the end!" Quejo laughed. "It's good that our ships are one league far from the shore, and no farther."

"The day is not over yet, my dear, it's not over yet!" said Ponce and went on. "That's why we will wait for a fair wind and sail further south, and try to go around the entire island. Look at it and look for a more comfortable haven without those nasty sharks, and at the same time, maybe, we'll find a place where Indians live and will contact with them."

The announcement that Florida has become part of the empire of King Ferdinand II.
Объявление Флориды частью Империи короля Фердинанда II.

*

So, April 2, 1513 has become a significant date of DISCOVERING Florida and, therefore, the whole North America!!!
The first European person – Ponce de Leon declared Florida to be a part of the European empire of King Ferdinand II, and the first European woman stepped on the land of the North American continent.[22]

***

Фото из Музея. Природа Флориды.
Photos from Museum Nature of Florida.

Фото армады Понсе де Леона. Маяк и музей в Сант-Августине.
Copy of ships of Pnce de Leon in 1513.
St. Augustine Lighthouse & Museum.

Ponce de Leon read Requerimento. Reenactment.
Понс де Леон объявляет Флориду Испанской.

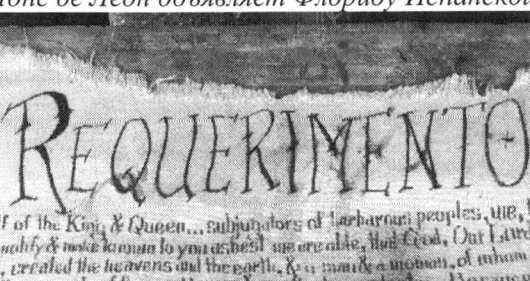

REQUERIMENTO

If of the King & Queen... subjugators of barbarous peoples, we, notify & make known to you as best we are able, that God, Our Lord, created the heavens and the earth, & a man & a woman, of whom other people of the world were & are the descendants... Because of people who have come from the union of these two in the fi which have run their course since the world was created, it ha but some should go in one direction & that others should go in ano divided into many kingdoms & many provinces, since they could tain themselves in one place.

people, God, Our Lord, chose one, who was called Sain and the one who was to be superior to all the other people uld obey. He was to be the head of the entire human race... st... God gave him the world for his kingdom & jurisdicti him to be and establish himself in any other part of the w oples, whether Christian, Moors, Jews, Gentiles, or the eliefs that there might be. He was called The Pope...

e past Popes who succeeded Saint Peter... as Lord

Requerimento (D.eclaration),
Рекьеременто (Декларация).

Глава 2

Выставив накануне паруса на юг, 5 апреля 1513 года Понсе де Леон направил свою армаду из трех кораблей вдоль Острова Паскуа Флорида на юг.

Красота острова и хорошая погода способствовала тому, что корабли шли достаточно спокойно вдоль берега. Везде была почти одна и та же картинка с пышной растительностью, песчаными пляжами, островами с песком или с прибрежными мангровыми зарослями.

Утром 20 апреля все услышали голос матроса сверху.

«Дым! Я вижу дым! Вижу деревню!»

Тут же зазвонили вторые колокола на суднах и ход армады затормозился.

- Бросаем якорь! – отдал приказ Понсе де Леон.

Якорь был сброшен.

Это произошло там, где сейчас находится город Юпитер около округа Палм Бич (**Jupiter is a town located in Palm Beach County Florida**).

Шел день 21 апреля 1513 года.

Дрожание кораблей, стоящих на якоре достигло предела.

Антон Аламинос сидел рядом с Понсе де Леоном и его другом – капитаном Хуаном Кэхо *(JUAN BONO DE QUEJO)* и рассуждал о том, что происходит.

– Я никогда в жизни не встречал такого, чтобы все в паруса, поставленные на юг и наполненные ветром полностью, не могли сдвинуть корабль! Он все равно идет на север, если даже ненадолго или ненамного ослабевает ветер! - говорил Антон де Аламинос.

- И что это может быть? – одновременно спросили Понсе и Антон де Аламинос.

- Это похоже на реку внутри океана! – развел руками главный кормчий.

- Я, признаться, тоже мало что понимаю в нынешней ситуации... - поддержал Аламиноса капитан Кэхо. – Трудно понять, что при хорошей погоде мы не можем стоять на месте или идти дальше! И мы сейчас вынуждены стоять рядом с берегом, и не можем далеко отплыть, так как подводное течение небывалой силы относит нас назад.

Chapter 2

Having set sail earlier, on April 5, 1513, Ponce de Leon sent his armada of three ships southward along the Pascua Florida Island.

The beauty of the island and the good weather contributed to the fact that the ships were going quite easily along the coast. Almost everywhere they saw lush vegetation, sandy beaches, islands or coastal mangroves.

In the morning of April 20 everybody heard the voice of a sailor from above.

"Smoke! I can see the smoke! I see the village!"

Immediately, the second bells rang on the ships and the movement of the armada stopped.

"Drop the anchor!" ordered Ponce de Leon.

The anchor was dropped.

It was there where the town Jupiter near the Palm Beach County is situated now.

April 21, 1513.

The ships were trembling at anchor in the grip of a strong current.

Anton de Alaminos sat near Ponce de Leon and his friend, Captain Juan Quejo. They were talking about what was going on.

"I've never seen such a thing in my life. All sails are set on the wind to the south and are completely filled, but the ship doesn't move! It still goes to the north, even if the wind gets weaker for a short time!" said Anton de Alaminos.

"And what can it be?" asked Ponce and Anton de Alaminos simultaneously.

"It's like a river inside the ocean!" the chief helmsman shrugged.

"I have to confess, I also have little understanding of the current situation..." captain Quejo supported Alaminos. "It is difficult to understand that when the weather is good, we cannot stand still or move on! And now we have to stand close to the shore, and we cannot sail far since this undercurrent of unprecedented force is carrying us back"

Тут зазвонил колокол и в дверь капитанской каюты забарабанил матрос.

- Капитан! Капитан! - почти кричал матрос, вид которого был явно растерянным. – Там что-то твориться с бригантиной Сан-Кристобаль. Похоже, она уплывает...

- Что за ерунда! – непонимающе вытаращился на матроса Понсе.

- Бежим смотреть! – быстро встав со стула поспешил на палубу капитан Кэхо.

То, что они увидели, было, по крайней мере, очень странно.

Бригантина с латинскими парусами - Сан-Кристобаль, которая была самым маленьким судном в армаде из трех кораблей, быстро удалялась. Все вглядывались вдаль **(подзорных труб тогда еще не было - прим. автора К.А.).**

- Я, кажется, понимаю, что происходит! – вслух произнес Антон де Аламинос.

- Ну и что происходит, объясните нам, наш дорогой главный Навигатор! - со злостью смотря на уплывающий корабль, сказал Понсе не отрывая взгляда от горизонта.

- Похоже, поскольку капитан Сан-Кристобаля - Хуан Перес де Ортуба решил поставить свое судно далеко от берега, и их сорвало с якоря и они, судя по всему, не смогли повернуть киль у корабля[23]! И мне кажется, что их относит в море из-за сильнейшего подводного течения, которое мы сейчас и обсуждаем! – воскликнул Антон де Аламинос.

***

- И, похоже, мы их потеряли! – с грустью сказал капитан Кэхо.

На глазах у всей команды, которая стояла сейчас на борту корабля Святая Мария (**SANTA MARIA DE LA CONSOLACION**) бригантина **Сан-Кристобаль** исчезла за горизонтом. Всех смущало и то, что погода была очень хорошая: на горизонте не было ни одного облачка и только солнце светило на светло-голубом небе.

Хуана Руиз и ее рабыня также наблюдали за исчезновением корабля.

Suddenly, the bell ranged and a sailor drummed on the captain's cabin door.

"Captain! Captain!" almost cried the sailor, he looked very confused. "There's something going on with the brigantine San Cristobal. It looks like she's sailing away..."

"What kind of nonsense is that?!" Ponce de Leon said staring at the sailor.

"Let's go and look at it!" captain Quejo said as he quickly stood up from his chair and hurried to the deck.

What they saw was, at least, very strange.

The brigantine with Latin sails, the San Cristobal, which was the smallest ship in the armada of three ships, was sailing away quickly. Everybody gazed into the distance **(telescopes did not yet exist - note K.A.).**

"Well, explain to us what's going on, our dear Chief Navigator!" said Ponce de Leon angrily, looking at the ship sailing away, keeping his eyes on the horizon.

"I think I understand what's going on!" said Anton de Alaminos.

"It seems that as captain of the San Cristobal, Juan Perez de Ortubia, has decided to take his boat away from the shore. Their anchor was hauled and they apparently were not able to turn the keel of the ship[23]! And it seems to me that they are being swept away into the sea because of the strong undercurrents, which we've just discussed!" exclaimed Anton de Alaminos.

***

"And it looks like we've lost them!" said captain Quejo sadly.

In front of the entire team, which was now aboard the ship **Santa Maria De La Consolacion** the brigantine **San Cristobal** had disappeared over the horizon. Everybody was confused by the fact that the weather was very good: there was not a single cloud in the sky, and only the sun was shining.

Juana Ruiz and her slave were watching the ship disappear.

- Если это течение такое сильное, и корабль относит в сторону Океана, то получается, что это течение может быстро доставлять корабли отсюда в Испанию! – обрадовано, чуть не подпрыгивая от счастья, кричал кормчий всей армады Антон де Аламинос. – Это же Великое Открытие!!!

- Смешно, – захихикал капитан Кэхо, - если наша бригантина будет плыть по течению и весь экипаж проснется в Испании или в Португалии! Но не думаю, что они будут этому рады! Мы то этому точно не будем рады… а вот в Испании посмеются!

- Это же превосходное открытие, господин аделантадо! – кричал возбужденный Аламинос, шагая по палубе. – Это удивительно! Это надо записать в судовой журнал и надо нанести на карте!

- Запиши, запиши! – согласился Понсе де Леон. - Однако потеря корабля меня очень мало радует, и я не в восторге от этого…

**

Это был удивительный день! Именно в этот день 21 апреля 1513 года было открыто и занесено на карту теплое течение Гольфстрим, с помощью которого было найден быстрый переход из Нового Света к берегам Испании и, благодаря которому, стали развиваться такие города как Гавана (Куба) и Сант-Августин (США), основанные испанцами чуть позднее.

**

- Ндаааа... – вымолвил Понсе, когда корабль совсем исчез из виду. – Действительно ли это великое открытие - не знаю. Может быть Вы, Антон, и правы. Однако король Фердинанд ждет от нас совсем других открытий. Но, пожалуй, было бы правильно, если бы вы нанесли это все на карту. Возможно, что это поможет нам на обратном пути или в будущем.

И он снова поглядел на горизонт со вздохом.

- Подождем бригантину Сан-Кристобаль здесь, Хуан де Ортуба опытный капитан и, думаю, сможет сделать какие-то вещи, чтобы снова присоединиться к нам. А вы, - обратился он к Хуане Руиз, - будьте добры, приведите тех индианок, которые плывут с нами – будем готовиться к высадке, и они нам понадобятся как переводчицы.

"If it's such a strong flow that the ship gets carried toward the Ocean, it may turn out that this flow can quickly drive the ships to Spain from here!" shouted the Chief Navigator of the armada, Anton de Alaminos. He was elated, almost bouncing with joy. "It's a Great Discovery!!!"

"That's funny." Captain Quejo chuckled. "If our brigantine drifts away, the entire crew may wake up in Spain or in Portugal! But I do not think they will be happy about this! We will definitely not be happy... but people in Spain will laugh!"

"This is an excellent discovery, Mr. Adelantado!" de Alaminos shouted joyfully, pacing the deck. "It is amazing! It should be written in the logbook and put on the map!"

"Write it down, write it!" agreed Ponce de Leon. "However, the loss of the ship does not rejoice me, I am not happy about this..."

***

It was an amazing day! That day, April 21, 1513 the warm current Gulf Stream was discovered and mapped. It enabled a fast transition from the New World to the shores of Spain and development of such cities as Havana (Cuba) and St. Augustine (USA), founded by the Spanish a little later.

***

"Weeeell..." Ponce de Leon uttered when the ship completely vanished from sight. "I don't know if it's such a great discovery. Maybe you, Anton, are right. However, Ferdinand expects different discoveries from us. But, perhaps, it would be right if you map it. Maybe, it will help us on the way back or in the future."

And again he looked at the horizon with a sigh.

"Let's wait for brigantine San Cristobal here. Juan de Ortubia is an experienced captain and I think it can do something to join us again. And you," he said to Juana Ruiz, "please, bring the Indian women, who are sailing with us - we will prepare for the landing and we need them as interpreters."

- Я тоже хотела бы пойти с вами, Понсе! Мне уже надоело качаться на волнах и хочется поставить ноги на земную твердь! – вздохнула Хуана Руиз. – И было бы здорово, если бы вы договорились с местными индейцами, чтобы мы могли побывать у них в гостях.

- Конечно, Хуана, я и сам бы этого хотел, - улыбнулся Понсе. – Но давайте не будем это делать до того, как мы не поймем дружелюбность намерения этих аборигенов. А до тех пор я очень попрошу вас еще чуть-чуть потерпеть на корабле. Если я пойму хоть намеком, что это будет безопасно, то вы сразу же очутитесь на суше. И вы и все женщины.

- Там на берегу собралась куча аборигенов. Что будем делать, Понсе? – спросил капитан Кэхо. – Будем ждать их или поедем к ним?

- Возьмите что-то для обмена и поедем уже навстречу судьбе! – сказал Понсе.

- Я тоже поеду с Вами! – сказал доминиканский священник.

- Хорошо! – коротко согласился Понсе. – В команду включить только лично отобранных мной баталеров и матросов! Лучших стрелков, самых крепких солдат и самых крепких матросов! Будем надеяться на лучшее, но будем готовы ко всему! Вы на обоих кораблях тоже будьте начеку – на всякий случай пусть будут готовы пушки и люди. Всех вооружите. Женщин уберите с палубы подальше.

- Да... от этих аборигенов можно ждать всего! - подтвердил Аламинос.

- Да уж, Антон Аламинос, хорошее слово в дорогу! – усмехнулся капитан Кэхо.

Две лодки, спущенные с кораблей, взяли курс к земле, где были индейцы.

В одной из лодок сидели Понсе де Леон и его друг – Кэхо.

- Стараемся быть учтивыми и не начинайте никаких действий без моей команды! – потребовал Понсе, крича так, чтобы его было слышно в обеих лодках.

День был хороший и ветра почти не было. Поэтому его голос хорошо слышали все.

"I would like to go with you too, Ponce! I am already tired of swinging on the waves and I want to put my feet on terra firma!" Juana Ruiz sighed. "It would be great if you agreed with the local Indians, so that we can go and visit them."

"Of course, Juana, I would like this too." Ponce de Leon smiled. "But let's not do it before we understand the friendliness of the Aborigines' intentions. Until then, I really need to ask you for a little bit more patience on the ship. If I understand even a hint that it's safe, you will immediately find yourself on the ground. Both you and all the women."

"There's a bunch of Aborigines gathered on the shore. What do we do, captain?" asked captain Quejo. "Will we wait for them or go to them?"

"Take something to share and let's go towards our destiny already!" Ponce de Leon said.

"I'll go with you too!" said the Dominican priest.

"Good!" Ponce de Leon agreed quickly. "Include only the sailors and soldiers selected by me to the team! The best shooters, the strongest soldiers and sailors! Let's hope for the best, but we will be ready for anything! You, on both ships, also beware - just in case, guns and people must be ready. Arm everyone. Take the women away from the deck."

"Yes… you can expect anything from these aborigines!" agreed de Alaminos.

"Yeah, de Alaminos, great parting words!" grinned captain Quejo.

Two boats lowered from ships and headed to the shore, where the Indians were waiting.

Ponce de Leon and his friend, Quejo, sat in one of the boats.

"Try to be courteous and do not start any action without my command!" - Ponce demanded, shouting so that it could be heard in both boats.

The day was good and there almost wasn't any wind. So his voice was easily heard everywhere.

Лодки врезались в красивый песок и солдаты Понсе выпрыгнули на твердь. Индейцы стояли далеко от берега и призывно махали кастильцам, увлекая их за собой.

- Аделантадо, вы прикажете пойти за ними? - спросил Кэхо.

- Да, пусть несколько человек из другой лодки пойдут и посмотрят! – сказал Понсе. – И давай мы с тобой и с нашими людьми лучше подождем отряд около берега.

Ласковое солнце и спокойное море радовали глаз. Все немного отошли от лодок и стали около Понсе. Только пара матросов сидела в маленькой лодке. Все смотрели туда, куда пошел отряд. Прошло много времени, но солдат все не было. Не было слышно ни выстрелов, ни криков.

Внезапно несколько индейцев, неизвестно откуда взявшиеся, с быстротой молнии приблизились к маленькой лодке. Они попытались украсть оттуда вещи, приготовленные для обмена и оружие. Они трогали все, что там лежало со всех сторон и оставшиеся в лодке два матроса не успевали пресекать эти попытки отпихиваться от них.

Как и приказал Понсе, матросы, находящиеся на лодке, окруженной индейцами, сначала улыбались. Но индейцы настырно снова и снова пытались стащить вещи из лодки и схватить оружие, которое там лежало.

Понсе вместе с солдатами поспешил на помощь к своим людям, надеясь предотвратить кровопролитие.

- Эй, - издалека закричал Понсе индейцам. – Кто у вас тут главный?

Индейцы не обратили на него никакого внимания и еще более нагло стали нападать на лодку. Кто-то из них схватил щит, лежавший на дне лодки.

И тут один индеец взял длинную палку, которая была у него, и ударил по голове матроса. Удар пришелся по темени, и матрос упал на дно лодки. Индеец радостно закричал и стал бить по голове еще и еще потерявшего уже сознание матроса.

- Понсе, по-моему, тут уже идет речь о жизни и смерти! Шутки в сторону или твоя лояльность может стоить нам члена экипажа! – констатировал капитан Кэхо.

Boats crashed into the beautiful sand and Ponce de Leon's soldiers jumped onto the ground. The Indians were far from the shore and waved invitingly to the Castilians, showing them to follow them.

"Adelantado, will you order us to follow them?" asked Quejo.

"Yes, let a few people from other boat go and look!" Ponce de Leon said. "You, I and our people will wait for the squad near the shore."

"The gentle sun and calm sea were pleasing to the eye. Everybody moved a little bit away from the boat and stood beside Captain de Leon. Only a couple of sailors were sitting in the small boat. Everybody looked to where squad went. A long time passed, but the soldiers did not come back. No gunshots or screams were heard.

Suddenly, a few Indians came out of nowhere and approached the small boat with lightning speed. They tried to steal things the Castilians were prepared to share and also the weapons. They touched everything that was lying there and two sailors that were near the boat were unable to stop these attempts and push them off.

Just like Ponce de Leon ordered, the sailors who were on the boat and surrounded by Indians, firstly started smiling. But the Indians were persistently trying to steal things from the boat and grab the weapon that lay there again and again.

Ponce with the soldiers rushed to the aid of his people, hoping to prevent the bloodshed.

"Hey," Ponce de Leon shouted from afar to the Indians, "who is in charge here?"

The Indians did not pay any attention to him, and began to attack the boat even more impudently. One of them grabbed a shield from the bottom of the boat.

Then an Indian took a long stick, which he was carrying, and struck out at the sailor's head. The blow fell on his head, and the man fell to the bottom of the boat. The Indian cried out joyfully and began to beat the sailor who was already unconscious again and again.

"Captain, in my opinion, this is already a question of life and death! Joking aside, your trustiness can cost us a member of the crew!" stated captain Quejo.

Солдаты подбежали и принялись отталкивать индейцев. Те, в свою очередь, стали сопротивляться и в какой-то момент индейцы выхватили свои боевые топоры, сделанные из акульих зубьев и огромных ракушек, короткие копья с наконечниками из рыбьих костей. Некоторые схватились за луки. Началась потасовка.

- Отразить атаку! – крикнул Понсе.

Но индейцы уже кинули копья и выстрелили из луков. Наконечники, сделанные из рыбьих костей, только отлетели от одетых в нагрудники и кольчуги воинов, однако моряк и солдат были ранены в шеи.

Стройный ряд тут же выставленных копий и алебард, на который наскочили аборигены, сильно ранил несколько из них, а другие вынуждены были отбежать.

Индейцы снова бросили оставшиеся копья, а двое из них быстро выпустили стрелы. Наконечники стрел были сделаны из камня, поэтому они легко отскочили от брони испанцев.

Испанцы, в свою очередь, выстрелили из и ранили еще нескольких индейцев. И тут несколько аркебузников выстрелили из своего оружия.

Раздался грохот, который заставил индейцев бежать без оглядки.

- Хватит! - скомандовал Понсе. – Надо дать знать всем, кто на берегу, чтобы возвращались! От лодок не отходить.

Матрос подал знак. На кораблях зазвенели колокола. Это был условный знак, говорящий о том, что надо возвращаться. Стало быстро темнеть. И тут стали появляться те, кто пошли разведку вглубь острова. Они услышали выстрелы, затем колокол и стали возвращаться обратно. Однако двоих не было. Нервы стали накаляться. Пришлось кричать их поименно. Только через некоторое время все были на месте. Индейцы больше уже не атаковали. Но приближалась ночь, поэтому Понсе принял решение уезжать обратно к кораблям.

Уже подплывая к кораблю, Понсе увидел, что на берегу снова собралось множество индейцев.

- По-моему, нам очень повезло, аделантадо! И мы смогли без больших потерь унести ноги от этих неприветливых ребят! – с вопросительным взглядом обратился к Понсе капитан Кэхо.

The soldiers ran up and began to push the Indians. Those Indians began to resist and at some point, the Indians took their battle axes made of shark teeth and huge shells and short spears tipped with fish bones. Some of them grabbed their bows. It started the brawl.

"Fight them back!" Captain de Leon shouted.

But the Indians had already thrown the spears and fired arrows. Arrowheads made of fish bones just flew by the warriors wearing chain armor and, but a sailor and a soldier were wounded in the neck.

A slim row of spears and halberds wounded several aborigines who ran on it. Others had to step back. The Indians threw their remaining spears again, and two of them quickly shot arrows. The arrowheads were made of stone, so they just bounced off the armor of the Spanish soldiers.

There was a roar that made the Indians flee without looking back.

"Enough!" ordered Ponce de Leon. "It is necessary to let everybody who is on the shore know that they have to come back! Stay close to the boats."

A sailor made a sign. The ships bell rang. It was a signal that meant that it's necessary to come back. It was getting dark quickly. And then those who went to explore inland began to appear. They heard the shots, and then the bell rang and they began to come back. However, two of them were missing. Nerves began to heat up. They had to shout their names. They came only after a while. The Indians no longer attacked. But the night was approaching, so Ponce de Leon decided to go back to the ships.

Already near the ship, Ponce de Leon saw that a lot of Indians had gathered on the bank again.

"I think we were very lucky, Adelantado! And we could get away from those inhospitable natives without large losses!" captain Quejo said to Ponce with an inquiring look.

- Да... - грустно произнес Понсе. – Дружеской встречи не получилось.

- Вот только запасы воды нам нужны и все равно источник мы должны найти тоже. Поэтому, друг мой, Кэхо, придется нам заплыть на корабле в устье какой-нибудь реки. Но сделаем мы это завтра, а то разворошили это осиное гнездо. Поэтому лучше отплыть немного отсюда, чтобы они думали, что мы ушли. Заодно может и наша исчезнувшая на горизонте бригантина придет.

Они прошли на корабль и осмотрели раненых: оглушенный и потерявший сознание матрос немного пришел в себя, двое раненных кастильцев тоже более-менее были в порядке. Их раны были не опасны.

Похлопав по плечу своих людей, Понсе де Леон, переполненный эмоциями и впечатлениями от сегодняшнего дня – **21 апреля 1513 года**, пошел спать.

***

Landing of the Spaniards. Reenactment.
Высадка Испанцев. Реконструкция событий 2016 год.

"Yes..." Ponce de Leon said sadly. "A friendly meeting did not happen."

"The thing is that we need water supplies and we still have to find the source, we have to find both. That's why, my friend, Quejo, we'll have to sail to some kind of a river outfall. But we'll do it tomorrow, or otherwise we'll scatter this hive. It is better to sail away a little from here, so that they think we are gone. At the same time, maybe our brigantine, which disappeared over the horizon, will come back.

They returned to the ship and examined the wounded: the stunned and unconscious sailor recovered a little, two other wounded Castilians were more or less alright too. Their wounds were not dangerous.

Having pat his people on the shoulder, Ponce de Leon, filled with emotions and impressions of the day. It was the night of **April 21, 1513.**

***

Sailors and a soldier defend their boat from Indians. Reenactment.
Испанские моряки защищают свою лодку от индейцев.
Реконструкция событий 2016 год.

Глава 3

Утром корабли Понсе вошли в глубокую еще не открытую реку. Аделантадо Бимини или Паскуа Флорида взял с собой лучших людей, заставил их одеть все доспехи, и приказал капитанам кораблей, быть наготове. Двадцать человек спустились на двух шлюпках и отплыли к берегу. Пока одни собирали дрова, другие – наполняли бочки водой, причем в полных боевых доспехах. Это было превосходное место для ожидания унесенной течением бригантины, поэтому времени было много, и никто не торопился. Сидевшие на мачтах матросы могли видеть далеко и быстро распознать приближающегося врага, однако все-таки огромные пространства были закрыты от их взгляда растительностью.

Внезапно один из матросов увидел несколько десятков индейцев. Он тут же крикнул команду и на корабле зазвонил колокол. Находящиеся на суше кастильцы быстро сосредоточились. Бросили свои бочки с водой и дрова, они выстроились в боевой порядок и ощетинились копьями.

Из чащи им навстречу вышло около шестидесяти раскрашенных индейцев.

Вперед вышел Понсе в доспехах.

Вместе с ним вышла индианка из племени Таино, которая каждый раз, когда лодка отплывала от корабля, плыла вместе с кастильцами как переводчик.

Индейцы были высокими. Они были одеты в шкуры разных животных – медведей, рысей и кабанов, а у некоторых волосы были связаны в необычный пучок. Они не имели боевой раскраски и среди них были женщины. Понсе обрадовался, так как понял, что можно с ними наладить хоть какие-то отношения. И, скорее всего, они не будут нападать из-за женщин и детей, которые были вместе с ними.

Испанцы выстроились перед ними в линию так, чтобы их нельзя было обойти.

- Кто вы и что это за место? – спросил через переводчицу Понсе.

Chapter 3

In the morning, the ships of Ponce entered a deep undiscovered river. Adelantado of Bimini or Pascua Florida took the best people with him, forced them to wear full armor and ordered the captain of the ships to be ready. Twenty people descended on the two boats and sailed to the shore. While some gathered firewood, others - filled barrels with water, and all of them were in full battle armor. It was a great place to wait for the brigantine, which had disappeared, so there was a lot of time, and no one was in a hurry. Sailors sitting on masts could see far and recognize the approaching enemy quickly, but still a huge area was closed from their sight by the vegetation.

Suddenly, one of the men saw few dozen Indians. He shouted to the team and rang the bell. Castilians that were on land gathered quickly. They left their barrels with water and firewood, lined up in battle formation, and bristled with their spears.

About sixty Indians in paint came out to meet them from the thicket.

Ponce came forward in armor.

A Taino Indian woman, who sailed with the Castilians as a translator every time the boat was sailing from the ship, came along with him.

The Indians were tall. They were dressed in animal skins of bears, lynx and boars, and their hair was tied in weird buns. They didn't have war paint, and there were women among them. Ponce was delighted as he realized that it was possible to establish at least some kind of relationship with them. And, most likely, they will not attack because of the women and children who were with them.

Spaniards lined up in front of them so that they could not be circumvented.

"Who are you and what is this place?" asked Ponce through the interpreter.

Ему навстречу вышел пожилой индеец, которого сопровождал другой – более молодой. Он внимательно разглядывал Понсе. Понсе был в хорошем настроении. Его занимало такое тщательное изучение его персоны, и он улыбнулся. Затем улыбнулся и старик.

Напряжение спало, а старик стал что-то говорить на непонятном языке.

- Я не знаю этого языка! – расстроено сказала девушка индианка. – Это не язык не Таино, не язык карибов и даже не язык гуантахабеев!

- Жаль! – сказал Понсе. – Но это и радостно, значит мы их не знаем, а они – нас. Значит это действительно, новая, открытая нами большая земля!

Затем Понсе вспомнил, что на карте Аламиноса эта земля называется не Паскуа Флорида, а Бимини.

- Это Бимини? – спросил Понсе у старого индейца и обвел вокруг руками.

- Бимини? – переспросил его старик индеец и пожал плечами.

Понсе вздохнул, понял, что из разговора ничего не получится.

Он вынул из глубины своей одежды цепочку из стеклянных бус и протянул индейцу. Индеец взял ее. Посмотрел на свет и заулыбался.

Затем старик подозвал одного индейца и что-то ему стал говорить.

Потом он жестами попросил пропустить его и его людей сквозь строй.

Понсе дал команду и кастильцы расступились. Через строй, с опаской глядя на одетых в броню бородатых пришельцев, прошли все шестьдесят индейцев. Один же - тот с которым поговорил старик – остался.

Он жестами дал понять о своем решении.

- Пусть будет проводником и научите его нашему языку! – сказал Понсе индианке.

Затем посмотрел на бочки с водой и приказал понемногу принести ему воды из каждой бочки. Индеец подскочил и стал мотать головой, не давая выпить Понсе.

An old Indian came up to him, another Indian, younger one, accompanied him. He looked at Ponce carefully. Ponce was in a good mood. He was entertained by such careful examination of him, so he smiled. Then the old man smiled too.

Tension eased, and the old man began to say something in an incomprehensible language.

"I don't know this language!" upset Indian girl said. "It's not the language of Taino, Caribbeans or even Guahantabia!"

"It's a pity!" Ponce said. "But it's also great, it means that we don't know them, and they don't know us. So this is really a new land discovered by us!"

"Bimini?" Ponce asked the old Indian and showed a circle with his arms.

"Bimini?" asked the old Indian and shrugged.

Ponce sighed and realized that nothing will come out of this conversation.

He took a chain of glass beads out of his clothes and handed it to the Indians. The Indian took it. He looked at the light and smiled.

Then the old man called one Indian and began to tell him something.

Then he motioned to let him and his people go through the squad.

Ponce de Leon commanded, and the Castilians parted. Sixty Indians passed through the squad, cautiously looking at the armored bearded incomers. One of them, the one with whom the old man, remained.

"Let him be a guide and teach him our language!" said Ponce to the Indian woman.

Then he looked at the barrels with water and ordered to bring the water from each barrel. The Indian jumped up and began to shake his head, not letting Ponce drink.

Понсе показалось, что это он делает нарочно и он подумал о том, что это так он не дает ему попробовать волшебной воды. Тогда Понсе отодвинул индейца мечом. Индеец сразу смирился. Пожал плечами и отошел от Понсе.

Отпив из первой же бочки, Понсе вылил все до последней капли и произнес, глядя на тех, кто набирал воду:

- Вы считаете, что можете давать мне любую воду, даже не попробовав ее сами? Что вы наделали? Это вода соленая на вкус. Не как в море, но соленая. Ее пить нельзя! Выливайте все! И с этого момента каждый, кто даже, не попробовав воду даст мне ее отпить, будет наказан! А если еще у меня заболит живот, то я распорю брюхо тому, кто пожелает меня отравить!

Все солдаты и матросы, стали тут же пробовать воду и убедившись, что она действительно солоноватая на вкус, стали опорожнять бочки.

Индеец только улыбался. Понсе подошел к нему и запустив руку в свои доспехи вытащил нож и дал его индейцу. Индеец опешил. Он вращал нож и с восхищением и страхом смотрел на это порождение цивилизации. Его глаза расширились, и он обхватил ноги Понсе в знак благодарности.

Понсе улыбнулся. А индеец стал знаками и жестами объяснять, что он хотел бы стать проводником и остаться вместе с кастильцами и учить их язык. Затем он пошел вглубь леса и позвал жестами испанцев за собой. Несколько человек пошли за ним. Новый друг испанцев показал другие источники пресной воды, которая была достаточна хороша для питья и не была солоноватой.

Понсе не стал ждать никого, а взяв тех, кто запасся дровами пошел к лодке и поплыл к стоящему своему кораблю Санта Марии де Консоласион (**SANTA MARIA DE LA CONSOLACION**).

Там его уже ждал его друг капитан Кэхо, который кокетничал с двумя черными свободными женщинами, которые стали членами его команды. Одна стала работать и помогать на кухне, а другая стала матросом. Это было довольно необычно, но очень понравилось юмористу Кэхо.

Рядом с ним неодобрительно смотрел на его заигрывания доминиканский священник. Капитан Кэхо заметил это и обратился к доминиканскому монаху.

Ponce assumed that he did it on purpose, and he thought that this is because he didn't want him to try the magical water. Then Ponce pushed the Indian with his sword. The Indian resigned immediately. He shrugged his shoulders and walked away from Ponce.

After drinking from the first barrel, Ponce poured every last drop and said, looking at those who drew water:

"You think you can give me any water, even without trying it yourself? What have you done? This water is salty in taste. Not like the sea water, but salty. It cannot be drunk! Pour it all! And from this point, everyone who does not try the water before giving it to me will be punished! And if I have a stomach ache, I'll rip the belly of the one who wishes to poison me!"

All the soldiers and sailors immediately began to try the water and made sure that it was really salty. They began to empty the barrels.

The Indian only smiled. Ponce approached him, pulled a knife out of his armor and gave it to the Indian who was taken aback by this. He twirled the knife and looked at the offspring of civilization with admiration and fear. His eyes widened and he clasped Ponce's legs in gratitude.

Ponce smiled. The Indian began to explain with signs and gestures that he wanted to become a conductor, stay with the Castilians and learn their language. Several people went with him, so he showed sources of fresh water.

Ponce did not wait for anyone, and taking those who stocked up with firewood went to the boat and sailed to his ship Santa Maria de La Consolacion.

His friend captain Quejo was already waiting for him there flirting with two free black women who had become the members of his team. One of them began to work and help in the kitchen, and the other became a sailor. It was quite unusual, but humorist Quejo liked it very much.

Dominican priest beside him was looking disapprovingly at his flirtations.

- Отец наш! – сказал Кэхо. – Это свободные женщины со свободным поведением, но с нашей верой в душе! Чем плохо? Они веселят мой дух и дух команды, а разве это плохо? Или мне ходить в строгости и все время ждать плохого? Зачем? Давайте лучше с вами вместе петь, веселиться и радоваться всему, что дали нам Дева Мария и Господь наш!

Священник улыбнулся и расхохотался:
- А ведь ты тот еще прохвост, Кэхо! Но умеешь же ты вывести из тоски!
- За это я его и люблю! – сказал Понсе де Леон, взбираясь на палубу корабля.

Кэхо и матросы подбежали к Понсе и помогли ему окончательно перелезть, а паж стал помогать ему снимать доспехи.
- Теперь дело за малым. Где там Аламинос? – завертел головой Понсе де Леон. – Как назовем эту реку? Есть предложение?
- У меня снова предложение – сказал священник. Давайте назовем это место - Рио де ла Круз (**река де ла Круз (Река Креста) сейчас это - Saint Lucie River - прим. автора К.А.).**
- Тогда мы должны здесь поставить крест. Чтобы все индейцы видели его. Он должен быть крепким, чтобы его не разрушили и большим, чтобы его все видели. на нем должно быть сообщено, что земля принадлежит Фердинанду и он олицетворял бы то, что мы были первыми, кто ступил на эту землю… Среди нас есть мастера по работе с камнем? – спросил Понсе у Кэхо.

Кэхо повернулся и крикнул:
- Кто умеет из вас работать с камнем?
- Я умею, - раздалось несколько голосов и вперед вышли три солдата.
- Я был каменщиком в Кастилии, - сказал один.
- А я работал на кладбище и поставил столько крестов, что лучше бы вы этого и не знали…
- Ну, а я работал со скульпторами при возведении храмов божьих! – сказал еще один пожилой и весь седой старик. – Так что опыта мне не занимать. А что надо то?

"Our Father!" Quejo said. "They are free women with free behavior, but with our faith in their souls! What's wrong? They cheer my spirit and the spirit of the team, is it bad? Or should be in severity all the time and wait for the bad? What for? Let's sing together with you, have fun and enjoy everything that the Virgin Mary and Our Lord gave us!"

The priest smiled and laughed:

"You're such a scallywag, Quejo! But you know how to withdraw from boredom!"

"That's why I love him!" said Ponce de Leon, climbing onto the deck of the ship.

Quejo and sailors ran to Ponce and helped him to climb, and the page began to help him remove his armor.

"Now it's little left to be done. Where is Alaminos?" Ponce de Leon began to turn his head. "How to call this river? Any suggestions?"

"I have a suggestion again" said the priest. "Let's call this place Rio de la Cruz, **(River of the Cross) (now it's Saint Lucie River - note K.A.).**

"Then we have to put across here. So that all the Indians see it. It must be firm not to be destroyed, and big enough for everybody to see it. It must say that the land belongs to Ferdinand, and it would represent the fact that we were the first to set foot on this land... Are there masters at working with stone among us?" Ponce asked Quejo.

Quejo turned and shouted:

"Who can work with stone among you?"

"I can." there were a few replies, and three soldiers came forward.

"I was a bricklayer in Castile," said one.

"I worked in the cemetery and put so many crosses that it would be better if you do not know..."

"Well, I've worked with sculptors during the construction of the temples of God!" said one elderly gray-haired old man. "So do not hold me to experience. And what do we need to do?"

- Надо поставить здесь крест. И, наверное, будет лучше поставить его из камня и сделать там надписи о нас и принадлежности этой земли Королю Фердинанду.

Пока они получали задание от Понсе де Леона о том, каким должен быть этот крест и что на нем должно быть отражено, вторая лодка причалила и привезла уже нормальной воды.

Прервавшись, Понсе подошел и выпил из приготовленных ему фляжек по несколько глотков воды. Чуда омоложения не произошло. Но жажду он утолил. И снова занялся обсуждением креста.

Утром вооруженные инструментами и окруженные воинами трое мастеров-кастильцев вместе с проводником ступили на берег и стали искать подходящий камень.

В его установке участвовали больше половины команды и даже женщины, которые были рады лишний раз постоять на земной тверди.

Это получился прекрасный памятник, который указывал на то, что в 1513 год от Рождества Христова здесь побывал Аделантадо Понсе де Леон и его команда. Еще сказано было, что место это было объявлено владением короля Фердинанда II.

***

Долгое время стоял этот крест на том месте, которое сейчас зовется Town of Jupiter. Часто в литературе 16-18 веков можем мы найти упоминание об этом Каменном Кресте на Реке Креста или на Сант Люсия Ривер.

Этот каменный крест ждет еще тебя, дорогой читатель, чтобы именно ты нашел его на Флоридской земле.

***

Далее, не дождавшись каравеллы и установив каменный крест, Понсе направил оставшиеся свои два корабля из устья реки вдоль берега острова на юг, используя попутный ветер.

Антон Аламинос на своих картах так и оставил этот остров с названием Бимини, а вот капитаны Кэхо и Диего Бермудес с каравеллы Сантьяго, да и сам Понсе де Леон, теперь рисовали карты с новым названием земли – Паскуа Флорида.

*

"It is necessary to put a cross here. And perhaps it would be better to make it out of stone and make some records about us and the fact that this land belongs to King Ferdinand."

While they were receiving an assignment from Ponce de Leon about what the cross must look like and what information it must have on it, the second boat approached and brought normal water.

Ponce interrupted, came up and drank from the flasks prepared him for a few sips of water. Rejuvenation miracle did not happen. But he quenched his thirst. And, once again, he began to discuss the cross.

In the morning, armed with tools and surrounded by soldiers, three masters-the Castilians with the conductor stepped ashore and began to look for a suitable stone.

More than half of the team, and even women who were happy to once again stand in the firmament were involved in installing it.

They made a magnificent monument, which pointed out that in 1513 A.D. Adelantado Ponce de Leon and his team were here. It also declared that this land was the possession of King Ferdinand II.

***

For a long time, this cross had been in the place which is now called the Town of Jupiter. In the literature of 16-18 centuries, we can often find a mention of this stone cross in Cross River or Santa Lucia River.

This stone cross is still waiting for you, dear reader, to find it on the Florida land.

***

Then, without waiting for the caravel and having installed the stone cross, Ponce sent his two remaining ships out of the outfall of the river, again along the shore of a new island to the south, using a tailwind.

Anton Alaminos left Bimini as the name of the island in his maps, but captains Quejo and Diego Bermudez from the caravel Santiago, and Ponce de Leon were now drawing their maps with the new name of the land - Pascua Florida.

*

Пришло **8 мая 1513 года.**
- Господи, да что же это такое! – восклицал Кэхо. – Это подводная река не похожа ни на одно течение, которое я помню на своей памяти! Невероятный напор и скорость, с которой она течет вызывает у меня определенные сомнения, что мы, когда-нибудь увидим нашу унесенную бригантину! Аламинос прав – это течение несет нас обратно – на северо-восток - приблизительно где и находится наша Родина – Кастилия.
- Но мы же развернули паруса!
- Да! – удивленно продолжал капитан Кэхо. – И это не помогает.
- Ну, если ты думаешь, что я соглашусь поехать на Север, то, пожалуй, ты этого не дождешься! Мы должны объехать этот остров. И сначала мы должны это сделать с Юга.
- Теперь понятно, почему семья Колумба не дошла сюда – течение сразу их выносило в открытый Океан, и они считали, что на Севере ничего нет – констатировал Аламинос.
- Не представляю, сколько под нами воды течет! Даже представить страшно с какой скоростью вся эта масса двигается! – сказал Понсе де Леон.
- Мы все измерили, аделантадо! – сказал кормчий Антон де Аламинос. – И глубину мы знаем. И, поскольку наши корабли не могут идти дальше даже при полностью раскрытых парусах и попутном ветре далее на юг, то позвольте бросить якорь с другой стороны мыса – вон там, где видна индейская деревня.
- Как называется это место? - обратился Понсе к сопровождавшему ему местному индейцу.
Индеец, которого взяли испанцы на борт, за неделю уже кое-что выучил и показывая на индейскую деревню произнес:
- Абаиоа (**Abaioa**)!
- Понятно, деревня Абаиоа! – засмеялся Кэхо. – Язык сломаешь! Все у них такое – Абаиоа, Агуэбана и прочая -бана и –оа. Этак мягкое и нежное все… Ладно! Бросаем якорь с другой стороны мыса около этого замечательного места - Абаиоа! – приказал он громко.
- А как будем обозначать это место на карте? – спросил Аламинос.

May 8, 1513.

"My God, what is it!" exclaimed Quejo. "This underwater river is not like any other flows I remember! Incredible pressure and the speed at which it flows cause me some doubt that we will ever see our brigantine! Alaminos is right – this current is carrying us back – to the north-east - about where it is our homeland - Castile."

"But we have deployed the sails!"

"Yes!" shocked Quejo went on. "And it does not help."

"Well, if you think that I would agree to go to the North, then it won't happen! We have to sail around the island. And firstly we have to do it from the South."

"Now I understand why Columbus family did not reach this place – the current forced them into the open ocean, and they believed that there is nothing in the north." stated Alaminos.

"I cannot imagine how much water flows there - beneath us! And it's scary to even think of at which breakneck speed it's all moving!" Ponce de Leon said.

"We measured everything, Adelantado!" said the Chief Navigator Anton de Alaminos. "And we know the depth. And again, our ships cannot go any further, even if sails are fully disclosed and the wind is favorable, allow dropping the anchor at the other side of the cape - there, where an Indian village is visible."

"What's the name of this place?" Ponce turned to the local Indian that accompanied them.

The Indian who had been taken aboard already learned something during a week and said, pointing at the Indian village:

"Abaioa!"

"Of course, the village Abaioa!" Quejo laughed. "What a tongue twister! All they have is - Abaioa, Aguebana and other -bana and -oa. That way everything is soft and tender... Anyway! Drop the anchor on the other side of the cape of this wonderful place - Abaioa!" he ordered loudly.

"And how to map this place?" asked de Alaminos.

- Ну как ты, кормчий, будешь обозначать на своей – я не знаю! – усмехнулся капитан Кэхо. – Я на своей карте обозначу это место как Мыс Течений **(Cape of Currents (es. Cabo de Corrientes))**. Ибо пусть знают все, что эти течения могут утащить любой корабль в только им известном направлении. Хотя, если мы увидим нашу бригантину, мы тогда и спросим капитана Переса де Ортубу до какого предела их тащила эта подводная река!

***

Понсе де Леон смотрел на деревню аборигенов.
- Высылайте лодку к аборигенам – нам нужна еда и вода. Мы не успели как следует пополнить запасы воды около Реки Креста. Слишком далеко было ходить. Сделаем это здесь. Теперь у нас есть проводник из местных, и он нам поможет наладить с ними обмен или торговлю.

Anton de Alaminos - the forgotten Spanish hero.
Антон де Аламинос – забытый Испанский герой.

***

Прошло еще время. Корабли продвигались на юг очень медленно.

На корабле шла суета – снова и снова корабли боролись с течением и это выматывало всех, кто был на корабле – и матросов и солдат, и капитанов. Все бегали и что-то делали. Но огромные усилия команды были тщетны, так как движения было очень незначительным.

"Well, I don't know about you, Navigator! Captain Quejo grinned. "I will call this place the **Cape of Currents Currents (es. Cabo de Corrientes))**. To let everyone know that these currents can drag any ship in any direction they want. Although, if we see our brigantine, and we'll ask captain Perez de Ortubia to which limit this underwater river dragged them!
***

Ponce de Leon was looking at the aboriginal village.
"Send a boat to the aborigines - we need food and water. We did not have enough time to properly replenish the water around the Cross River. It was too far to walk. Let's do it here. We now have a local guide and he will help us to establish exchange or trade with them.

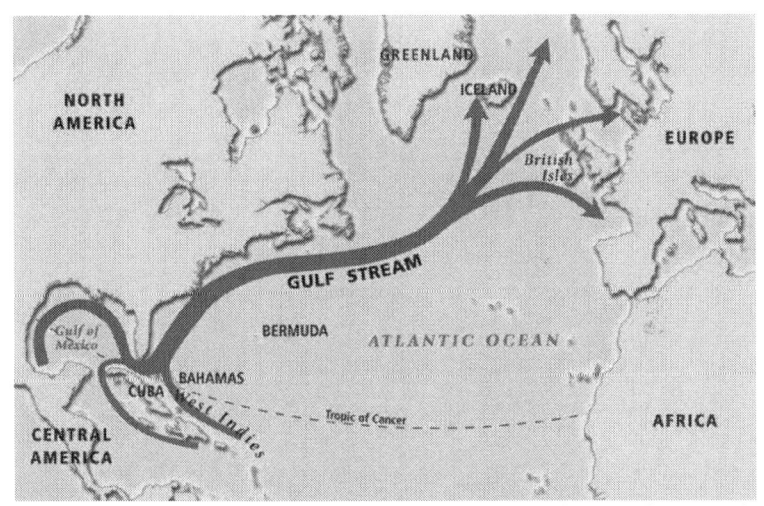

The Gulf Stream was open by Anton de Alaminos during the expedition of Ponce de Leon in 1513.
Течение Гольфстрим было открыто Антоном де Аламиносом и Понсе де Леоном
***

Some time passed. Ships were moving to the south very slowly.
The ship was bustling - ships fought again and again against the current and it exhausted everybody who was on the ship: soldiers, sailors and captains. Everybody was running around and doing something. But huge team effort was in vain, as the movement was very small.

Доминиканский священник попросил Понсе де Леона разделить с ним его молитву.

- Сегодня, дорогой Сын мой! – сказал священник. - Мы будем молиться с тобой Святой Марте! Понимаешь ли ты, Сын Мой, почему я прошу тебя сделать это – обратиться именно к этой Святой?

- Отец мой, - вздохнул Понсе. – Думаю, что ты лучше меня это знаешь, ибо ты, а не я посвящаешь все время свое молитвам, а я вершу дела мирские, которые ты одобряешь.

- Хороший ответ! – заулыбался доминиканский монах. – Хорошо. Слушай тогда. Две сестры – Святая Марта и Святая Мария были абсолютно разными. Святая Марта олицетворяла деятельность – она постоянно суетилась и хлопотала по хозяйству, желая приготовить для гостей самое лучшее. Вторая же из сестер – Мария, забыв о домашних обязанностях, проводила все время слушая проповеди Христа. Она считала, что все земное бренно по сравнению с божественным. Марфа как-то- пристыдила Марию при госте: она посетовала, что та ей не помогает по хозяйству и не суетится по дому. На эти высказывания обиженной марты Иисус ответил, что Марфа суетиться о многом, а НУЖНО БЕСПОКОИТЬСЯ ЛИШЬ ОБ ОДНОМ – О СПАСЕНИИ ДУШИ... Знаешь, сын мой, Понсе! Я хотел бы, чтобы наши молитвы были услышаны, и ты перестал суетиться – люди уже устали и тебе может помочь само Небо, если захочет, чтобы пустить корабль туда, куда ему уготовано судьбой.

- Отец мой! – вздохнул Понсе. – Я не могу тебе возразить – ибо знания твои огромны, а мои – жалки. И, тем не менее, хочу напомнить, что эта жизнь – борьба! Борьба с врагами за Веру Нашу! И...

- Правильно, сын мой – борьба, а не суета! Это очень разные вещи. Давай все-таки помолимся. А в молитве и тишине придет к нам или Божий Знак, или найдется какое-то решение.

И оба стали молиться Святой.

В этот день доминиканский священник так неистово и искренне молился, что все-таки Вселенная Его услышала!

Dominican priest asked Ponce de Leon to share his prayer.

"Today, my dear son!" said the priest. "We will pray with you to St. Martha! Do you understand, my son, why I'm asking you to do this - to pray to this particular Holy?"

"Father," Ponce sighed, "I think you know all of this better than me, as you, and not I devote all your time to prayers, and I administer worldly affairs that you approve."

"Good answer!" the Dominican monk smiled. "Good. Listen then. Two sisters - St. Martha and St. Mary were completely different. Santa Martha was flare activity - she constantly fussed and fussed around the house, wanting to cook the best for the guests. The second of the sisters - Mary, forgetting about the domestic duties, spent all the time listening to the preaching of Christ. She believed that everything earthly is perishable compared with the divine. Martha once shamed Mary in front of the guests: she complained that she did not help her with the housework and does not fuss at home. Jesus told offended Martha that she worries about many things, while YOU ONLY NEED TO WORRY ABOUT ONE - THE SOUL'S SALVATION… You know, my son, Ponce! I wish our prayers were answered and you stop fussing - people are tired, and Heaven itself can help you if it wants to float the ship wherever it is destined by fate."

"My father!" Ponce sighed. "I cannot argue with you - because your knowledge is enormous, and mine is pathetic. And, nevertheless, I want to remind you that our life is the struggle! The fight against the enemies of our faith! And…"

"That's right, my son - the struggle, not vanity! These are very different things. Let's pray, and in prayer and silence a sign of God will come to us or there is some sort of solution."

And both began to pray the Holy.

On this day, the Dominican priest prayed so passionately and sincerely that The Universe heard him!

Корабли, бросив на ночь якоря за островом до которого дошли уже в темноте остановились на ночь. Утром оба корабля вошли в прекрасный Залив, где течение прекратилось, и конкистадоры спокойно стали плыть на Юг.

Понсе был благодарен священнику и назвал остров, за которым началось спокойное плавание, Мысом Святой Марты **(Santa Marta (Santa Martha) or modern – Key Biscayne)**.

***

Пятница. 13 мая 1513 года.

Легко пройдя по спокойному заливу оба судна достигли еще одного острова, который назвали Поло **(Современный Elliot Key)**.

15 мая 1513 года в воскресенье, в седьмой день после **Пасхи (Easter, es.Die de Pascua de Espiritu Santo)** они проплыли мимо островов с удивительно белым песком. На горизонте показались ряд рифов и островов.

Понсе, Хуана Руиз, капитан Кэхо и священник смотрели на череду островов и пытались понять на что они похожи.

- По-моему это просто острова! – сказал Антон Аламинос.

- Просто островов не бывает! - не согласился священник. – Все сделано Господом нашим с умыслом и так, чтобы показать нам, живущим на земле в виде знаков и явлений или в виде вот таких вот островов что нужно ждать или что здесь было.

- Ну, судя по тому какое количество здесь рифов, подводных камней, отмелей и вспоминая подводную реку, то… все говорит о том, что стоит найти хорошее место для высадки! - пожал плечами Аламинос.

- А мне нравится то, к какому выводу пришел наш кормчий! – заулыбался капитан Кэхо. – Стоит уже причалить куда-то.

- А мне это напоминает каких-то страдающих людей! – сказала Хуана Руиз.

- Да, мне эти камни тоже напоминают мучеников! – сказал доминиканский монах. – В этих камнях как будто застыло что-то страдальческое! Да что там – посмотрите сами.

Ships that had dropped their anchors behind the island, which they reached already in the darkness, stopped for the night. In the morning, both ships entered a beautiful Bay, where the flow stopped, and conquistadors began to sail to the South.

Ponce was grateful to the priest, and named the island, behind which normal sailing began, Santa Martha Cape **(or modern – Key Biscayne)**.

***

Friday. May 13, 1513.

Having easily passed the calm bay, both vessels reached another island, which was called Polo **(Modern - Elliot Key)**.

May 15, 1513 on Sunday, on the seventh day after Easter **(Easter, es. Dia de Pascua de Espiritu Santo),** they sailed past the islands with amazing white sand. A number of reefs and islands appeared on the horizon.

Ponce, Juana Ruiz, captain Quejo and the priest looked at a series of islands and tried to understand what they look like.

"In my opinion, these are just islands!" said Anton Alaminos.

"There's no such thing as just an island." the priest disagreed. "Everything is done by our Lord with the intention to show us, who live on the earth, in the form of signs and phenomena, in form of such islands what to expect and what had happened here."

"Well, judging by how many reefs, underwater stones and shallows here are, and if you remember the underwater river... everything suggests that it is necessary to find a good place for landing!" shrugged Alaminos.

"I like the conclusion that our Navigator made!" captain Quejo smiled. "We should moor somewhere"

"And this reminds me of some suffering people!" said Juana Ruiz.

"Yes, me too, these stones resemble the martyrs!" the Dominican priest said. "It's like something pained had been frozen inside of this rocks! See it yourself."

Вся команда тоже подошла и стала смотреть на торчащие из воды острова. И каждый представлял свое. Поскольку как мы и говорили ранее команда состояла в основном из достаточно пожилых людей, то каждому было что вспомнить и каждый видел свой образ в этом чуде Природы.

- Да, много товарищей ушли от нас за время наших скитаний вдали от Родины. Сколько из них сброшены в море и умерли от болезней или от ран! Сколько людей мы потеряли в битвах с аборигенами, утверждая нашу Веру! Сколько людей и кораблей хранит в себе этот вечный Океан даже трудно понять своим умом! – вздохнул капитан Кэхо.

- Да, сын мой! Ты прав! – согласился священник. - Много тайн и секретов, много людей поглотила эта водная бездна. И никто не знает и не узнает ее тайн!

- Тогда, пожалуй, капитан, давай назовем эти острова – Островами Мучеников! - сказал молчавший до сих пор Понсе.

- Истину говоришь, сын мой, Хуан! – согласился священник. – Пусть те, кто будет проплывать здесь после нас помнят о всех тех, кто погиб в пучине океана и память о них будут давать эти удивительные острова.

- Как будто сама Дева Мария послала нам это место, чтобы мы помнили обо всех! Да, дорогой аделантадо, вы как всегда предложили самую великолепную идею! – поддержала Хуана Руиз Понсе де Леона.

- Итак, - после долгого молчания сказал капитан Кэхо. – Мы пошли рисовать на карте новые острова – Острова Мучеников.

В судовом журнале появилась запись, сделанная в Воскресенье **15 мая 1513 года**, говорившая о прохождении побережья островов Мучеников на 26^0 12'N **(es. Los Martires (современные острова Key West, Florida, USA) – note K.A.).**

***

The whole team also came up and began to look at the island sticking out of the water. And each of them imagined something different. As we previously said, the team consisted mainly of fairly elderly people, everyone had something to remember and everyone saw his own image in this miracle of nature.

"Yes, a lot of comrades left us during our wanderings far from the homeland. How many of them were thrown into the sea or died from disease or wounds! How many people were lost in battles with the aborigines, claiming our faith! How many people and ships re stored inside of this eternal ocean, it's hard to imagine!" captain Quejo sighed.

"Yes, my son! You're right!" the priest agreed. "This watery abyss swallowed a lot of mysteries and secrets, many people. And no one knows its secrets and never will!"

"Then, perhaps, captain, let's call these islands - Islands of Martyrs!" said Ponce that had been silent till now.

"You speak the truth, my son, Juan!" the priest agreed. "Let those who will swim here after us remember all those who perished in the depths of the ocean, and these amazing islands will give the memory of them."

"It's like the Virgin Mary herself sent us this place to remind us of everyone! Yes, dear Adelantado, you suggested the most amazing idea, as always!" Juana Ruiz supported Ponce de Leon.

"Alright." after a long silence said captain Quejo. "We are going to draw a new map of the islands - the Islands of the Martyrs."

A new record made on May 15, 1513 appeared in the ship's journal. It reported passing the islands of the Martyrs **(es. Los Martires)** at 26° 12'N **(modern islands Key West, Florida, U.S.A.)**.

***

Глава 4

Пройдя через острова Мучеников, **экспедиция** плыла на север в некотором удалении от земли до 23 мая 1513 года.

Впрочем, необходимо сказать, что именно там - около одного из островов Мучеников - произошло интересное событие.

Во время промера глубины, один из моряков на судне Переса де Ортубы закричал, что его веревка зацепилась о камень.

Глубина была достаточной, чтобы нырнуть и вытащить ее. Матрос разделся и прыгнул в воду. Его товарищ стоял на носу и держал другой конец зацепившегося уровня. Человека долго не было. Очень долго и матрос закричал боцману, что что-то не так. Боцман засвистел, и несколько других матросов подбежали к борту корабля. И тут матрос вынырнул и замахал руками. Его не было долго, поэтому он не смог удержать воздух и наглотался воды.

Едва он пришел в себя, как попросил провести его к капитану.

Едва он вошел, то сразу же стал говорить, эмоционально размахивая руками.

- Капитан! Я видел под водой удивительное место - там внизу проходит дорога. Эта дорога выложена и ведет куда-то в глубину. Я хотел посмотреть дальше, но мне не хватило воздуха.

- Как это выглядит? – удивленно спросил капитан Ортуба.

- Ну, большие отесанные камни ведут вглубь моря… огромная такая четкая дорога…

Капитан задумался. Потом он сигнализировал на другой корабль. И уже вскоре шлюпка во главе с Антоном Аламиносом прибыла с главного корабля Понсе - Санта Мария на корабль Сан-Кристобаль.

Вместе с Алонсо приехало несколько моряков и индеец-абориген переводчик, взятый с отрытой земли Паскуа Флориды.

Chapter 4

After passing the Islands of the Martyrs, the expedition sailed to the North, some distance from the land until May 23, 1513.

However, it's necessary to say that near one of the Islands of the Martyrs an interesting event took place.

During measuring of the depth, one of the sailors of the ship of Perez de Ortubia shouted that his rope had become stuck.

It was deep enough to dive and pull it back. The sailor put off his clothes and jumped. His comrade was standing on the bow holding the other end of the rope. The man was in the water for a long time, so the sailor shouted to the boatswain that something was wrong. The boatswain whistled and several other sailors ran to the side of the ship. That's when the sailor who had dived came up out of the water and began to wave his hands. He had been underwater for a long time so he couldn't hold his breath and swallowed some water.

Once he recovered, he asked to be taken to the captain.

As soon as he entered the room, he started talking and waving his hands emotionally.

"Captain, I've seen an amazing place underwater. There is a road down there. This road is made of stone and is leading somewhere to the depth. I wanted to follow it farther, but I didn't have enough air."

"What does it look like?" asked surprised captain Ortubia.

"Well, big hewn stones leading somewhere to the depth of the sea... like a huge well-defined road."

The captain thought for a while, then he made a signal to the other ship. And soon a boat with Anton Alaminos sailed from the main ship of Ponce – Santa Maria, to the ship San Cristobal.

Several sailors and the aborigine interpreter who had been taken from the discovered land Pascua Florida came along with Alonso.

Моряк вместе с двумя другими моряками и с индейцем нырнули в воду. Их не было достаточно долго. Наконец, они вынырнули и стали наперебой рассказывать о подводной дороге, которая ведет вглубь морских глубин.

Это прямо вымощенная огромными валунами мостовая! – говорили они в один голос. - Она похожа на большую дорогу, где-нибудь в Италии или Испании…, и она достаточно отчетлива видна. Но когда спускаешься пониже, то там видно, что внизу несколько акул бороздят это место! Мы даже видели рыбу-молот. И они так неожиданно появились, что мы едва успели унести ноги.

Антон де Аламинос посмотрел на индейца, который был с ними.

 - Что это? – строго спросил он. - Наверняка у вашего народа есть объяснение?

Индеец молчал, удивленно потирая лоб, пытаясь хоть что-нибудь вспомнить.

- У вас есть такая легенда, что Боги, прикоснувшиеся к нашей Земле, ушли под воду и никогда не вернулись? – стал подсказывать индейцу через переводчицу-индианку капитан Кэхо, при этом активно жестикулируя руками.

- Нет… -- растеряно проговорил индеец. – Нет…

- Может у вас есть легенда об источнике молодости и что он находится под водой? – не унимался капитан корабля Санта Мария.

- Да…- заулыбался индеец. - У нас есть легенда об Источнике Молодости, но он не здесь… Он должен быть дальше… Никто из моего племени не видел его. Но племена индейцев Калуса, которым мы платим дань, имеют этот секрет. Но он не здесь – он находится на берегу… Источник - это секрет племя Калуса. Они знают про него и не дают никому туда прийти. Любой из другого племени будет убит и брошен аллигаторам, если он проникнет туда. Многие туда хотели прийти… но никто не вернулся. Но это не здесь… надо ехать выше – там, где с берега видно, как садится солнце. И три дня пути…

A sailor with two other seamen and the Indian dived into the water. They disappeared for quite a while. Finally, they came up and began to talk about the underwater road leading to the depth of the sea, interrupting each other.

"It's just like roadway paved with huge boulders," they all said. "It looks like a big road somewhere in Italy or in Spain, and it's well-defined. But when you descend lower, you can see several sharks swimming around this place! We even saw hammer-heads. They all appeared so unexpectedly, we barely had time to escape."

Anton de Alaminos looked at the Indian who had been with them.

"What is this?" he asked sternly. "I'm sure your people have an explanation."

The Indian kept silent. He was rubbing his forehead, trying to remember something.

"Do you have a legend that when the Gods touched our earth, they went underwater and never came back?" Captain Quejo began to help the Indian through the interpreter, gesticulating actively.

"No..." the Indian said perplexedly. "No..."

"Maybe you have a legend about the Fountain of Youth that it is underwater?" the captain of the ship Santa Maria went on.

"Yes..." the Indian smiled. "We have a legend about the Fountain of Youth, but it is not here... It must be farther... No one in my tribe has ever seen it. But the Calusa Indians, whom we pay tribute to, have this secret. It's not here. It's on land. The Fountain is the secret of the Calusa tribe. They know about it and don't let anyone go there. Anyone from an other tribe will be killed and thrown to the alligators if he gets there. Many men tried to go there... but no one came back. But it's not here... You need to go higher to where you can see from the shore where the sun sets. It's a three-day walk.

- Не сходится... - пролепетал про себя Аламинос. – Не сходится это место ни с чем... Ни с источником... ни с островом. Может, это забытый город? Или затопленный водой город индейцев?

- Ты думаешь они такие мастера на то, чтобы сделать такую мостовую, которую расписывают те, кто прыгал в воду?

- Я не видел ни у кого из индейцев кто бы мог делать что-то из камня. Тем более из таких огромных глыб! – вставил свое слово капитан Кэхо.

- Ясно, что эта непонятная загадка нам сейчас может помешать найти Источник Молодости. Все указывает на то, что мы близки к развязке. И индеец говорит от этом как об озере на берегу.

- Но Бимини...- снова заговорил Аламинос... - это остров...

- Никто не говорил какой размер этого острова! – констатировал Понсе де Леон. – Мы объезжаем его сейчас. Возможно это огромный остров. И где-то в глубине его, охраняемый индейцами, находится этот источник. - Нам нужно ехать, но эту загадку нам предстоит еще разгадать. Мы еще будем возвращаться сюда...

- Правильно говорите, Аделантадо! – обратился к Понсе его друг – капитан Кэхо. – Надо найти главное, а потом уже разгадывать тайны. На посторонние вещи у нас будет еще время, если мы обоснуем здесь колонию.

- На том и порешим, друзья! – обратился к окружающим Понсе. – Давайте идти дальше! К нашим целям!

И корабли пошли дальше.

***

*Взошло солнце и оповестило мир о наступлении очередного дня – **24 мая 1513 года** от Рождества Христова.*

*Корабли Понсе де Леона подошли к неизвестному берегу (недалеко от современного города Venice, Florida – прим. К.А.). Понсе де Леон не знал, что три корабля стоят напротив Волшебного Озера, так охраняющегося самими индейцами племени Калуса **(современный Теплый Минеральный Источник (Warm mineral spring) – прим. К.А.).***

"It doesn't add up…" Alaminos babbled to himself. "This place doesn't add up… It's not the Fountain… It's not the island. Maybe, it's a forgotten town? Or the Indians' village that had been flooded?"

"You think they're such masters that they managed to make a roadway like one that they're talking about?"

"I've never seen an Indian making something out of stone. Especially from such huge ones!" captain Quejo said.

"It's clear that this mystery can distract us from finding the Fountain of Youth. Everything seems like we're close to our goal. And the Indian says about it as the lake on the shore."

"But Bimini…" Alaminos began to speak again. "This island…"

"No one told us about the size of this island!" Ponce de Leon stated. "We're sailing around it right now." Maybe it's a huge island. And there is the Fountain guarded by the Indians somewhere in its depth. We need to keep going but this mystery is yet to be unraveled. We will come back here…"

"That's right, Adelantado!" Ponce's friend – captain Quejo told him. "We need to find the main thing, and then we'll solve the mysteries. We'll have time for other things if we found a colony here."

"Well, that's it then, friends!" Ponce spoke to the people around. "Let's keep going and achieve our goals!"

And the ships sailed on.

***

The sun rose and notified the world that another day came – May 24, 1513 A.D.

The ships of Ponce de Leon sailed to the unknown shore (not far from modern city Venice, Florida – note K.A.). Ponce de Leon didn't know that his three ships are floating in front of the Magic Lake, which is guarded by the Calusa Indians **(modern Warm Mineral Spring – note K.A.).**

Это был очень тревожный момент для всего народа индейцев Калуса. Корабли стояли напротив Главного Секрета индейцев - Источника Молодости. Это был переломный момент в Истории Мира и Новой Земли.

Здесь, по всем сведениям, полученными из разных источников, должен был находиться Источник Молодости, так необходимый престарелому испанскому королю Фердинанду II, чтобы завершить свой план по объединению всей Европы под флагом Католицизма и Испанской Короны **(см. глава 39– прим. К.А.).**

***

За кораблями испанцев наблюдали с берега воины племени Калуса, следящие за экспедицией еще с ее первого появления у их земель, когда они только высадились на берегу и назвали место Паскуа Флоридой. Среди тех, кто постоянно следовал по берегу за кораблями испанцев, был и индеец по имени Тампа.

Тампа вот уже долгое время следил за армадой испанцев, которые высадились уже второй раз недалеко от его деревни.

Тогда – два года назад (в 1511 году) Тампа, вырвался из испанского плена с острова Эспаньола, благодаря испанке Изабелл, которая стала его женой. Затем они сражались на Кубе в рядах легендарного вождя племени Таино - Атуэя.

Теперь он следовал за кораблями по всему их пути, сообщая касикам деревень о страшной опасности прихода бородатых людей.

Один за другим передавалась новости об опасности. Сигнальные костры сообщали по всему побережью о приближении врагов. По пути к Тампе присоединялись воины из разных деревень, так что его отряд уже насчитывал около 80 (восьмидесяти) человек.

Стоя на кромке берега, индеец, с тревогой смотрели на три корабля армады Понсе де Леона, стоящие в лучах солнца. Рядом с ним стоял отряд индейцев племени Калуса, под предводительством касика прибрежной деревни.

It was a very anxious moment for all people of the Calusa tribe. The ships were in front of the Main Secret of the Indians – the Fountain of Youth. It was a crucial moment in the History of the World and of the New Land.

*Here, according to all information from different sources, the Fountain of Youth must have been situated. The aged Spanish king Ferdinand II needed it to complete his plan to Uunited Europe under the flag of the Catholicism and the Spanish Crown **(Chapter 39 – note K.A).***

***

The warriors of the Calusa tribe were watching the ships of the Spaniards from the shore. They were following the expedition since its first appearance near their lands, when they just landed and called the place Pascua Florida. An Indian called Tampa was among those who have constantly been following the ships of the Spaniards from the shore.

Tampa has been watching the armada of the Spaniards for a while now. They landed near his village for the second time already.

Two years earlier (in 1511) Tampa escaped from the Spaniards from the Hispaniola thanks to a Spanish woman called Isabella, who became his wife. Afterward, they fought in Cuba among the warriors of the legendary cacique of the Taino tribe – Hatuey, which was burned by Spaniards in 1512.

Now he was following the ships during all the way, informing the caciques of the villages about the terrible danger of the arrival of the invaders.

One by one the news of the danger spread. The signal fires informed the whole coast about the oncoming of the enemies. Warriors from different villages joined Tampa on his way, so he had about 80 people.

Standing on the edge of the shore, the Indian looked anxiously at three ships of the Ponce de Leon's armada. A squad of the Calusa Indians led by the cacique of the coastal village was standing next to him.

- Нельзя допустить, чтобы Испанцы высадились здесь. Нам неизвестно, что они ищут. Может быть им кто-то указал на наше Озеро Молодости, а может они ищут как всегда золото. Тогда мы должны их отвлечь от этого места, чтобы нам этого не стоило. Если они высадятся, то мы даже если и выиграем сейчас, то они могут уплыть от нас за помощью и вернуться. Если же мы отвлечем их, то и место они не найдут еще много лет! - сказал индеец Тампа своим воинам и местному касику.

- Узнать бы ЧТО их ведет и, скорее всего даже - КТО их ведет! – воскликнула его жена Изабелл.

- Мы поплывем к кораблям, отвлечем их и попытаемся отвести их обратно - туда, откуда они приплыли! - сказал Тампа громко, чтобы все слышали. – Это будет наше лучшее решение. Сражаться и умереть – может любой. Умереть нетрудно! Трудно сделать так, чтобы жить!

Все индейцы внимательно слушали Тампу. Он был единственным среди них, кто воевал с ними и сталкивался с врагом лицом к лицу.

- Есть только одно решение! - произнес индеец Тампа. – Все садитесь в каноэ. Мы будем отвлекать внимание испанцев и отведем их туда, где устроим засаду. Один из нас, – Тампа указал на одного из индейцев, – может бегать быстрее остальных и побежит по берегу, чтобы сказать обо всем Царю.

Посмотрев на воина, а затем на Тампу, касик индейцев местной деревни сказал:

- Ты принес нам эту весть о пришельцах. Ты и должен сам идти к нашему Великому Царю. От тебя зависит жизнь многих воинов. От тебя зависит жизнь всего нашего племени. Бери своих воинов и можешь взять моих. Вы должны спешить...

- Хорошо. – Согласился индеец Тампа. – Я пойду к царю и скажу ему, что никакие обмены товарами и никакие заверения в дружбе не должны обмануть царя нашего Великого Народа Калуса в истинных намерениях этих страшных людей. Я скажу ему также, что он может сам попробовать и увидеть, как эти люди жаждут только одного – Золота! И царь должен успеть собрать воинов и подготовить множество каноэ, чтобы напасть и перебить всех чужеземцев, которые стоят у нашей земли.

"We can't let the Spanish land here. We don't know what they are looking for. Maybe someone told them about our Fountain of Youth, maybe they are searching gold as always. Then we must distract them from this place whatever it takes. If they land, even if we win now, they will be able to sail away from us to get help and come back. While if we distract them, they won't find this place for many years!" said Tampa having turned to his soldiers and the local cacique.

"I wish we knew WHAT is leading them and, more likely, WHO is leading them!" his wife Isabella exclaimed.

"We will sail to the ships, distract them and try to make them go back to where they had come from!" Tampa said loudly for everybody to hear him. "This will be our best decision. Fight or die. Everyone can do that. It's not difficult to die! It's hard to keep living!"

All the Indians were listening to Tampa carefully. He was the only one among them who had faced the enemy and had fought them.

"There is only one solution!" said Tampa. "Get into canoes, all of you. We will distract the Spaniards' attention and lead them to the place with an ambush. One of us," Tampa pointed at one of the Indians, "can run faster than others and will run across the shore to tell our King about everything."

The cacique of the Indians of the local village looked at the soldier, then at Tampa, and said, "You had brought the news about the incomers to us. You must go to our Great King. Lives of many soldiers depend on you. The life of our whole tribe depends on you. Take your soldiers and you can take some of mine. You have to hurry…"

"Alright," Tampa agreed. "I will go to the King and tell him that no goods exchange or promises of friendship can deceive the King of Our Great Calusa Tribe about the true intentions of these terrible people. I will also tell him these people only crave one thing – gold! And the king must gather his soldiers and prepare many canoes to attack and defeat all the incomers that are anchored near our land."

Индейский касик внимательно выслушал Тампу и кивнул. Подхватив свой лук со стрелами и меч, доставшийся ему от испанцев, Тампа поделил отряд на две части – одним он приказал на двух каноэ выйти в море и не приближаясь постараться увлечь за собой испанские корабли, уведя их отсюда как можно дальше.

А сам со своим отрядом пошёл прибрежными тропами в столицу индейцев Калуса, чтобы рассказать самолично царю своего народа о том, что можно ожидать от непрошенных гостей.

***

- Индейцы! – послышался крик смотрящего матроса.

Стоя на палубе своего парусного судна*, капитан Кэхо вдруг увидел черные точки каноэ, отправляющиеся от берега.

- Индейцы! – также закричал боцман.

- Замечательно! - заулыбался Понсе де Леон, выходя из своей каюты. - Похоже, что мы сможем сейчас с ними завязать контакт.

- Сомневаюсь, что мы сможем! – медленно сказал капитан Кэхо. – Похоже, что они просто идут вдоль берега.

- Тогда давайте поедем за ними! – воскликнул Понсе.

- Выслать шлюпку? – спросил Кэхо.

– Эта плохая идея! – вмешался навигатор Аламинос. - Там у них в каноэ человек двадцать помещается. И все вооруженные и непредсказуемые.

- Что тогда надо сделать по-твоему? – спросил Кэхо у Аламиноса.

- Ветер сейчас меняет направление, поэтому мы можем последовать за ними. Там, где они причалят - причалим и мы – значит, там будет их поселение.

- Мне непонятно – почему они не едут к нам? – спросил Понсе. – Неужели им не любопытно?

- Мы не знаем, как быстро они могут передавать сигналы друг другу. Может наши первые с ними столкновения уже стали известны на их земле?

- Ну да, костры мы видим постоянно – по всему ходу нашего плавания! – сказал Антон де Аламинос. – Во все времена варвары так и передавали друг другу сигналы об опасности.

The Indian cacique listened to Tampa carefully and nodded.

Tampa grabbed his bow with arrows and a sword, which he got from the Indians, and divided the squad into two parts. He ordered some of them to take two canoes, sail and try to lead away the Spanish ships without getting too close to them and take them as far as possible.

And he and his squad went to the capital of the Calusa Indians to tell the king of his people what to expect from the uninvited guests.

***

"Indians!" screamed the watching sailor.

Standing on the deck of his sailboat*, captain Quejo suddenly saw black dots of the canoes, departing from the shore.

"Indians!" shouted the boatswain as well.

"Great!" smiled Ponce de Leon, coming out of his cabin. "It seems that now we will be able to establish contact with them."

"I doubt that we will!" said captain Quejo slowly. "It seems that they are just sailing along the coast."

"Then let's go after them!" Ponce de Leon said.

"Send a boat?" asked Quejo.

"This is a bad idea!" Navigator de Alaminos intervened. "There are about twenty people in their canoe. And all of them are armed and unpredictable."

"What do you think we should do then?" captain Quejo asked Alaminos.

"Wind is now changing direction, so we can follow them. They will moor where their settlement is, and we will moor there as well."

"I don't understand. Why aren't they coming to us?" Ponce said. "Aren't they curious?"

"We do not know how fast they can transmit signals to each other. Maybe our first encounter with them has become known in their own land?"

"Well, yes, we see the fires all the time during our whole voyage," Anton de Alaminos said. "The barbarians have always passed signals of danger to each other this way."

- Нужно тогда сделать проще: последовать за этими индейцами и глаз с них не спускать – ни днем не ночью. Где они остановятся или пропадут из виду – послать туда матросов, баталеров и собак - найти их селение.

***

Доминиканский монах Ортиз, попавший в плен и до сих пор находящийся у индейцев племени Калуса, стоял сейчас перед царем Карлосом и его женой.

Его вид был очень встревоженный.

За то время, которое он провел у индейцев Калуса, он научил их языку испанцев, рассказал им о своей Родине, о кораблях, об устройстве общества и о Христианской Вере.

Больше всего сам Карлос любил слушать об оружии, о пушках, о крепостях из камня, о каретах и короле. Ему было интересно все.

Никто из индейцев за это время не принял Христианскую Веру, однако монах был в почете. Его с удовольствием слушали индейцы, особенно их знать – приближенные и семьи военачальников, вождя и его родственники.

Они сравнивали свою жизнь с жизнью испанцев и находили много общего. Однако они не желали появления бородатого народа на своей земле, понимая, что любое столкновение с более высокой цивилизацией, у которой есть удивительное оружие, может окончиться плачевно для их народа.

И вот уже несколько месяцев гонцы из разных мест приходили к королю индейцев Калуса – Карлосу с вестями о том, что три огромных лодки снова пытаются причалить к берегам его земли.

Накануне этого дня от касика деревни, расположенной у Волшебного Источника Молодости, прибыли множество воинов, предводителем которых был индеец Тампа и его жена Изабелл. Слух об этой паре дошел и до самого Царя индейцев Калуса – Карлоса. Ему рассказали, что этот воин Тампа известен тем, что он смог вырваться из плена от испанцев и добраться до своей разрушенной деревни. Все знали, что он привел с собой жену, которая была испанкой и помогла ему бежать. Она очень хорошо лечила и старых и детей, и воинов, поэтому и слух о ней распространялся по всей земле Калуса как о Великой Врачевательнице.

"Well, dear Anton, not only the barbarians, we also did that during the wars in Europe!" Ponce smiled, remembering the war with the Moors in Spain in which he also fought.

"It is necessary to make it easier then. Follow these Indians and keep an eye on them – daily and nightly. Send sailors, soldiers and dogs to the place where they stop or hide to find their settlement."

***

Dominican monk Ortiz, who had been captured and is still with the Calusa Indians, stood in front of King Carlos and his wife.

He looked very worried.

During the time he spent with the Calusa Indians, he taught them the language of the Spaniards, told them of his native land, ships, about the structure of society and, most importantly, about the Christian faith.

Most of all, Carlos liked to listen about the weapons, the guns, the fortresses of stone, the carriages and the king. He was interested in everything.

None of the Indians accepted the Christian faith during this time, but the monk was held in high esteem. He gladly listened to by the Indians, especially their nobility, families and friends of military leaders, the chief and his family.

They compared their lives to the Spanish life and found a lot in common. However, they did not want the appearance of the bearded people on their land, knowing that any collision with a higher civilization, which has amazing weapons, could end badly for their people.

Messengers from different places have been coming to the king of the Indians, Carlos, for several months with the news that three large boats are trying to approach the shores of his land again.

On the eve of the day, numerous soldiers came from the cacique of the village located near the Magic Fountain of Youth, led by Tampa and his wife Isabella. Talk about this couple reached the King and the Calusa Indians, Carlos. He was told that this warrior Tampa was known for the fact that he was able to escape from the Spaniards, and get to his destroyed village. Everyone knew that he brought his wife with him, who was a Spanish woman and helped him to escape. She treated old people, soldiers and children very well, so the story of her spread over all the land of the Calusa. She was known as the Great Healer.

- Ну что, Ортиз, твои соплеменники подобрались к нам и нашему Источнику Молодости совсем близко! – жестко сказал царь Калуса, которого Ортиз именовал Карлос. – Мы должны их уничтожить или они уничтожат нас, как они уже сделали это с нашей деревней.

- Я устал повторять Вам, что то, что произошло с той деревней – это дело рук недобрых людей! – пожал плечами Ортиз. – У вас тоже есть те, кто нарушает закон.

- Но их ждет неминуемая кара! – тут же сказал Шаман.

- И у нас, если станет известно об этом, то их ждет неминуемая кара на земле и после их смерти! – тут же вставил Ортиз. – Мы все одинаковые! Зачем Вам убивать этих людей? Вы можете договориться с ними о мире и торговле, а это будет выгодно для всех! Наверняка им есть что можно предложить Вам!

- А мы можем все взять у твоих людей сами! – спокойно и с усмешкой сказал Карлос. – Мои воины сильны и у нас есть те, кто сражался с твоим народом и побеждал его.

- Вы знаете какой-то народ, который победил испанцев? – с иронией спросил брат Ортиз.

- Я знаю о том, что с ними можно успешно сражаться, и твои испанцы также могут умирать как обычные люди! - опять с улыбкой сказал Карлос. – И есть индейцы, которые их побеждали… И эти люди приплыли к нам. Кстати и ты нам поможешь это сделать! Не так ли?

- Нет! – стал мотать головой брат Ортиз. – Как я могу предать свою Веру и своих собратьев по Вере?

- А мы тебе уже не братья? - спросил Шаман. – Благодаря нам ты вылечился, когда тебя укусил в озере аллигатор. Ты у нас живешь, ешь, пьешь, проповедуешь своего Бога! Тебе многие верят и доверяют. Ты учишь наших детей! И после этого ты пойдешь к своим людям убивать нас? Так-то ты отвечаешь на гостеприимство?

- Я не сказал, что пойду против Вас! Я сказал, что не хочу воевать против своих единоверцев.

- А это одно и то же – если ты живешь у нас, но не защищаешь нас, то ты – предатель! - зло сказал Шаман. – На тебя нельзя положиться, и ты можешь выдать нас всех.

"Well, Ortiz, your compatriots got very close to us and our Fountain of Youth!" said king Calusa, whom Ortiz named Carlos. "We must destroy them or they will destroy us, just like they have done with our village."

"I'm tired of repeating to you that what happened with the village is the work of bad people!" shrugged Ortiz. "You have those who break the law among your people too."

"But they will get the inevitable punishment!" said the shaman immediately.

"And in our country, if their crime is known, they face imminent punishment on earth and after death!" instantly replied Ortiz. "We're all the same! Why do you want to kill those people? You can negotiate with them about peace and trade, and it would be beneficial for everyone! They surely have something to offer you!"

"And we can take everything from your people!" said Carlos calmly and with a smile. "My warriors are strong and we have those who had fought your people and had beaten them."

"Do you know any nation that defeated the Spaniards?" Brother Ortiz asked ironically.

"I know that you can successfully fight them, and your Spaniards can also die like ordinary people!" said Carlos with a smile again. "And there are Indians who defeated them... And these people sailed to us. By the way, you will help us to do it! Won't you?"

"No!" Brother Ortiz began to shake his head. "How can I betray my faith and my fellow believers?"

"And we are no longer brothers?" shaman asked. "Thanks to us you were cured of the bite of an alligator. You live with us, eat, drink, preach your God! Many people trust and believe you. You teach our children! And then you will help men who want to kill us? That's the way you respond to hospitality?"

"I did not say that I will go against you! I said that I don't want to fight against my co-religionists."

"This is the same thing. If you live with us but do not protect us, then you are a traitor!" said the shaman angrily. "We cannot trust you. You can betray us."

- Внимание! – сказал вождь Калуса – Карлос. – Мне будет интересно, что ты скажешь, когда увидишь кое-кого.

Два огромных воина, охранявшие вход расступились и на входе появились статный воин и девушка. По характерным украшениям на женщине, монах понял, что эта девушка жена воина.

Не успел он как следует рассмотреть вошедших, как девушка, увидев отца Ортиза, испугалась и попятилась.

- Святая Дева Мария! – воскликнула она. – Вы священник?

Теперь брат Ортиз вздрогнул, услышав чистый испанский язык с кастильским характерным выговором.

- Кто вы, дочь моя? – спросил монах девушку.

Все, кто находился в доме у царя Карлоса, с любопытством смотрели на то, что происходит.

- Меня зовут Изабелла! Я дочь дона Энрике де Бальбоа, убитого на Эспаньоле в своем доме! – ответила молодая женщина. – Я бежала с Эспаньолы два года назад и живу здесь – с народом Калуса уже несколько месяцев, а до этого мы с моим мужем, которого зовут Тампа, были на Кубе, где воевали против Диего Веласкеса.

- Диего Веласкес де Куэльяр прибыл на Кубу? - спросил монах Ортиз.

- Да, конечно, он высадился в Баракоа вместе с другими конкистадорами и захватил Кубу и построил там поселение кастильцев. А недавно мы получили весть, что он захватил и касика Атуэя и сжег его!

- Помилуй боже! – запричитал Ортиз и воздел руки к небу.

- А как ты оказалась среди индейцев Калуса?

- Я убежала из дома, когда один из идальго заявился к нам домой, убил моего отца, перебил всех домашних и пытался овладеть мной как… как какой-то скотиной! Но мой муж и еще четверо индейцев Калуса находившиеся там как рабы и они спасли меня и сбежали сами.

- А они-то как оказались на Эспаньоле? – совсем растерялся от рассказа девушки брат Ортиз.

"Attention!" said the king of the Calusa tribe - Carlos. "I'm curious what you'll say when you see them."

Two huge soldiers guarding the entrance parted and a handsome soldier and a girl appeared at the doorway. By the typical jewelry a woman was wearing monk Ortiz realized that this girl was the soldier's wife.

Before he could properly look at those who had just come in, the girl saw father Ortiz, got frightened and backed away.

"Holy Virgin Mary!" she screamed. "Are you a priest?"

Now, Brother Ortiz was startled to hear a pure Spanish with a typical Castilian accent.

"Who are you, my daughter?" the monk asked staring at the girl.

Everyone who was present was curiously looking at what was happening.

"My name is Isabella! I am the daughter of Don Enrique de Balboa, who was killed on Hispaniola in his own house!" the young woman replied. "I ran from Hispaniola two years ago and have lived here - with the Calusa people for several months. Before that my husband, whose name is Tampa, and I were in Cuba fighting against Diego Velazquez.

"Diego Velazquez de Cuellar arrived in Cuba?" asked Ortiz.

"Yes, of course, he landed in Baracoa with other conquistadors, conquered Cuba and built a settlement of the Castilians. Recently we got the news that he captured cacique Hatuey and burned him!"

"Merciful God!" brother Ortiz wailed and raised his hands to the sky.

"How did you get to the Calusa Indians?"

"I ran away from home, when one of the hidalgo showed up at our house, killed my father, killed all my family and tried to seize me like... like some beast! But my husband and four other Calusa Indians were there as slaves, and they rescued me, and fled themselves."

"How did they get to Hispaniola?" Brother Ortiz was completely confused by the girl's story.

- А мы сами были захвачены вашими вероломными кастильцами, которые обманули нас и увезли в трюмах на двух кораблях и продали в рабство! – ответил муж девушки Изабеллы на не очень хорошем испанском языке с характерным индейским акцентом.

- Так вы и были теми людьми, о которых никто не знал и которые прибыли откуда-то с севера? – опешил брат Ортиз. – Я знаю эту историю… я слышал о ней, и мы пытались вылечить несколько женщин у себя в доминиканском приходе на Эспаньоле. Но они все умерли!

Царь Калуса Карлос остановил разговор и попросил перевести все, что происходит.

Индеец, который был мужем Изабеллы и которого звали Тампа, перевел весь разговор. Теперь картинка сложилась и в голове у царя племени Калуса - Карлоса и Шамана, и всех присутствующих.

Получалось, что все началось с того, что кастильцы приплыли на двух кораблях к одной из деревень индейцев Калуса. Войдя в доверие, они пригласили на корабли всех индейцев под видом праздников – на одном корабле были женщины, а на другом – мужчины. Затем, улучшив момент, они затолкали ничего не ожидавших индейцев внутрь кораблей и отчалили на Эспаньолу. Один корабль, где находилось большинство воинов Калуса, так и не прибыл на Эспаньолу никогда. Второй же корабль, где находилось большинство женщин и немного мужчин, прибыл на Эспаньолу, где всех индейцев продали в рабство. Многих, которые были больны, взялись лечить монахи и брат Ортиз в том числе. Но не смогли это сделать, и они все умерли от болезней и ран. Индеец Тампа, поскольку был на втором корабле, тоже был вместе со своими друзьями продан в рабство к отцу Изабеллы и сопровождал ее при переездах по острову вместе с другими индейцами Калуса. В один из дней на дом отца Изабеллы напали другие испанцы и перебили всех, кто там был. Изабелла освободила индейцев и сбежала вместе с ними на Кубу. Там они поженились и воевали против конкистадоров, приехавших с Диего Веласкесом.

Однако после поражения в провинции Баракоа они вместе с другими индейцами поехали к своим землям и стали жить здесь. Когда же недавно пришли снова три испанских корабля, Изабелла и Тампа, по просьбе местного касика подняли сигнал тревоги и стали следить за тем, чтобы испанцы не смогли высадиться на берег.

"We were captured by your treacherous Castilians who had deceived us and taken away in the holds of two ships and sold as slaves!" said the husband of Isabella. His Spanish was not very good and he had typical Indian accent.

"So you were the people whom nobody knew and who came from somewhere in the north?" Brother Ortiz was taken aback. "I know this story... I heard about it and we tried to heal several women in the parish of our Dominican order on Hispaniola. But all of them died!"

King of Calusa Carlos stopped the conversation and asked to translate everything that was happening.

Tampa translated the entire conversation. Now there was a picture in the mind of the king of the Calusa tribe - Carlos and Shaman and all those present.

It turned out that it all started with the fact that the Castilians sailed to one of the villages of the Calusa Indians on two ships. When everybody began to trust them, they invited all the Indians to the ships under the guise of a celebration. There were women on one of the ships, and men on the other. Then they seized the Indians who didn't expect anything like that inside the ships and sailed away to Hispaniola. One of the ships, where the majority of Calusa soldiers was, never arrived to Hispaniola. The second ship, with the majority of women and a few men, arrived in Hispaniola, where all the Indians were sold as slaves. Many of those who were sick were treated by the monks and Brother Ortiz as well. Their efforts failed and the Indians died from diseases and wounds. Tampa, who was on the second ship, was sold into slavery with his friends to the father of Isabella, and accompanied her when traveling around the island along with other Calusa Indians. One day, Isabella's father's house was attacked by other Spaniards, and everyone there was killed. Isabella freed the Indians and fled to Cuba with them. They got married there and fought against the conquistadors who came with Diego Velazquez.

However, after the defeat in Baracoa province they went to their lands along with other Indians and lived here ever since. When recently three Spanish ships came again, Isabella and Tampa, at the request of the local cacique, raised the alarm and began to see to it that the Spaniards were unable to land.

Теперь же они пришли к царю Калуса Карлосу, чтобы рассказать о том, что Озеро с Источником Молодости чуть было не было найдено испанцами и теперь, отвлекая их, сюда – к столице Калуса их заманивает на каноэ отряд Тампы, надеясь на то, что царь захочет уничтожить испанцев, напав на них большими силами.

- И теперь, когда испанцы добрались сюда, то мы понимаем, что так или иначе они захотят поселиться здесь, а дальше нам будет уготована такая же тяжелая участь, как и для индейцев на Эспаньоле. И если не убить всех испанцев, то они точно приплывут сюда еще и еще, и еще, пока не сделают здесь свое поселение и не захватят эту землю! – закончил свой рассказ Тампа.

В доме царя Калуса начался громкий гвалт всех индейцев сразу. Они все стали обсуждать, что делать.

Царь Карлос посмотрел на всех и поднял руку.

В доме наступила тишина.

- Пусть скажет Главный Шаман! – громко сказал царь. – Его устами говорят наши боги. Он более мудр и больше видел, чем все мы! Его слова всегда будут значить больше, чем наши.

Шаман долго молчал, подняв руку вверх и прося тишины.

Наконец, когда все уже стали терять терпение, он стал говорить. Говорил он медленно и обводил всех своим пытливым взглядом.

- О бородачах мы знали давно. Многие индейцы прибывали в наши поселения, унося ноги из своих земель, находящихся между закатом и рассветом – и он показал вдаль **(на юг – прим. автора К.А.).** Они селились на наших и на соседних землях в разных частях и принимали наши устои и правила жизни. Этого было достаточно. И мы не испытывали от этого ничего плохого.

Он обвел снова всех своим внимательным взглядом. Остановился на доминиканском монахе Ортизе и продолжил, показывая на него своим пальцем.

Now they came to the king of Calusa Carlos to tell that the Lake with the Fountain of Youth had almost been found by the Spaniards, and now the Tampa's squad on canoes was luring the Spaniards here, to the capital of Calusa, to distract them. They were hoping that the king will defeat the Spaniards by attacking them with giant forces.

"When the Spaniards reach this place, they will want to settle here, one way or another. Then we will face the same plight as the Indians on Hispaniola. If you do not kill all the Spaniards, they will just come here again and again and again, until they settle here and seize this land!" Tampa finished his story.

Loud shouts of all the Indians at once started at the king's house. They all began to discuss what to do.

King Carlos looked at everyone and raised his hand.

The house got quiet.

"Let Chief Shaman speak!" the king said loudly. "Our gods talk through his mouth. He is wiser and has seen more than all of us! His words will always mean more than ours."

The shaman was silent for a long while, keeping his arm up asking for silence.

Finally, when everybody began to lose patience, he began to speak. He was speaking slowly and his eyes were glazed.

"We've known about the bearded men for a long time. Many Indians arrived in our settlements, fleeing from their lands that are between dusk and dawn. He pointed into the distance **(to the south - note K.A.).** They settled on our lands and on adjacent lands in different parts and accepted our customs and rules of life. That was enough. We did not experience anything bad from it."

He looked at everyone carefully again. He stopped at the Dominican monk Ortiz and continued, pointing at him with his finger.

- Мы приняли этого человека, который приехал к нам, потому что нам было интересно знать все о народе, который подбирается к нашим землям: об их привычках, оружии, языке и богах. Боги указали нам на то, чтобы мы оставили его жить у себя и показали ему наш Источник Молодости, он увидел мощь нашего оружия, и мы узнали его язык и привычки. И я был готов оставить его у нас. Но пришли его люди. Они пришли с оружием. Когда они высадились, то снова напали на наших людей. А недалеко от одной из наших рек, они вообще поставили огромный каменный крест и что-то написали на нем.

Он поднял руки вверх, обращаясь к богам:
- Дайте нам Вашу Силу и Мудрость, чтобы мы могли победить этих новых врагов.

Затем он долго что-то шептал в тишине и закатывал глаза, обращаясь к богу Войны.

Жрец, который уже три недели постился и не ел ничего кроме трав, которые он знал только сам вошел в транс и, закатывая глаза как будто-то выпихивал из себя слова. Его тело тряслось, а изо рта вылетали слова «бородатый», «кровь», «огонь». А затем его губы стали шептать слова «лодки» и «трусость». Все вокруг были заворожены этим зрелищем. Однако то, что происходило было довольно понятно для доминиканского монаха Ортиза, который часто наблюдал в своей жизни вхождения в транс верующих людей, молящихся в церкви.

Все вокруг соблюдали тишину. Наконец, шаман вздохнул, посмотрел вокруг и продолжил:
- Если ты, - он указал на Ортиза, - остаешься и будешь жить с нами – живи. Но если ты попытаешься сбежать к своим людям, то мы найдем тебя и убьем - где бы ты ни был. Огромные лодки, которые называют «кораблями» – надо потопить, а лучше – захватить и научиться их строить. А всех испанцев надо убить. Если не получится – сделать так, чтобы они сюда никогда не вернулись. Только так мы можем и дальше жить спокойно. Иначе когда-нибудь боги могут забыть помочь нам, и тогда мы можем потерять все, что у нас есть сейчас. Так сказали мне Боги.

"We accepted this man who had come to us because we wanted to know all about the people who are approaching our lands: their habits, arms, language and gods. The gods have told us to keep him alive with us and showed him our Fountain of Youth. He saw the power of our weapons, and we know his language and habits. I was ready to let him leave. But his people came. They came with weapons. When they landed, they attacked our people again. In addition, not far from one of our rivers, they put a huge stone cross and wrote something on it.

He raised his hands, referring to the gods:

"Give us Your Strength and Wisdom so that we can defeat these new enemies."

Then he whispered something in silence and rolled his eyes, turning to the God of War.

The shaman who has been fasting and hasn't eaten anything but herbs, which only he knew, went into a trance. He rolled his eyes and spoke as if he was pushing the words out of himself. His body was shaking, the words bearded, blood, fire came out of his mouth. Then his lips began to whisper the words boats and cowardice. Everybody around was fascinated by this sight. However, everything that was happening was quite understandable for Ortiz. He has often seen religious people getting into a trance while praying in a church.

Everybody remained quiet. Finally, the shaman sighed, looked around and continued:

"If you," he pointed at Ortiz, "stay here and live with us, you will live. But if you try to run away to your men, we will find and kill you, wherever you are. It's necessary to sink the huge boats, which are called "ships". Or it's better to learn how to build them. And all the Spaniards must be killed. If we cannot do it, we have to make sure that they will never come back here. Only this way we will be able to continue to live in peace. Otherwise, one day the gods will forget to help us, and then we will lose everything that we own now. That's what the gods told me."

Кровь сошла с лица у монаха Ортиза. Ему теперь надо было выбирать между глупой никчемной смертью, о которой никто никогда не узнает и громогласным предательством перед своими единоверцами. Он стоял ни жив, ни мертв. Он хотел как-то предупредить своих соотечественников, что никто не будет рад им здесь и их ждет здесь неминуемая гибель. Но теперь вопрос стоял «КАК это сделать?». И его глаза сами выбрали Изабеллу. Только она была свободной. Ей доверяли индейцы и она единственная смогла бы все объяснить кастильцам, что здесь происходит.

- Если кастильцы обманули нас, то и мы вправе обмануть их! – высказался царь Карлос. – Мы заманим их обещаниями того, что они больше всего любят. А что они любят больше всего? – спросил он Изабеллу и Тампу.

- Золото! Они больше всего любят и везде ищут только золото! – ответил Тампа. – Это их Бог, это их Страсть, это то, чему они рады и что они везде ищут.

- Ну, хорошо, - рассмеялся царь. – Пообещайте им их золото и тяните время, пока мы соберем лучших воинов. А ты, Тампа, расскажешь всем, что нужно делать и какие слабые места у наших гостей. И мы покончим с этими пришельцами и защитим нашу Землю! Соберите всех, кто знает их язык и уже сталкивался с ними. Пусть Тампа и эти люди ведут с ними переговоры, пока не прибудут лучшие наши воины во главе с военачальниками. Тогда мы на них неожиданно нападем и вместо обмена просто их перебьем. Земля Калуса принадлежит нам с незапамятных времен и будет всегда принадлежать нам! Любой, кто вторгнется сюда будет убит и закончит здесь свой путь!

***

Индеец Тампа и его жена-испанка.
Indian Tampa and his wife from Spain.

The blood went from the face of monk Ortiz. Now he had to choose between a stupid useless death, which no one will ever know about, and a huge betrayal of his co-religionists. He was standing neither alive nor dead. He wanted to do something to warn his countrymen that no one will be happy they are here and imminent death is waiting for them here. The question was "HOW to do it?". His eyes chose Isabella. She was the only free person. Indians trusted her, and only she could explain to the Castilians what was happening here.

"If the Castilians had deceived us, we can fool them!" commented king Carlos. "We will entice them by promising things that they love the most. What do they love more than anything?" he asked Isabella and Tampa.

"Gold! They love it most of all and only search gold everywhere!" replied Tampa. "It's their god, their Passion, that's what always make them happy and what they always look for everywhere."

"Well, alright." The king laughed. "Promise them gold and play for time until we gather our best warriors. And you, Tampa, will tell everybody what they need to do and what weak spots our guests have. We will do away with these incomers and protect our Land! Gather everyone who knows their language and those who have ever faced them. Tampa and his people must negotiate with them until our best warriors led by war chiefs arrive. Then we will attack unexpectedly and just kill all of them. The land of Calusa has belonged to us since the beginning of time and will always belong to us! Anyone who invades here will be killed.

***

The capital of Calusa tribe. Computer image.
Столица индейцев Калуса. Компьютерный макет.

Боги индейцев Калуса. Фото из Музея.
Gods of Calusa Tribe. Photo from Museum.

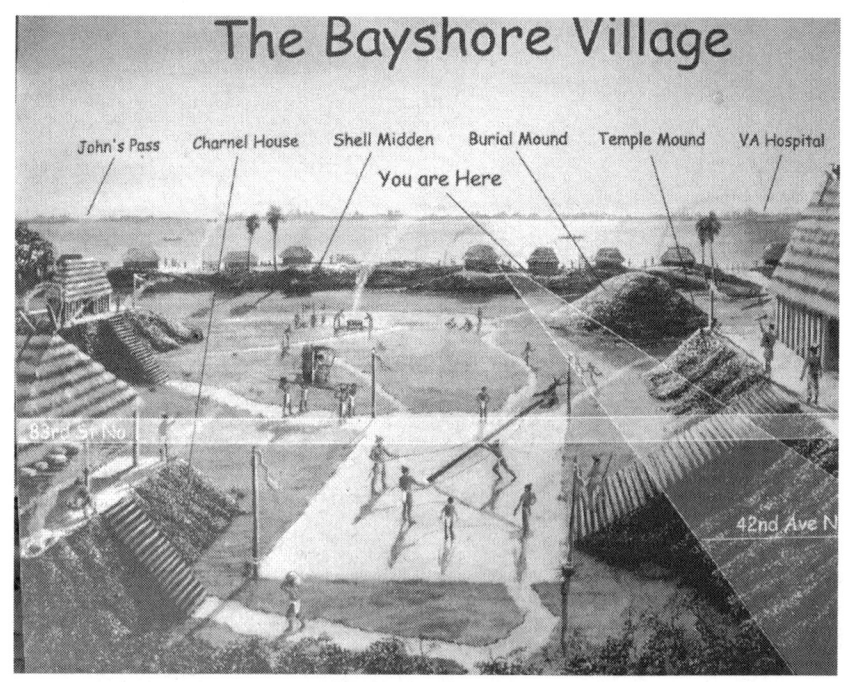

Village of Calusa Tribe.
Деревня индейцев Калуса.

Dominican monk and Shaman of Calusa Indian tribe.
Доминиканский монах и Шаман племени Калуса

*Indian warrior of Calusa tribe.
Photo from Museum.
Индейский воин племени
Калуса. Фото из Музея.*

Глава 5

2 июня 1513 года корабль, вышедший в тот же день с острова Эспаньола, прибыл на остров Сан Хуан Батиста в город Сан-Жермен.

Отсюда 3 марта (три месяца назад) отбыл Понсе де Леон на открытие Новых Земель.

На корабле находился вице-король Индий – Диего Колумб, ярый враг Понсе де Леона. А в Сан-Жермене его встречал губернатор острова – Родриго де Моското, который призвал всех поселенцев приехать сюда для встречи вице-короля Индий.

Единственное, кого не позвал и кого не хотел видеть вице-король – это домашних Понсе де Леона и бишопа Сан-Хуан-Батисты – доминиканца Алонсо Мансо. Эта неприязнь еще больше стала после резкого похолодания в отношениях между доминиканскими монахами и вице-королем и его приближенными, вызванными речью в воскресной проповеди, которую произнес доминиканский монах Антон де Монтесинос 21 декабря 1511 года.

Тогда на проповеди доминиканский монах заклеймил позором беспощадное истребление индейцев на Эспаньоле. Это выступление стало той бомбой, которое раскололо и так хрупкое равновесие в Новых Индиях. Проповедь была прочитана в присутствии Диего Колумба и других высших чиновников острова и стала пощечиной вице-королю Индий и всему дому Колумба.

(Полный текст разгромной проповеди доминиканского монаха вы можете найти в конце книги – прим. К.А.).

С тех пор францисканский орден монахов яро защищал всех, кто принадлежал к партии дома Колумба и самих кастильцев. Колумб много раз требовал от короля Фердинанда II высылки всех доминиканских монахов с острова Эспаньолы как людей, способствующих бунтам индейцев и подрывающих авторитет кастильских поселенцев и власти.

Chapter 5

On June 2, 1513, the ship that sailed from the island of Hispaniola, arrived on the island of San Juan Bautista to the city of Saint Germain.

Ponce de Leon sailed from where to discover the New Lands on March 3.

There was Viceroy of India - Diego Columbus, an ardent enemy of Ponce de Leon aboard. The person who met him in Saint Germain was the governor of the island - Rodrigo de Mascot, who called on all settlers to come here to meet the viceroy of India.

The only ones who were not invited and whom the Viceroy did not want to see were the families of Ponce de Leon and Bishop of San Juan Bautista - Dominican Alonso Manso. This hostility became even stronger after a severe cooling in the relationship between the Dominican monks and the Viceroy and his entourage caused by a speech on Sunday sermon spoken by Dominican monk Antonio de Montesinos on December 21, 1511.

The Dominican monk held up to shame the ruthless extermination of the Indians on Hispaniola. This performance was the reason that split and the delicate balance in the New Indies. The sermon was read in the presence of Diego Columbus and other senior officials of the island and was a slap to the Viceroy of India and the whole family of Columbus.

(You can find the full text of the devastating sermon of Dominican monk at the end of the book – note K.A.)

The Franciscan order of monks defended vehemently all those who belonged to the party of Columbus house and Castilians themselves. Columbus demanded many times from King Ferdinand II to expel all the Dominican monks from the island of Hispaniola as people contributing to riots of Indians and undermining the authority of the Castilian settlers and the government.

В свою очередь, словесная война между францисканским орденом монахов и доминиканским орденом шла и здесь – при дворе короля Фердинанда II, который сам делал все, чтобы вставить палки в колеса Дому Колумбов, так как не любил ни Христофора Колумба, ни его наследников и родственников, а особенно его сына – Диего Колумба.

С этой целью, а также с подачи доминиканских монахов, которые привезли многочисленные свидетельства о бесчинствах на Новых Территориях, которые творили поселенцы, был опубликован Свод Законов, регулирующих поведение на Новых территориях. Эти законы вошли в историю под названием «Законы Бургаса»...

Это был удар по дому Колумба и его управлению.

Но умный и хваткий Диего Колумб, подстрекаемый своей женой, жаждал реванша.

Он решил сделать все, чтобы никто никогда ни о чем не догадался.

Вместе с отстраненными от губернаторства своими ставленниками, желающими отомстить Понсе де Леону, он долго разрабатывал хитроумный план и решил его реализовать.

В один из дней он вызвал смещенного королем Фердинандом бывшего губернатора Сан-Хуан-Батисты – Хуана Церона и спросил его:

- Знаешь ли, дорогой Церон, ты каких-либо индейских касиков, которые не любили бы нашего недорогого Понсе де Леона?

- Да все касики ненавидят его – он лишил их свободы и убил их вождя – Агуэбана! Они все жаждут отомстить. Но боятся его и верят в его неуязвимость и бессмертие. Особенно после битвы, когда он разгромил индейцев карибов и Таино всего с тремястами колонистами. Но они нерешительны и бессмысленно от них ждать самопожертвования. Тем более, что Понсе пощадил большинство из них. Кроме того, еще и многие знатные индианки из племени Таино вышли замуж за поселенцев, поддерживающих Понсе. И он это поощрял. Так что за прошедшее время у них есть злость, но нет обиды.

- А кто по-твоему его больше всех ненавидит?

In turn, the war of words between the Franciscan Order of monks and the Dominican Order was here - in the court of King Ferdinand II, who did everything to put a spoke in the wheel of the house of Columbus. He neither liked Christopher Columbus nor his heirs and relatives, especially, his son, Diego Columbus.

With this goal, as well as the report of Dominican monks, who brought abundant evidence of the atrocities in the New Territories that the settlers committed, the set of laws governing the behavior of the New Territories was published. These laws went down in history as the "Laws of Burgos".

It was a blow to the home of Columbus and its governance.

The intelligent and tenacious Diego Columbus, encouraged by his wife, longed for revenge.

He decided to do everything so that no one ever could suspect anything.

With his protégés excluded from the governorship and craving revenge on Ponce de Leon, he devised a cunning plan.

One day he called the former governor of San Juan Bautista – Juan Ceron deposed by king Ferdinand and asked him, "Do you, dear Ceron, know any Indian caciques who do not like our not so dear Ponce de Leon?"

"Yes, all caciques hate him. He deprived them of their liberty and killed their leader, Aguebana! They are all eager to revenge. But they're afraid of him and believe in his invincibility and immortality. Especially after the battle the year before, when he defeated the Caribbean and Taino Indians. They are indecisive and it's meaningless to expect self-sacrifice from them. All the more Ponce spared most of them. Besides, many notable Taino Indian women married settlers that support Ponce. He encouraged that. So over time they have anger, but there is no resentment."

"And who do you think hates him the most?"

- Есть несколько вождей, которые были рядом с Агуэбана во время восстания. И они были опозорены и потеряли авторитет и, пожалуй, есть еще карибы.

- У… ну эти то каннибалы – карибы, пожирающие людей точно ненавидят не только Понсе, но и любого испанца.

- А Понсе в особенности, так как он смог победить их и заставил бежать. А они вряд ли это позабудут, пока не отомстят.

- Давай условимся, дорогой мой бывший губернатор: я подаю идеи, а ты их воплощаешь в жизнь. Но как ты будешь это делать – мне неинтересно, и я не должен об этом знать. Наш друг Франциско Лизаур сейчас сидит в кандалах в тюрьме в Кастилии из-за своих действий, которые он чинил, кстати, помогая и вам и мне. Вы потеряли ваше губернаторство из-за жалоб Понсе королю.

- Да, вице-король, но вы попросили нас не дать возможность Понсе организовать экспедицию! – хмуро ответил бывший губернатор Сан Хуан Батисты.

- Но вы не смогли это сделать! Хотя вы были в то время губернатором, и все было в ваших силах!

- Мы старались, как могли, ваша Светлость! – оправдывался Хуан Церон. – Мы отобрали у него корабль, посадили его друзей и товарищей в тюрьмы. Заселили на остров новых поселенцев, преданных лично Вам … Мы старались…

- Старание и результат- это ооочень разные вещи, Церон! – усмехнулся Диего Колумб. – Мой отец тоже старался сделать империю. Но его старания привели его к тому, что он и его заслуги был забыты, а мы не получили ничего. И, если бы не я и моя жена, которая является не только красивой, но и умной, мы жили бы как нищие среди роскоши двора Фердинанда II.

- Вам повезло больше, чем нам! – хмыкнул Церон.

- Везение или Провидение и Святые здесь не причем! – зло сказал Диего Колумб. – Просто мы строили планы, искали людей и связи. И каждый день что-то делали. А вы зачастую просто планируете что-то сделать, а главное – СДЕЛАТЬ, иначе рискуете опоздать.

"There are several chiefs who were near Aguebana during the uprising. They were disgraced and lost credibility and, perhaps, there still are the Caribbeans."

"Uh... well, those cannibals, the Caribbeans, devour not only who hate Ponce but any Spaniard."

"Ponce in particular, since he was able to beat them, and forced to flee. And they will hardly forget it until they take revenge."

"Let's agree, my dear former governor, I will submit ideas, and you bring them to life. How you will do it, I'm not interested and I do not have to know about it. Our friend Francisco Lizaur is now sitting in chains in prison in Castile because of his actions, which he made, by the way, helping you and me. You have lost your governorship because of Ponce's complaints to the king."

"Yes, Viceroy, but you have asked us not to allow Ponce to organize an expedition!" said the former governor of San Juan Bautista gloomily.

"But you could not do it! Even though you were the governor at that time, and it was all in your power!"

"We have tried our best, Your Excellency!" Juan Ceron justified himself. "We took his boat, put his friends and comrades in prisons. We settled new people on the island, personally loyal to you... We were trying to..."

"Effort and result - are such different things, Ceron!" Diego Columbus grinned. "My father also tried to make an empire. His efforts have led him to his contribution being forgotten, and we got nothing. If not for me and my wife, who is not only beautiful, but also intelligent, we would be living like beggars among the luxury of the court of Ferdinand II."

"You were luckier than us!" Ceron chuckled.

"Luck or Providence and Holy have nothing to do with!" said Diego Columbus angrily. "We just made plans, looked for people and communication. There was something to do every day. You often just plan to do something, while it's most important – to ACT, or otherwise you risk being late".

- Я принимаю Вашу критику, Ваше Сиятельство, но чем мы можем быть сейчас полезны?

- Ха-ха-ха! – засмеялся Диего. - Вы должны сделать то, что больнее всего ударит по Понсе! И он, если будет раздавлен морально, то наделает кучу глупостей, за которые его можно будет наказать.

- Господи, да что же такого сделать? – удивился Церон. – Сам Понсе далеко, а когда он приедет – никто не знает!

- Вы вообще-то умный человек? – с улыбкой спросил Диего Колумб. – Что у человека самое ценное в жизни? Перечисляйте, давайте, а я послушаю…

- Ну его семья, его дом, его друзья… - начал Церон.

- Нет, значит, вы не дурак, а просто притворяетесь! – засмеялся Диего. – Сами назвали все то, что у него осталось тут.

- Значит, надо просто убить его семью? – спросил ошалевший даже от такой мысли бывший губернатор.

- Если вы такое сделаете, то тогда Вас закуют в кандалы, потому что всегда останется какой-нибудь свидетель или какие-нибудь следы, не глупите….

- Значит, это могут быть местные жители… или, например, карибы…- стал рассуждать Церон, и его лицо засветилось в улыбке, но потом снова омрачилось. – Но его люди уже не раз отбивали атаки, а его дом – Капарро как неприступная крепость. Рядом теперь живет доминиканский епископ Алонсо Мансо, который построил приход. Монахи постоянно находятся рядом с домом Понсе. Солдаты всегда несут охрану…

- Но если никого – ни монахов, ни солдат, кроме его семьи не будет? – спросил Диего, – и это я возьму на себя, то Вы сможете организовать все остальное – нападение на дом местных индейцев или карибов или тех и других? Это-то в вашей силе? Или за время проживания на Сан Хуан Батиста в качестве губернатора у вас не было преданных вам людей или связей с теми, кто может найти тех, кто это сделает?

- Это гениально! –произнес Церон. – Конечно, у меня все это есть – и люди и связи, и доносчики среди индейцев и недовольные индейские вожди и многие из их высшего сословия…

"I accept your criticism, your Excellency, but how can we be useful today?"

"Hahaha!" Diego laughed. "You have to do what will hit Ponce the hardest! If he is crushed morally, he will make a bunch of stupid mistakes, for which he will be punished."

"My God, what can we do?" Ceron was surprised. "Ponce is far away, and no one knows when he will come back!"

"Are you really a clever man?" asked Diego Columbus with a smile. "Who are the most valuable people in your life? List, come on, and I will listen..."

"Well, his family, his home, his friends..." began Ceron.

"No, you're not a fool, you are just pretending!" Diego laughed. "You listed everything that he had left here."

"So, we just have to kill his family?" asked the former governor woozy just from this thought.

"If you do this, you will be chained, because they will always be a witness or evidence. Do not be stupid."

"So, it may be locals or, for example, Caribbeans..." Ceron began to think, and his face lit up with a smile, but then darkened again. "But his people have often fought off the attacks, and his house, Caparro, is an impregnable fortress. Dominican bishop Alonso Manso who built the parish now lives there. The monks are always near the Ponce's house. The soldiers always are on guard..."

"But if no one, neither the monks nor soldiers, will be there except for his family?" Diego asked. "I'll take over this. Will you be able to organize all the rest then - the attack on the house of the local Indians, or the Caribbeans, or both? Is this in your power? Or have you not had loyal people or connections with those who can find someone who will do it during you stay at the San Juan Bautista as a governor?"

"This is genius!" said Ceron. "Of course, I have it all - both people and communication, and informers among the Indians, and disaffected Indian chiefs, and many people of their upper-class..."

- Тогда сделаем так, дорогой Церон: Вы делаете все самостоятельно - сами организуете нападение, но только не своими руками. Причем никто не будет против, если приход этих вздорных и любящих индейцев, доминиканцев сожгут вместе с домом Понсе. Думаю, что нападение вряд ли смогут отразить женщины, дети или монахи, которые не умеют владеть оружием… и тогда Понсе де Леона можно обвинить в том, что он оставил свою столицу без охраны сам виноват в гибели его семьи и друзей, а приход уже не восстановить, поэтому надо построить новый приход, чем займется уже не доминиканский, а наш – францисканский орден… Ну а я … я ничего не знаю… не хочу знать, но я просто объявлю, что, скажем, 2 июня я прибуду на остров Сан Хуан Батиста в гости к нынешнему губернатору Родриго де Моското в гости на противоположный конец острова – в Сан-Жермен. Мы сделаем из этого праздник. И пригласим всех людей для бесплатного угощения. Ну а в это время…

***

В это же время 2 июня 1513 года множество каноэ с карибами в количестве около 200 человек причалили с другой стороны острова Сан Хуан Батиста - со стороны Капарро. Они знали, что никого в ненавистном городе Капарро нет. Им об этом сообщили Таино, которые были связаны с ними узами кровного родства. А им, в свою очередь, сообщили об этом касики, преданные Агуэбана и ненавидящие Понсе. А вот они уже узнали это якобы случайно из разговоров, которые подслушали их воины, когда испанцы говорили о том, что никого не будет и все уходят на праздник на другую часть острова в честь прибытия вице-короля.

Карибы остановились достаточно далеко и, хотя можно было увидеть их приближение, но все сидели по домам. Множество солдат и их семьи ушли на другой конец острова – на праздник по случаю прибытия вице-короля. Почти все священники, за исключением Алонсо Мансо и его секретаря, тоже ушли. А вот Леонора – жена Понсе и ее семья, которую вице-король не пригласил, остались дома.

Незаметно приблизившись к дороге, ведущей в саму Капарро, индейцы напали на первого кастильского солдата, который охранял путь наверх - к дому Понсе.

"Let's do it then, dear Ceron. You're doing it all yourself. Organize the attack, but not with your own hands. No one will mind if the parish of these absurd and Indians-loving Dominicans will be burned along with the Ponce's house. I think that the attack is unlikely to be repelled by the women, children and monks who do not know how to use arms. Then Ponce de Leon can be blamed for the fact that he left his capital unguarded himself, and he is guilty of his family's and friends' death, the parish cannot restored, so it is necessary to build a new parish, not the Dominicans, but ours - Franciscan order will do that... Well, and I... I do not know... I do not want to know, but I will just declare that, let's say, on June 2, I will arrive at the island of San Juan Bautista to visit the current governor Rodrigo de Mascot on the opposite end of the island at Saint Germain. We will make a holiday out of this. Invite all the people for free refreshments.

***

On the same day, June 2, 1513 a lot of canoes with Caribbeans with about 200 people landed on the other side of the island of San Juan Bautista - near Caparro. They knew that there was nobody in the hated city Caparro. They were told by the Taino, who were connected with them by family ties. They were told by the caciques who were devoted to Aguebana and hated Ponce. They had already learned from the conversations that were overheard by their warriors, when the Spaniards said that there would be no one as everybody would go to the other part of the island in honor of the arrival of the Viceroy.

The Caribbeans stayed far enough, and although you could see them coming, everybody stayed at home. Many soldiers and their families went to the other end of the island since it was a holiday on the occasion of the arrival of the Viceroy. Almost all the priests, with the exception of Alonso Manso and his secretary, were also gone. Leonora – Ponce's wife and her family, that the Viceroy had not invited, stayed home.

Gradually approaching the road leading to the very Caparro, the Indians attacked the first Castilian soldier who was guarding the way to Ponce's home.

Солдат не был беспечным малым, но увидев неизвестно откуда вылетающих карибов, он понял, что это конец.

В него полетели стрелы и дротики. Однако, он был в полном вооружении и только одна стрела пробила ему ногу. Он выхватил рог и затрубил сигнал опасности. ут же десятки индейских рук схватили его и разорвали на куски. Но этот смелый человек, имя которого история уже не помнит, подал сигнал, который стал историческим.

Услышав сигнал опасности, к окнам припали домочадцы Понсе, а на порог прихода доминиканского монастыря выбежал бишоп Алонсо Мансо.

- Леонора, бери детей и бегите отсюда! – закричал кастилец, охранявший дом Понсе. – Не медли! У нас нет никого, а индейцев слишком много! Бегите что есть мочи, оставьте все! Спасайтесь и зовите на помощь!

Леонора закричала детям – все три дочери Понсе и его сын выбежали и оставив все, побежали к тайному выходу, ведущему к другой стороне дороги – в чащу леса. Спустившись в подземелье, они едва успели закрыть за собой дверь, и в ту же секунду увидели в просвет между досками как с десяток карибов, воинственно крича, пронеслись наверх – там, где несколько солдат держали оборону.

Пять кастильцев, закрыв наглухо окна и двери, заставив их шкафами и столами пытались удержать основную дверь, ведущую в дом. А кругом бушевали разъяренные карибы. Они вламывались в дома. Но они были пусты – люди ушли на праздник. Где-то они выхватили старого испанца, который не в силах был сопротивляться и буквально истыкали его копьями. Женщину с ребенком они просто растерзали по пути. Они хватали все, что приходилось под руку. Но их душа искала тех, кто действительно может с ними сразиться.

Пятеро испанских бойцов, сдерживали натиск как могли. Им показалось это вечностью, а на самом деле было быстро пролетевшим мгновением. Разбивая окна и залезая внутрь, индейцы-карибы кинулись на кастильцев. Сходу кинув копья, карибы своими деревянными мечами с акульими зубами, только и успевали махать, норовя попасть в голову или шею врагу. Испанцы, удачно выстрелив по разу, отбросили свои аркебузы и выставили алебарды.

The soldier seeing the Caribbeans coming out of nowhere realized that this was the end.

Arrows and darts flew in him. However, he was fully armed and only one arrow pierced his leg. He grabbed his horn and blew the alarm. Immediately a dozen of Indian hands grabbed him and tore into pieces. This brave man, whose name history does not remember, gave the signal which became historic.

Having heard the alarm, the family of Ponce got to the windows, Bishop Alonso Manso ran to the door of the Dominican monastery.

"Leonora, take the children and run away!" shouted the Castilian guarding the house of Ponce. "Do not delay! We have no one and there are too many Indians! Run as fast as possible, leave everything! Save yourselves and call for help!"

Leonora called her children, the three daughters of Ponce and his son, ran to a secret door that led to the other side of the road - in the thicket. Going to the basement, they barely had time to close the door. At the same moment they saw a dozen Caribbeans in the space between the boards, they swept upstairs shouting warlike cries where several soldiers kept the defense.

Five Castilians tightly closed windows and doors put up furniture trying to secure the main door that led to the house. Angry Caribbeans raged all around. They broke into the houses. But they were empty, people have gone to the party. They dragged an old Spaniard, who was unable to resist, outside and stabbed him with spears. They tore to pieces a pregnant woman. They grabbed everything that came to hand. But they were looking for someone who could actually fight them.

Five Spanish soldiers deterred the onslaught for as long as they could. It seemed like an eternity for them, but in reality it was only a moment. Splitting the window and climbing inside, Caribbean Indians attacked the Castilians. After throwing their spear, the Caribbeans with their wooden swords with shark teeth only had time to swing, trying hit the head or neck of the enemy. The Spaniards, having made some successful shots at once, threw their hackbuts and grabbed halberds.

Попеременно выбрасывая их вперед, они смогли ранить с десяток карибов. Однако входная дверь наконец-то разлетелась в щепки под ударами индейцев, и испанцы как в море оказались сразу в руках сотни врагов. Один из испанцев - самый сильный и рослый сначала бился мечом, когда он застрял в теле врага, то он стал разбрасывать индейцев как щепки вокруг себя. А уже потом - раненый в шею и в ноги, истекающий кровью, он резал вокруг всех своим острым кинжалом. Когда же на него навалилось несколько человек, и он уже захлебывался собственной кровью, то он стал кусать врага зубами, вырывая куски тела у карибов. Другой, поняв, что может уже только дорого продать свою смерть (ибо о жизни речи уже не было) с двумя стрелами в шее, бился до тех пор, пока мог дышать и колол, колол и колол своим ножом все, что находилось рядом. Еще один герой, оставшись без оружия, которое было выбито врагами, пальцами выбивал глаза у противников. Индейцы поначалу опешили на какое-то время. Но тут же, осознав, что их врагов только пятеро, снова накинулись на них и порвали кастильцев на множество маленьких кусочков.

В это время, убегающий из своего прихода, Алонсо Мансо вместе со своим секретарем бежали без оглядки по зарослям, убегая от верной смерти, дышащей в затылок. Но в какой-то момент их увидели сверху карибы и бросились вдогонку, истошно крича им вслед.

Врываясь в постройки и бегая по дому, индейцы-карибы забирали все – одежду, кастрюли, предметы быта и обихода, даже замки и дверные ручки были для них вожделенной добычей. В домах не осталось ничего. Затем, несколько карибов, схватили горящие поленья, на которых готовился обед, и стали бегать по домам и поджигать все, что горит. Три женщины с грудными детьми, пытавшиеся убежать, были настигнуты карибами. Их привязали по рукам и ногам к длинным палкам и, как туши животных, понесли к берегу. А маленьких детей схватили как зайцев за ноги и тоже понесли к каноэ.

Забежавшая в доминиканский храм семья кастильцев надеялась на Чудо, но обнаружила там только карибов, грабящих храм. Они накинулись на семью.

Throwing them forward in rotation they could injure a dozen Caribbeans at once. However, the door finally shattered to pieces under the blows of the Indians, and the Spaniards were surrounded by hundreds of enemies like in a sea. One of the most powerful Spaniards fought with a sword, and when it got stuck in the enemy's body he began to scatter the Indians like splinters around him Already wounded in the neck and legs, bleeding, he cut everybody around with his sharp dagger. Several people pounced on him and he was choking on his own blood. He began to bite the enemy, tearing pieces from the Caribbeans' bodies. The other one, having realized that he could only sell his death for a high price (staying alive was out of the question) with two arrows in his neck, he fought until he could not breathe, and chopped and stabbed with his knife everyone nearby. Another hero was left without a weapon, which was broken by enemies, he gouged out the enemies' eyes with his fingers. The Indians were initially taken aback, but then they realized that there were only five Spanish and lashed out again, tearing the Castilians into pieces.

At this time, Alonso Manso, escaping from his parish with his secretary ran without looking back to the bush, ran from certain death breathing in the back of the head. At some point they were seen by the Caribbeans from above and the Indians ran after them, shouting hysterically.

Breaking into buildings and running around the house, Caribbean Indians took everything - clothes, pots, household items and appliances, even the locks and door handles were their coveted prey. There was nothing left in the houses. Then, few Caribbean men grabbed burning logs, which were supposed to be used to cook dinner, and began to run from one house to another and set fire to everything that burns. Three women with infants, who tried to escape, were overtaken by the Caribbeans. They tied their hands and feet to a long stick, and carried to the shore like animal carcasses. Small children were caught by the legs like rabbits and were also brought to the canoes.

A family of Castilians ran into the Dominican church hoping for a miracle, but they only found the Caribbeans, robbing the temple, there. They pounced on the family.

- Беги! – закричал муж. – Я их задержу.

Однако жена, повернувшись к выходу, увидела, как в нем появились еще карибы.

Она остановилась, положила годовалого ребенка на пол между скамьями, и встала за спиной своего мужа.

Карибы посмотрели на эту семью и продолжили свой грабеж.

- Ну, идите сюда! - закричал мужчина. – Нападайте!

Карибы засмеялись и неся награбленную церковную утварь пошли к проходу даже нее взглянув на семью. И тут ребенок, опершись на ручки встал и стал плакать. Один из карибов засмеялся, и ребенок перестал плакать.

Хлопнула дверь. И карибы, оставив после себя только разломанные скамьи, вышли из храма, оставив опешившую семью внутри. Послышался звук засова.

- Господи! - упала на колени женщина. – Господи милосердный! Спасибо тебе, наш заступник!

- Чудо-то какое! – упал на колени ее муж.

Они бросились к ребенку и тут почувствовали дым. Это горел, подожжённый карибами храм.

Семья заметалась, ища выход и барабаня в закрытую дверь. Но тщетно. Чуда не случилось…

Но…

Почти задохнувшиеся от дыма отец, мать и сын метались по храму и, каким-то чудом отец семейства, откинув ковер на полу, увидел ведущий вниз погреб. Он спустил туда жену, ребенка и сам, схватив свечу, полез за ними… это был выход, построенный доминиканцами и ведущий в чащу леса.

Прошло немного времени и от Каппоро ничего не осталось. Все было разграблено, разрушено и сожжено карибами.

За один день – за **2 июня 1513 года** – был полностью уничтожен Капарро, построенный Понсе де Леоном в 1508 году, и доминиканский храм, построенный в 1512.

К ночи в изодранной одежде и в крови семья Понсе де Леона - Леонора и ее четверо детей, а также сумевший убежать Алонсо Мансо, еле живые добрались до Сан-Жермена.

"Run!" the husband shouted. "I'll hold them off."

However, his wife turned to the door and saw approaching Caribbeans.

She stopped, put her year-old baby on the floor between the pews and stood back to back with her husband. The man gave her a knife and stood with his sword.

Caribbeans looked at the family and continued their looting.

"Well, come here!" the man shouted. "Attack!"

The Caribbeans laughed and went to the aisle carrying the stolen church items not even glancing at the family. Then the child got up and began to cry. One of the Caribbeans laughed and the baby stopped crying.

The door slammed, and the Caribbeans, leaving only the broken bench behind, left the church, leaving the startled family inside. There was the sound of the bolt.

"My God!" the woman fell on her knees. "Merciful Lord! Thank you, our patron!"

"What a wonder!" said her husband and fell on his knees.

They rushed to the child and then felt the smoke. It was the church burning, set on fire by the Caribbeans.

Family rushed about looking for a way out and banging on the closed door, but in the vain. The miracle did not happen.

But...

Almost suffocated by the smoke, father, mother and son were running through the church and, by some miracle, the father of the family saw a ladder leading downstairs. He descended and his wife grabbed the candle, got behind him... it was a way out, built by the Dominicans and leading into the woods.

Some time passed and nothing was left from Caparro. Everything was looted, destroyed and burnt by the Caribbeans.

In one day, Caparro, built by Ponce de Leon in 1508 and the Dominican church, built in 1513 were completely destroyed.

By night, the family of Ponce de Leon - Leonora and her four children, as well as Alonso Manso who managed to escape reached Saint Germain barely alive, in tattered clothes and bloody.

Семья Понсе де Леона и священник Алонсо Мансо вместе со многими поселенцами спаслись, однако главная цель Диего Колумба была сделана – он уничтожил Капарра как столицу и обвинил Понсе де Леона в неправильном строительстве столицы на острове Сан-Хуан-Батиста. Он объявил о перенесении ее в другое место. Этим местом было решено сделать Сан-Жермен (современная Guayanilla).

Много из того, что было уничтожено и разграблено карибами являлось имуществом Понсе де Леона и его потери были огромны. Его влияние подорвано и подготовлена почва для того, чтобы остров перешел в руки Диего Колумба.

А еще Диего Колумб вместе со своими приспешниками получил возможность снова сделать поход на карибов, после которого на острове Эспаньола появилось бы снова много бесплатной рабочей силы – рабов.

***

За много миль от этого места находился хозяин Капарра. Но невидимые нити, связывают нас друг с другом, нашими родными и близкими. Эта невидимая связь существует всегда и чем ближе тебе человек, тем сильнее его ты ощущаешь где бы он не был.

В этот день у Понсе было тяжело и неспокойно на душе. Ему было тревожно: образ его жены и его детей много раз вставал у него перед глазами. Но он молился. Молился за то, чтобы все у них было хорошо…

***

The family of Ponce de Leon and priest, Alonso Manso, along with many settlers were saved, but the main goal of Diego Columbus was achieved. He destroyed Caparro as the capital and accused Ponce de Leon of the wrong building of the capital on the San Juan Bautista island. He announced the transfer of the capital to a different location. It was decided to make Saint Germain the capital **(modern Guayanilla)**.

Many things that were destroyed and looted by the Caribbeans were the property of Ponce de Leon and his losses were enormous. His influence was undermined and the ground for the island to be passed into the hands of Diego Columbus was established.

Diego Columbus and his henchmen had the opportunity to once again make the campaign against the Caribbeans, followed by the appearance of a lot of free labor, in the form of slaves on the island of Hispaniola.

***

The owner of Caparro was many miles away from this place. But there are invisible threads that bind us to each other, our family and friends. This invisible connection is always there, and the closer you are, the more you feel the person, whoever he or she is.

This day Ponce felt sick and restless at heart. He was anxious. The image of his wife and his children appeared in his eyes many times. He prayed that they all had survived.

***

Chrisian family defends their life during church attack.
Христианская семья поселенцев защищается во время атаки индейцев. Реконструкция 2016

Индейский воин.
Indian warriors
. See a list of references and links to pictures in the book

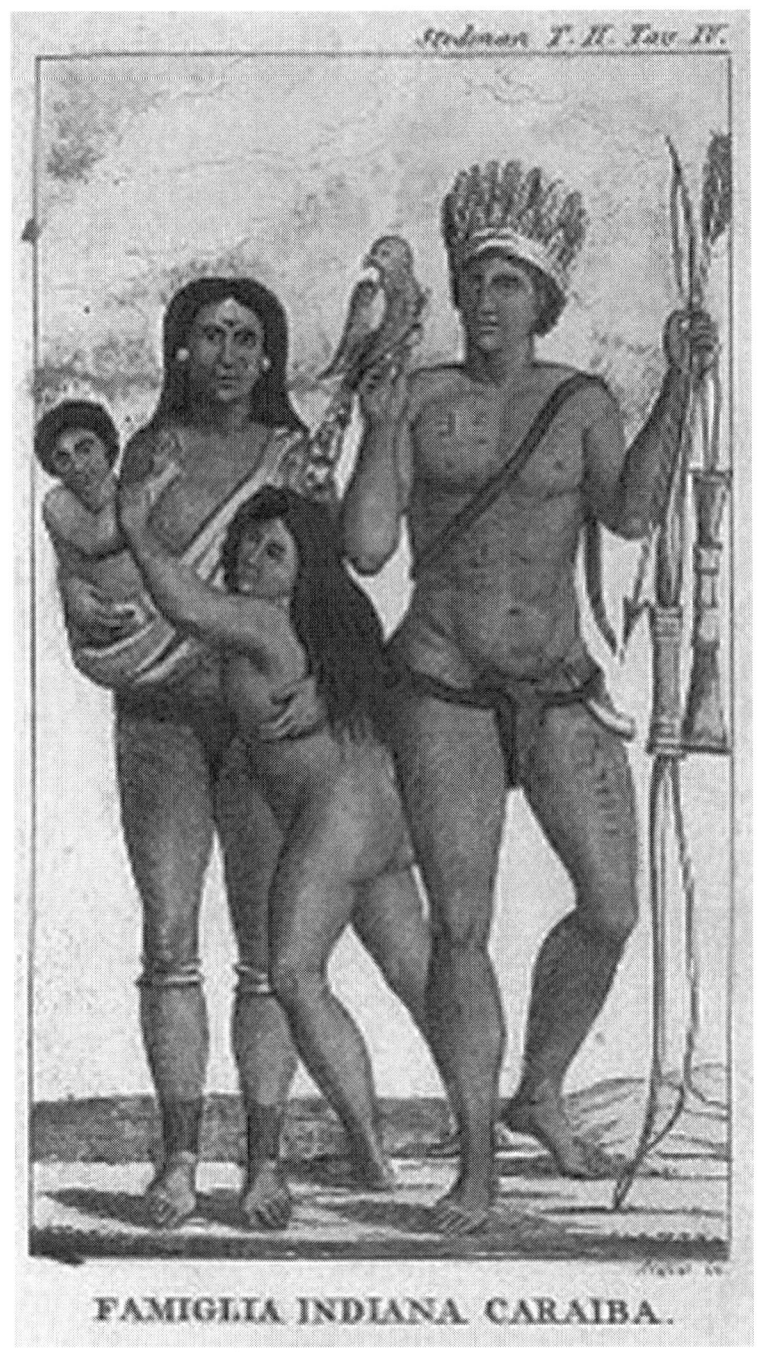

Indians from Caribbean islands
Индейцы Карибских островов.

Глава 6

Три корабля Понсе де Леона бросили якоря на новом месте (**около современного Caloosahatchee river на San Carlos Bay – прим. К.А.**).
Ночью со 2 на 3 июня 1513 года Понсе мучили кошмары. Ему снилась его семья…Его дом… и на этом фоне огромный фонтан бил из-под земли и он, купаясь в нем становился все более юным, еще более юным, совсем маленьким и.. вдруг исчез…
Он проснулся и услышал стук в дверь.
К нему стучал капитан Кэхо.
- Понсе! – там приехали с корабля Сан-Кристобаль. – И просят, чтобы вы разрешили им стать на каком-нибудь острове для чистки днища корабля.
- Ну, тогда надо найти удобный остров, которых здесь полно и стать. А мы тогда будем рядом.
- Но мы стоим сейчас в очень удобном месте. Остров со всех сторон защищен. Так что волн не будет и удобное место для того, чтобы накренить корабль.
- Тогда мы будем недалеко, а они могут заняться делом. Погода хорошая.
Приплывший после того, как он исчез из-за сильного течения, корабль Сан-Кристобаль нуждался в том, чтобы счистить с него ракушки и заделать несколько маленьких дыр, отравлявших жизнь при плавании всей флотилии. Поэтому капитан Сан Кристобаля - Хуан Перес де Ортуба принял решение произвести чистку судна, пока стоит хорошая погода и пологий берег маленького острова способствует этому. Мы отдалены от большого острова и будем видеть, если что-то не так. (**это происходило около современного острова PINE ISLAND – прим. К.А.**).
Корабль был накренен на бок. И тут…
И тут на берегу показались индейцы. Они махали руками и призывали кастильцев присоединиться к ним.
Однако, помня о не очень удачной высадке и первых неприятных стычках с индейцами, капитан… решил не рисковать своими людьми.

Chapter 6

Three ships of Ponce de Leon dropped anchors at a new place **(near modern Caloosahatchee river in San Carlos Bay – note K.A.).**

At night from the 2 to the 3 June 1513 Ponce suffered from nightmares. He dreamed of his family... his house... and with this background, a huge fountain beat from the ground, and he bathed in it, became younger and younger, very young, and... suddenly disappeared...

He woke up and heard a knock on the door.

Captain Quejo knocked to him.

"Ponce! People from ship San Cristobal came. And they are asking you to allow them land on some island for cleaning the bottom of the ship."

"Well, then you have to find a convenient island, which are plenty here, and stay there. And then we'll be close."

"But we are now in a very convenient location. The island is protected from all sides. So that there will be no waves, and it's a convenient place for the ship to heal."

"Then we'll stay close, and they can get down to business. The weather is good."

The ship San Cristobal that came back after it had disappeared because of the strong currents. It was needed to clean off the shells and close up a few small holes, which poisons the life of the whole flotilla during the voyage. So the captain of San Cristobal - Juan Perez de Ortubia decided to purge the vessel while the weather is good and the flat side of the island **(modern island Pine Island – note K.A.)** contributes to this.

The ship was tilted on its side. And then...

The Indians appeared on the bank. They waved their hands and called the Castilians to join them.

However, bearing in mind not so successful landing and the first unpleasant skirmishes with the Indians, captain... decided not to risk his men.

Он приказал отправить человека к Понсе де Леону, чтобы он приблизился к его кораблю на всякий случай, а сам приказал всему высадившемуся на острове экипажу быть наготове, чтобы отразить нападение, если индейцы подъедут с недобрыми намерениями. Пока одни счищали с днища ракушки и латали дыры, то другие заряжали аркебузы, готовили оружие, а также одевали доспехи и готовили лодку.

На корабле Понсе де Леона – Санта Мария де ла Консоласьон и на другом корабле – Сантьяго, были приведены в готовность солдаты-баталеры, пушки и шлюпки.

***

Царь Калуса, именуемый доминиканцем Ортизом как Карлос, был рад тому, что индеец по имени Тампа собрал отряд из тех индейцев, кто бежал с Кубы и Эспаньолы. Эти индейцы разных племен знали язык и нравы нового врага. Они уже бились с ним и могли рассказать о многом. Поэтому царь Карлос выделил этот отряд из остального войска и позволил индейцу Тампе оставаться его военачальником. Этот отряд с самого начала много дней подряд следил за кораблями флотилии Понсе де Леона. Теперь же главной задачей этого отряда было заманить испанцев в ловушку. Но время шло, а приятного момента не наступало. Флотилия уже плавала у самого берега. Одна из лодок постоянно отчаливала от одного из кораблей и искала источники с пресной водой. Затем, пополнив несколько маленьких бочек, которых явно не было достаточно для пополнения воды на всех кораблях, лодка быстро уезжала обратно. Это не давало возможности напасть на готовых к бою кастильцев и, поскольку они всегда были с собаками, то и Тампа, помня об этих страшных животных, не решался на нападение, дожидаясь, когда придет основной отряд военачальника царя Калуса и прибудет множество каноэ. Пока корабли шли вдоль островов, нападать на них было неудобно, да и они могли запросто уничтожить весь небольшой отряд.

He ordered to send a man to Ponce de Leon, so that he approached his vehicle, just in case, and he ordered the entire landed crew to be ready to repel an attack, if the Indians approach with ill intentions. While some of them scraped off shells from the bottom and patched the hole, other charged hackbuts prepared weapons, put on armor and prepared the boat.

On the ship of Ponce de Leon - Santa Maria de la Consolacion and on another ship - Santiago soldiers, guns and boats were alerted.

***

King Calusa, whom Dominican monk Ortiz called Carlos, was glad that the Indian named Tampa gathered a squad of those Indians that had fled from Cuba and Hispaniola. These Indians from different tribes knew the language and habits of the new enemy. They have already fought them and could tell a lot. That's why King Carlos distinguished this squad from the rest of the army and let Tampa remain its warlord. This squad has been watching the ships of Ponce de Leon's flotilla for many days in a row since the beginning. Its main task now was to lure the Spaniards into a trap. But as time passed, the pleasant moment did not come. The fleet was sailing near the shore. One of the boats constantly put off from one of the ships to look for sources of fresh water. Then, filling several small barrels, which obviously were not enough to replenish water on all the ships, the boat was sailing back quickly. This made it impossible to attack the Castilians that were ready to fight, and because they have always been with the dogs, Tampa, remembering these terrible animals, did not dare to attack, waiting for the main squad of the military chief and king Calusa and for many canoes. As long as the ships sailed along the island, attacking them was uncomfortable, and they could just easily kill the whole squad.

В какой-то момент, кастильские корабли пошли между островами и зашли в бухту. Затем они стали рядом с главным островом Калуса **(современный остров PINE ISLAND- прим. К.А.)**. Это было важное место в жизни всего племени – там располагался дом царя Калуса – Карлоса и главного Шамана.

Ни индеец Тампа, ни Изабелла не разбирались особенно в кораблях. Их каноэ стояли достаточно далеко и им было непонятно для чего кастильцы накренили корабль и что они делают. Они стали переговариваться с другими индейцами и обсуждать между собой. Самое простое, что приходило в голову это то, что корабль сел на мель или дал трещину.

Понимая, что они имеют преимущество только на земле, Тампа и индейцы стали махать руками, призывая к себе испанцев. Если они подъехали бы к ним, то индейцы могли устроить им засаду и убить их всех. Но испанцы, увидев призывы не пошли на контакт.

Не придя к заключению о том, что же делать дальше, индейцы, под предводительством Тампы, поехали к кораблю поближе, чтобы понять, что происходит. На берегу они оставили несколько воинов и женщин, которые жили в соседней деревне.

В это время Капитан Перес сел на лодку вместе с несколькими солдатами и направился в сторону стоящего корабля Понсе, чтобы взять у него недостающие инструменты и чтобы спросить о том, стоит ли сходить на берег, куда зовут индейцы.

Лодку стало не видно с берега из-за корабля, поэтому Тампа вместе с другими индейцами Калуса подумал, что испанцы почти все уехали с корабля.

В это время моряки решили починить якорный трос и стали поднимать якорь. Тампа подумал, что они пытаются уехать или затопить судно. Команды было мало. Большая часть солдат уехала на лодке. И индейцы подумали, что получили шанс захватить судно.

Несколько каноэ быстро приблизилось к судну, лежащему в воде на одном боку. Моряки были не промах и тут же поняли, что на них нападают. Они быстро забрались на корабль и приготовились к обороне.

At some point, the Castilian ships entered between the islands and went into the bay. Then they stood near the main island of Calusa **(modern Pine Island – note K.A.)**. It was an important place in the life of the tribe – that's where the house of the king of Calusa – Carlos and the Shaman was.

Neither Indian Tampa nor Isabella knew much about ships. Their canoes were far enough and it was not clear why the Castilians healed the ship and what they were doing. They began to talk with other Indians and discuss that among themselves. The simplest thing that occurred to them was that the ship ran aground or cracked.

Realizing that they only have an advantage on the ground, Tampa and the Indians began to wave their arms, calling the Spaniards. If they approached, the Indians could ambush and kill them all. But the Spaniards saw the calls and did not go to the contact.

Not having come to a conclusion about what to do next, the Indians, led by Tampa, went closer to the ship to see what was happening. They left a few soldiers and women who lived in a nearby village on the shore.

At this time, Captain Perez got on the boat along with several soldiers and headed toward the ship of Ponce to take his missing tools and to ask about whether to go to the shore where the Indians were calling.

The boat was not visible from the shore because of the ship, so Tampa along with other Calusa Indians thought that almost all the Spaniards left the ship.

At this time, the sailors decided to fix the anchor rope and began to raise the anchor. Tampa thought they were trying to leave or to flood the boat. There were very few people. Most of the soldiers left on the boat. And the Indians had a chance to capture the ship.

Several canoes rapidly approached the ship lying in the water on the one side. The sailors were no slouch and immediately realized that they were being attacked. They quickly climbed onto the ship and prepared for the defense.

Один из моряков стал бить во второй колокол, предназначенный для связи с другими судами. Лодка с капитаном Пересом де Ортубой отошла недалеко. Ее то и не увидели индейцы Калуса. Теперь индейцы уже были близко к кораблю. Несколько из них стали стрелять из своих больших луков и кинули несколько копий. Но это не принесло никакого вреда матросам, укрывшимся за бортом лодки. И тут Тампа закричал индейцам:

- Берите канаты и тащите лодку к нашему берегу!

Схватив корабль за оба больших каната, индейцы стали тянуть его за собой сначала в воду. А потом, сев на свои каноэ попытались тащить его к месту, откуда они приехали. Команда, понимая, что дело принимает серьезный оборот и корабль становится неуправляем, стали быстро соображать, что сделать.

Пушки были расположены с боков, поэтому оставалось только стрелять из оставшейся пары аркебуз и из арбалетов. Сделав несколько выстрелов, матросы ранили двух индейцев и сделали хорошую дырку в одном из каноэ. Индейцы явно не обрадовались. Как только высовывались матросы, с каноэ тут же по ним стреляли стрелами, и они вынуждены были снова прятаться. И тут они увидели еще и то, что к кораблю на помощь плывет лодка с солдатами и капитаном. Расстояние было достаточно большое и Тампа приказал увеличить усилия и тянуть изо всех сил корабль за якорные канаты. Индейцам почти удалось это сделать.

Капитан Хуан Перес де Ортуба, понял, что он может совершить непоправимую ошибку, если ввяжется в битву с индейцами. Он посмотрел на берег, с которого отчалили и понял, что там остались стоять всего несколько воинов и женщин. Однако он увидел, как из другого места прибрежных мангровых зарослей туда бежали из леса индейцы, которые намеревались сесть в каноэ и прийти на помощь тем, кто тащил судно.

Времени было мало.

- Гребите, друзья, гребите быстрее! – закричал капитан. – Мы должны доехать до берега, где стоят эти чертовы каноэ быстрее, чем те враги, кто бежит сейчас в лесу! Нажмите, черт возьми! Мы должны сделать дело и свалить пока не началась настоящая драка.

One of the sailors began to beat the second bell, intended for communication with other ships. The boat with captain Perez de Ortubia wasn't too far, but the Calusa Indians didn't see it. Now the Indians were already close to the ship. A few of them started firing from their longbows and threw a few spears. But it did not cause any harm to the sailors sheltering behind the boat. And then Tampa shouted to the Indians, "Take the ropes and pull the boat to our shore!"

Grabbing the ship by two large ropes the Indians began to pull it along, firstly in the water. And then they sat down on their canoes and tried to drag it to the place where they had come from. The team, realizing that it takes a serious turn and the vehicle becomes uncontrollable quickly began to think what to do.

The naval guns were placed at the sides, so they only could shoot from the remaining couple of hackbuts and crossbows. After a few shots, sailors wounded two Indians and made a good hole in one of the canoes. Indians clearly were not happy. Once sailors protruded, they were shot with arrows from the canoes and had to hide again. And then they saw that the boat with the captain and soldiers was coming to help. The distance was quite large and Tampa ordered to increase the efforts and struggles to pull the ship with anchor ropes. The Indians almost managed to do it.

Captain Juan Perez de Ortubia realized that he could make a fatal mistake if he got involved in a battle with the Indians. He looked at the shore, which they had sailed from, and realized that only a few warriors and women remained standing there. But then he saw that the Indians who intended to get in canoes and come to the aid of those who dragged vessel were running from the coastal mangrove forest.

There was no time.

"Row, friends, row faster!" the captain cried. "We must get to the coast, where the damn canoes are, sooner than the enemies who are now running in the woods! Come on, goddammit! We have to get the job done and get out before the real fight begins."

Матросы изо всех сил гребли туда, куда показывал капитан.

Лодка врезалась в берег, и солдаты тут же мечами раздолбили оба каноэ, которые стояли у берега.

В это же время другие матросы кинулись за женщинами, которые из любопытства выглядывали из-за дерева за происходящим.

Схватив четырех женщин, испанцы прыгнули в лодку и отплыли.

Когда они уже достаточно отплыли, то на берегу появились индейцы, которые выбежали из мангровых зарослей. Они громко кричали с берега и грозили. Но не стали стрелять, боясь попасть в своих женщин, захваченных испанцами.

В это время на Сан-Кристобале тоже произошел перелом.

Один из матросов, сообразив, что можно сделать закричал всем остальным, кто находился на борту:

- Рубите канаты!

Матросы бросились выполнять эту простую и гениальную идею.

Индейцы, еще раз потянув, резко полетели за борт вместе с отрезанными канатами. В это время они увидели, что к ним приближается лодка с солдатами, а с самого Сан Кристобаля прозвучало несколько выстрелов и ранило еще троих индейцев. А на помощь команде бригантины плыли еще два корабля испанцев.

Тампа решил не испытывать судьбу и каноэ с индейцами понеслось прочь от Сан Кристобаля к дальнему берегу.

Все было кончено. Бой как таковой не состоялся. Несколько раненых с обеих сторон. Четыре взятых в плен индейских женщины.

Сан-Кристобаль отошел от берега острова PINE ISLAND. И к нему для выяснения всего, что произошло, чем необходимо помочь и совместного совещания поехали Понсе де Леон, Аламинос и капитаны с двух других судов.

Два корабля стали таким образом, чтобы в случае чего можно было использовать пушки, а по бортам стали на изготовку аркебузники.

Все ждали, что индейцы снова бросятся на корабли, однако никакого движения не было.

The sailors rowed with all their might to where the captain was pointing.

The boat crashed into the shore and the soldiers immediately smashed with their swords two canoes, which stood near the shore.

At the same time, other sailors rushed to the women who looked out of the trees curiously.

Having grabbed four women, Spaniards jumped into the boat and sailed.

When they had sailed far enough, the Indians who ran out of the mangroves appeared on the shore. They shouted angrily and threatened. But they didn't shoot for fear of hitting their own women captured by the Spaniards.

At this time, there was a crisis on San Cristobal, too.

One of the sailors, having realized what they could do, shouted to everybody else on board, "Cut the ropes!"

The sailors carried out this simple and brilliant idea.

The Indians pulled once again and were thrown overboard along with the cut off ropes. At this time they saw that the boat with the soldiers is close to them, and few shots were made from San Cristobal and wounded three more Indians.

Tampa decided not to tempt fate and canoes with Indians rushed away from San Cristobal to the far shore.

It was over. The fight itself did not take place. Several wounded on both sides. Four captured Indian women.

San Cristobal moved away from the shore of the Pine Island. Ponce de Leon, Alaminos and captains of two other vessels sailed to it to find out about everything that had happened, discuss what was necessary to be done to help and for a joint meeting.

Two ships stood so if something happens the guns could be used, and harquebusiers stood on the sides.

Everyone expected that the Indians would once again rush to the ships, but there was no movement.

Понсе ждал, что индейцы приедут и попросят что-то на обмен за захваченных женщин, однако ничего не происходило **(записи об этом хранятся до сих пор – прим К.А.)**

Обо всем этом было записано в журнале Сан Кристобаля и других судов.

Теперь все суда держались в месте, чтобы можно было прикрывать друг друга.

***

Едва забрезжило солнце и наступил день 4 июня 1513 года, как несколько каноэ индейцев стало подплывать к кораблям. На них стояли индейцы и подняв верх руки, показывали, что они без оружия.

- Кто у вас главный? Нам нужен капитан! – кричал один из них, которым был индеец Тампа. – Где ваш капитан? Удивленные кастильцы показали на судно Санта Мария, где был сам Понсе де Леон.

Подъехав близко к судну, где находился Понсе де Леон, Тампа и еще один индеец, вскарабкался по лестнице, которую ему бросили и, поднявшись на борт заговорил на сносном испанском:

- Меня послал к Вам наш царь Великого Народа Калуса. Он хотел передать, что мы хотим мира и он должен прибыть сюда сегодня. Он также просил передать, что у него есть ЗОЛОТО, которое вы любите и мы хотим его обменять на ваши товары! Вы хотите золото?

- Да, мы хотим мира! – засветился обрадованный Понсе. – Мы хотим торговать с вами и нам нужно золото! Мы будем ждать вашего царя!

- Тогда уберите оружие и давайте говорить об обмене! – медленно сказал Тампа, обводя взглядом палубу. На палубе он увидел женщин, которые тоже пришли посмотреть на индейцев. Поскольку индейцы Калуса были высокими – примерно на голову-полторы выше кастильцев, то Тампа видел все и всех на палубе корабля. Второй индеец был пониже ростом и очень походил на индейца Таино, хотя и был одет в шкуру рыси.

- Мы будем безоружны! – заулыбался Понсе де Леон. – Мы примем вашего вождя со всеми почестями!

Ponce was waiting for the Indians to come and ask for something in return for the captured women, but nothing happened **(the records of this are preserved until now – note K.A.).**

Everything about this was recorded in the journal of San Cristobal and other vessels.

Now all the ships kept together to be able to cover each other.

***

As soon as the sun dawned, and the day of June 4, 1513, came, several Indian canoes began to approach the ships.

They Indians there raised their hands showing that they are unarmed.

"Who is in charge here? We need the captain!" shouted one of them. He was an Indian called Tampa, "Where is your captain?"

Surprised Castilians pointed at the ship Santa Maria, where Ponce de Leon was.

Having approached the ship, where Ponce de Leon was, Tampa and another Indian climbed the stairs, which was thrown to them, boarded and began to speak passable Spanish, "I was sent to you from the king of our Great Nation Calusa. He wanted to tell you that we want peace and he must arrive here today. He also asked me to tell you that he has GOLD, which you like, and we want it to exchange for your goods! Do you want gold?"

"Yes, we want peace!" Ponce was delighted. "We want to trade with you and we need gold! We will wait for your king!"

"Remove the weapons then and let's talk about the exchange!" Tampa said slowly, looking around the deck. He saw women, who also came to see the Indians on the deck. Since the Calusa Indians were tall - about a head and a half taller than Castilians, Tampa saw everything and everyone on the ship's deck. The second Indian was shorter, more like the Taino Indians, even though he was dressed in the skin of a lynx.

"We will be unarmed!" cried Ponce de Leon. "We will host your leader with all the honors!"

- Хорошо! - сказал Тампа. – Тогда будьте без оружия. Уберите ваши пушки и готовьте для обмена товары. Мы скоро вернемся!

С этими словами Тампа спустился в свое каноэ и отплыл.

Радостный Понсе взглянул на капитана Кэхо и кормчего Аламиноса.

- Кажется все будет хорошо! – радостно сказал он. – У них есть золото и они хотят обмена.

- Это может быть обманом! – спокойно сказал Антон де Аламинос. – Мне показалось странным, что этот индеец говорил по-испански. Откуда он знает наш язык? У него боевая раскраска – и он так вертел головой во все стороны, что только люди, которые хотят что-то высмотреть могут так себя вести. Это не любопытство, а шпионаж.

- Ха-ха-ха! – рассмеялся Понсе. – Это в тебе сидят страхи! Если сюда собирается приехать сам царь этих индейцев, значит все в порядке!

- Понсе, - озабоченно начал капитан Кэхо. – Аламинос прав: во-первых, эти люди говорили по-испански. Это настораживает. Один из них был похож на индейца Таино. Значит, он может быть беглым с Эспаньолы и поэтому они знают наш язык. Затем, зная индейцев, мы можем предположить, что они могут быть коварны и притворяться добрыми, пока им это надо. Так было на Эспаньоле и на нашем с тобой острове Хуан-Батиста. Индеец очень внимательно смотрел на наше оружие и на наших людей. Я бы хотел, чтобы все были готовы к любым неожиданностям.

- Хорошо! – согласился Понсе. – Мы будем надеяться на хорошее и готовиться к плохому.

- Лучше всего попытаться допросить тех индианок, которых захватил Ортуба, – посоветовал Аламинос. – Я думаю, что они в курсе того, что здесь задумали их мужья.

- Отличная идея! – обрадовался Понсе. – приведите сюда всех индианок и пусть тот индеец, которого мы подобрали у Реки Креста поможет нам переводить.

***

В это время Тампа говорил уже с военачальником царя Карлоса, который укрылся в мангровых зарослях вместе со множеством каноэ и воинами Калуса.

"Good!" Tampa said. "Then be unarmed. Put away your guns and prepare for goods for exchange. We'll be back soon!"

After these words, Tampa descended into his canoe and sailed away.

Joyful Ponce looked at captain Quejo and helmsman Alaminos.

"It seems like everything will be fine!" he said happily. "They have the gold and they want to exchange."

"It could be a trick!" said Anton de Alaminos calmly. "I found it strange that the Indian spoke Spanish. How does he know our language? He has war paint - and he was turning his head in all directions, and only people who want to spy something out can behave this way. This is not curiosity, this is espionage."

"Hahaha!" Ponce laughed. "It's just your fears! If the king of the Indians is going to come here, it's alright!"

"Ponce," captain Quejo began anxiously. "Alaminos is right: firstly, these people spoke Spanish. This is alarming. One of them looked like the Taino Indian. So he may be a runaway from Hispaniola, and that's why they know our language. Then, knowing the Indians, we can assume that they can be insidious and pretend good, as long as they need it. That's what happened on Hispaniola. And on our island Juan Bautista. The Indian was looking very carefully at our weapons and our people. I would like everyone to be ready for anything."

"Alright!" agreed Ponce. "Let's hope for the best and prepare for the worst."

"We should try and interrogate those Indian women whom Ortubia had taken." advised Alaminos. "I think they are aware of what their husbands have planned here."

"Great idea!" Ponce rejoiced. "Bring all the Indian women here and let the Indian which we picked up at the Cross River help us to translate."

***

At this time, Tampa was talking to king Carlos's military commander, who took refuge in the mangroves along with many canoes and Calusa warriors.

- Я сказал, чтобы испанцы убрали оружие и ждали нас с миром! – сказал Тампа. – Думаю, что они поверили. На палубе у них много старых людей. Есть женщины. Не думаю, что они приехали воевать. Скорее они приехали селиться на нашу землю или что-то здесь ищут.

- Мы сможем их разбить, а? – спросил начальник.

- Это зависит как быстро мы достигнем кораблей и как быстро они поймут, что мы хотим сделать, - уклончиво сказал Тампа.

- Хорошо. Бери своих людей и выезжайте вслед за нами. У меня еще никогда не было никаких поражений. Боги любят меня! – ухмыльнулся военачальник индейцев Калуса.

Он подал знак, и все воины быстро попрыгали в 20 больших огромных каноэ, каждое из которых умещалось от 20 до 40 человек **(То есть индейцев при нападении было от 600 до 800 человек! – прим. автора К.А.).**

. Чтобы было быстрее ехать и вести огонь, а также для хорошей устойчивости, почти все каноэ были связаны попарно как катамараны.

***

Через какое-то время на палубу Санта Марии привели индианок, и Понсе попытался у них что-то узнать.

Индианки молчали. Индеец, который добровольно ехал с Понсе от Реки Креста и стал проводником испанцам, переводил им вопросы Понсе.

- Что задумали ваши мужья? Сколько золота вы имеете? Богат ли ваш царь? Что он любит?

Но индианки молчали.

И тут смотрящий матрос закричал:

- 20 больших каноэ индейцев едут к кораблю.

- Есть ли у них оружие или у них в лодках лежит товар? – спросил Понсе.

- Они все очень хорошо вооружены: у них у всех луки, копья, щиты и там не видно никакого товара. Там только воины! У них там бьет барабан! – закричал матрос, сидевший на верху. Они очень быстро едут! А их лодки связаны по две.

- Так! – заключил Понсе де Леон. – Похоже они хотят войны. Будет им война. Звоните в колокол – пусть готовятся к отражению атаки на всех кораблях.

"I told the Spaniards to remove the weapons and wait for us with peace!" Tampa said. "I think they believed me. They have a lot of old people aboard. There were women. I do not think that they have come to fight. More like they came to settle on our land or are looking for something here."

"We can beat them, huh?" the chief asked.

"It depends on how quickly we will reach the ships and how quickly they will understand what we want to do" said Tampa evasively.

"Alright. Take your people and leave after us. I have never had any defeats. The gods love me!" the military chief of Calusa Indians grinned.

He gestured, and all the soldiers quickly jumped into the 20 huge canoes, each of which could fit 20 to 40 people **(i.e. there were 600-800 Indians during attacks - note K.A.).**

Almost all the canoes were tied in pairs like catamarans to sail faster, shoot and for good steadiness.

***

After some time, the Indian women were led to the deck, and Ponce tried to learn something from them.

The Indian women were silent. The Indian, who voluntarily went with Ponce from Cross River and became conductor of the Spaniards, translated Ponce's questions to them, "What have your husbands planned? How much gold do you have? Is your king rich? What does he like?"

But the Indians remained silent.

And then the watching sailor cried:

And then the watching sailor cried, "20 large canoes of Indians are approaching the ship."

"Do they have weapons or are there goods inside their boats?" Ponce asked.

"They are all very well equipped: they all have bows, spears, shields, and I can't see any goods. There are only warriors! They have drums playing there!" cried the sailor sitting on the top. "They are sailing very fast! And their boats are tied in pairs."

"So!" concluded Ponce de Leon. "It looks like they want war. They will get the war. Call the bell – everybody must get prepared to repel the attack on all ships."

Прозвонил колокол, и капитаны всех судов и команды приготовились к обороне.

Индейцы первыми нанесли удар. Внезапно они метнули копья с большого расстояния. Эти копья имели такую скорость и силу, что одно из них, пробив щит у одного из кастильцев, буквально пригвоздили другого за руку к мачте корабля – это индейцы применили свои дальнобойные метательные атлатлы.

- Вот это да! - воскликнул капитан Кэхо. – Похоже, им есть что противопоставить нашим пушкам! Я такого никогда и не видел! Стреляйте по ним, что смотрите? - заорал он тут же.

Одна из черных женщин бросилась перевязывать рану кастильцу, а другая уже тащила чистые тряпки и таз с пресной водой, чтобы перевязать рану.

- Да не на палубе делайте это – в трюм идите! – прикрикнули на них солдаты.

Стрелы летели кучей на корабли. С кораблей выстрелили пушки. Раздался неимоверный грохот, и вода столбом поднялась около каноэ. Несколько человек индейцев упали в воду.

Однако вместо того чтобы отступить, индейцы еще с большей энергией стали грести к кораблям.

- Похоже, они знакомы с нами и там есть те, кто уже сражался с нами! Мы должны потопить их прежде, чем вся эта толпа подойдет к кораблям! – закричал Понсе.

- Натяните получше якорные канаты! - кричал капитан Кэхо своим матросам. – Это позволит точнее стрелять!

В это же время индеец Тампа кричал своим людям:

- Быстрее гребите к кораблям! Иначе пушки разнесут нас в щепки! А у кораблей мы будем в безопасности!

Увидев, что Тампа вырвался вперед, военачальник царя Калуса Карлоса тоже приказал всем грести быстрее.

Индейцы усилили огонь и разделились. Большая часть пошла на корабль Санта Мария, где был Понсе де Леон, а остальные разделились на тех, кто поплыл к маленькому Сан Кристобалю под командованием Хуана Переса де Ортуба и такому же по размерам, как и корабль Понсе – кораблю Сантьяго под командованием капитана Диего Бермудаса.

The bell was ringed, and the captains of all vessels and the team prepared for the defense.

The Indians hit first. Suddenly they hurled spears from a distance. These spears had such speed and force that one of them broke the shield of one of the Castilians and literally nailed the hand of the other one to the ship mast. The Indians used their long-range propelling atlatls.

"Santa Maria!" captain Quejo exclaimed. "It looks like they have something to oppose to our guns! I've never seen these things! Shoot them, what are you looking at?" he shouted immediately.

One of the black women rushed to bandage the wounded hand of a Castilian and the other one was already dragging clean cloth and a basin of fresh water to bind up the wound.

"Do not do it on the deck - go into the hold!" the soldiers shouted at them.

Arrows were flying in bunches to the ships. Naval guns were firing from the ships. There was an incredible bolt and water rose like a column near the canoes. Several Indians fell into the water.

However, rather than retreat, the Indians began to row towards the ships even harder.

"Looks like they're familiar with us and there are those who have fought with us! We must sink them before the whole crowd will come to the ships!" Ponce shouted.

"Tighten the anchor ropes tighter!" captain Quejo shouted to his sailors. "This will enable to shoot more accurately!"

At the same time Indian Tampa shouted to his men, "Row faster towards the ships! Otherwise cannons will smash us to pieces! And near the ships we will be safe!"

The military chief king Carlos saw that Tampa got ahead also ordered everyone to grow faster.

The Indians intensified their fire and divided. Most of them went to the ship Santa Maria, where Ponce de Leon was, and the rest divided into those who swam to the little San Cristobal, under the command of Juan Perez de Ortubia, and the same size as the ship of Ponce - ship Santiago, commanded by captain Diego Bermudez.

Силы были явно неравны – на каждого кастильца, включая шестерых женщин, приходилось около 10 превосходных воинов Калуса! Один против десяти!

Тут уж было не до пощады и слов о мире.

Понсе де Леон и капитаны судов поняли, что это важный момент и действовать каждому придется самостоятельно.

Корабли дали еще по залпу из пушек, попав сразу в два разлетевшихся каноэ и разрушив еще одно. Это сразу ободрило команду, так как уменьшило ход остальных, которые принялись спасать своих людей и многие из индейцев поплыли обратно к берегу, до которого было недалеко.

- Еще! Стреляйте еще! – приказывали капитаны баталерам.

Четыре каноэ с людьми Тампы первыми добрались до корабля Понсе.

Тампа вытащил доставшийся ему еще при побеге из рабства испанский меч поднял его над головой и закричал:

- Убейте этих обманщиков!

- Ух ты! – удивился Понсе вслух. – Это ж надо, у индейца наш меч! Значит кто-то из испанцев отошел в мир к праотцам, и эти индейцы точно уже знают кто мы такие!

Индейцы стали пытаться забраться на корабли. Но это было непросто. Индейцы вставали друг к другу на спины, чтобы забраться на борт. Но испанцы сбивали кого-нибудь, кто стоял внизу, и пирамида из человеческих тел моментально падала. Индейцы пытались влезть на корабль по бортам, но это у них тоже не получалось, и они падали в воду.

Выпущенные собаки также моментально нападали на тех индейцев, которые уже почти влезали на корабль и беспощадно рвали их. Мечи испанцев и их алебарды с одного удара раскраивали голые тела индейцев и шкуры в которых были они одеты.

Индейские стрелы и копья с наконечниками из камня просто отскакивали от брони и кольчуг, в которые были одеты испанцы.

Топоры из огромных ракушек оставляли только вмятины на доспехах и шлемах кастильцев. Ярость индейцев и их бесстрашие разбивались об опытность и дисциплину кастильцев. Команды матросов и воинов действовала слажено и быстро на всех кораблях.

Forces were obviously unequal - each of the Castilian, including six women, accounted for about 10 excellent Calusa warriors! One against ten!

Here it was not up to the mercy and words of peace.

Ponce de Leon and the ship captains understood that this was an important moment, and everyone had to act independently.

Ships made another volley, hitting two canoes at once and destroying another one. This immediately encouraged the team, as the enemies' attacks reduced because they began to save their people and many of the Indians swam back to the shore, which was not very far.

"More! Shoot more!" the captains ordered their soldiers.

Four canoes with Tampa's people were first to reach the ship of Ponce.

Tampa pulled out a Spanish sword, which he had got during his escape from slavery, raised it above his head and shouted, "Kill these deceivers!"

"Wow!" Ponce wondered aloud. "Who'd have thought, an Indian with our sword! That means that some Spaniard passed away, and these Indians already know who we are for sure!"

The Indians began to try to get to the ships. But it was not easy. The Indians stood on each other's backs to get on board. But the Spaniards brought down anyone who stood aboard and the pyramid of human bodies fell immediately. The Indians tried to get into the ship's sides, but that did not work either, and they fell into the water.

Freed dogs immediately attacked the Indians who almost climbed the ship and ruthlessly tore them. The swords of the Spaniards and their halberds cut out naked Indians and skins that they were wearing with one blow.

Indian arrows and spears tipped with stone just bounced off the armor and chain mail which the Spaniards were wearing.

Axes made of huge shells left only a dent in the armor and helmets of the Castilians. Rage of the Indians and their courage broke on experience and discipline of the Castilians. Teams of sailors and soldiers acted harmoniously and quickly on all ships.

Кастильцы продолжали стрелять из пушек, пытаясь помочь другим кораблям и топя каноэ, кишащие вокруг судов.

Тяжелее всего приходилось на малом судне Сан-Кристобаль. Его команда и так была мала – всего 15 человек, борта судна были невысоки. Но накануне по несколько человек из числа баталеров приехали на судно с корабля Сантьяго со своим оружием, чтобы помочь, если будет нападение. Да и сам корабль стоял теперь позади двух больших каравелл. Так что первыми приняли на себя удар все равно каравеллы.

В один из моментов, когда трое индейцев перелезли через борт, сидевшие тихо и смирно взятые в плен индианки, которых никто не брал в расчет, накинулись на кастильцев, которые стояли у входа в трюм. Они накинулись на двух солдат, которые бросились на индейцев, оказавшихся на борту. Но опытные воины легко стряхнули индианок с себя и не особо церемонясь, наградили их несколькими ударами в лицо. А черные женщины, находящиеся на борту и помогавшие раненым, увидели это и бросились оттаскивать индианок. Две черные женщины, схватив веревки, связали отлетевших от ударов индианок. А рабыня Хуаны Руиз еще добавила им пару ударов по голове тяжелой доской, лежавшей в трюме. Бывшие другие две индианки – переводчицы, крещеные и бывшие на корабле, помогли оттащить индианок из племени Калуса, уже связанных, но брыкающихся подальше внутрь трюма.

Злости и ярости хватило индейцам не на очень долгое время. Перерубленные руки и пальцы, убитые выстрелами из аркебуз товарищи, гром, дым от выстрелов, дикий лай собак, делали атаку на корабли все более бессмысленной.

- Рубите канаты! – закричал в какой-то момент индеец Тампа. – Они не смогут управлять кораблем и точно стрелять по нашим каноэ!

Несколько индейцев бросились рубить якорные канаты у судна.

И тут Антон де Аламинос попросил принести ядро для пушки и кастильцы сбросили его на каноэ, стоявшее у якорных канатов. Она размозжило голову одному из индейцев и отбило у лодки кусок борта.

Castilians continued to fire from guns, trying to help other ships and drowning canoes swarming around the vehicles.

The most intense battles were on the small ship San Cristobal. Its team and was small - only 15 people the shipboards were low. But the day before few soldiers with their weapons arrived on the ship from Santiago to help in case of an attack. Besides that, the ship was now standing behind the two big caravels. So the first blow was still taken by the caravels.

At one point, when three Indians climbed over the board, the Indian women who were sitting quietly and were not taken into account by anyone pounced on the Castilians who were standing at the entrance to the hold. They pounced on two soldiers who attacked the Indians who found themselves on board. But experienced soldiers shook off the Indian women easily and unceremoniously awarded them a few blows to the faces. And black women who were helping the wounded soldiers aboard saw this and rushed to drag the Indian women away. Two black women grabbed the rope and tied the Indian women who fell down after the punches. The slave of Juana Ruiz added a couple of blows to the head with the heavy board that was lying in the hold. Two other former Indian women – interpreters, who were baptized and were on this ship, helped to drag the Indian women of the Calusa tribe, who were tied but still kicking their way into the hold.

Indians' anger and rage didn't last for a very long time. Severed hands and fingers, companions killed by the shots of hackbuts, thunder, smoke from shots, wild dogs barking, made an attack on the ships increasingly meaningless.

"Chop the ropes!" cried Indian Tampa at some point. "They will not be able to control the ship and shoot our canoes accurately!"

Several Indians began to cut the anchor ropes of the ships.

Anton de Alaminos asked to bring a core for the cannon and the Castilians dropped it on the canoe which was near the anchor ropes. It smashed the head of one of the Indians and beat off a piece of board of the boat.

Индейцы попрыгали в воду и стали плыть к другим лодкам.

А двух, повисших на канате индейцев арбалетчики тут же уничтожили двумя точными выстрелами.

С другого борта около каната стояли сцепленные два каноэ. И сначала на канат постоянно запрыгивали и ползли индейцы, которые пытались залезть на палубу. Но их сбрасывали выставленными вперед пиками и алебардами.

Затем индейцы, забравшись друг на друга, еще несколько раз сооружали пирамиду из спин, по которым карабкались на борт другие индейцы. Но и эти живые лестницы были быстро разрушены точными выстрелами аркебузников.

Наконец, к одному из корабельных канатов матросы привязали сетку и положили туда два ядра от пушки. Затем, натянув канат, моряки бросили сетку с ядрами на связанные попарно каноэ, регулируя натяжение через лебедку. Эта конструкция, придуманная испанскими моряками, свалило кучу индейцев в воду, разбило связанные каноэ и потопило одно из них. Наконец, пушки, выставленные командой под углом с подставленными специальными приспособлениями, начали вести огонь по окружившим каноэ, разнося их в щепки с близкого расстояния.

В какой-то момент перегруженные людьми каноэ, за которые держались одни индейцы и на которые пытались влезть упавшие в воду другие, начали тоже тонуть.

Военачальник индейцев резко крикнул, и индейцы стали отступать. Все пространство вокруг кораблей было в крови. Раненые индейцы, разломанные каноэ, плавающие шкуры животных, в которых они было одето большинство индейцев Калуса, куски деревянных копий, стрел и оружия плавали на поверхности воды. А сколько убитых Калуса было под водой!

- Нам нужны четверо живых индейцев! - закричал Понсе. – И разбейте все эти каноэ, чтобы у них ничего не осталось!

Пушки снова заработали, подняв кучу дыма и огня. А несколько человек из команды Понсе де Леона кинулись специальными абордажными копьями (**длинными и обитыми с двух сторон железными пластинами, чтобы их нельзя было перерубить – прим. К.А.**) подтягивать два каноэ к кораблю.

The Indians jumped into the water and began to swim to the other boats.

Indians dangling on the rope were immediately killed with two precise shots of the arbalesters.

Two linked canoes were near the rope at the other board of the ship. And firstly the Indians were continually jumping and climbing the rope trying to reach the deck. But they were thrown down by the exposed peaks and halberds.

Then the Indians jumped on top of each other, constructed a pyramid of bodies several more times, which helped other Indians to climb to the deck. But these living ladders were also quickly destroyed with the accurate shots of harquebusiers.

Finally, the sailors tied a grid to one of the ropes of the ship and put two gun cores there. Then they stretched the rope and threw the grid with the cores in the canoes tied in pairs. They adjusted the tension through the winch. This design, which was invented by one of the sailors, dumped a bunch of Indians in the water, broke two tied canoes and sank one of them. Finally, the guns, arranged at a certain angle by the team with substituted special devices, began to fire at the canoes sailing around, smashing them to pieces at close range.

At some point, people overloaded the canoes, which some Indians were holding on and other ones who had fallen into the water were trying to get into, began to sink.

Indian military commander gave a cry and Indians began to retreat. All the space around the ship was covered in blood. Wounded Indians, broken canoes, floating skins of animals, which most of the Calusa Indians had been wearing, pieces of wooden spears, arrows, and weapons were floating on the water surface. And how many killed Calusa were under water!

"We need four living Indians!" Ponce shouted. "And break all the canoes, I want them to have nothing left!"

Guns started working again, raising a lot of smoke and fire. A few people from Ponce de Leon's team began to pull two canoes to the ship with boarding spears **(long and studded with iron plates on both sides, they cannot be cut into two – note K.A.)**.

Отступавшие индейцы уплывали очень быстро и поэтому, поняв, что их бросили, остальные стали биться еще с большей энергией и злостью, пытаясь отбиться от кастильцев тянущих их к кораблю.

В одном из каноэ находился Тампа. Он бился так отчаянно как мог: многие месяцы, проведенные между побегом с Эспаньолы, он ежедневно упражнялся с кастильским мечом, доставшимся ему от задушенного им врага. Он достаточно хорошо владел им для индейца, но недостаточно хорошо для опытного бойца, которыми были старые кастильцы, прошедшие многие войны в Европе под знаменами короля Фердинанда II.

Еще в начале боя, Тампа вместе с первым же отрядом, причалившим к кораблю Понсе де Леона, попытался взобраться на палубу, но был скинут с борта выставленными сплошным рядом пиками и алебардами. Он взобрался снова в каноэ и снова попытался взобраться на корабль, но был ранен стрелой из арбалета в левую руку. Теперь он отбивался от зацепивших его каноэ абордажных копий кастильцев с силой на которую он был способен.

- Надо укротить этого парня! - показывая на Тампу, сказал Понсе де Леон. - Кто-нибудь подстрелите его!

Два аркебузника тут же направили на него свое оружие и прицелились. Судьба решила вмешаться в жизнь индейца. В этот же момент Тампа поскользнулся внутри каноэ и одна пуля попала в меч, а вторая пуля пробила раненую левую руку, не задев, однако, кость.

Тампа упал с каноэ в воду, не удержав равновесие. Вода отрезвила Тампу и он, чуть проплыв под водой, схватился за кусок каноэ, плававшего недалеко, и пытался грести к берегу,

- Молодцы! – закричал Понсе своим солдатам. – Выловите его!

И на Тампу была наброшена сеть.

Пять каноэ, которые захватили кастильцы, были заполнены ранеными индейцами. Перебив всех, кроме четырех в том числе и оставив в живых Тампу, кастильцы сбросили в воду трупы. Затем, привязав каноэ к судам, они стали считать потери.

The retreating Indians swam very fast, and therefore, other ones, realizing that they had been abandoned, struggled with even greater vigor and anger trying to fend off the Castilians pulling them to the ship.

Tampa was in one of the canoes. He fought as fiercely as he could: he had been practicing daily with the Castilian sword, which he had gotten from an enemy strangled by him, for many months before the escape from Hispaniola. He held it well enough for the Indian, but not good enough for experienced fighters who the old Castilians were, having passed many wars in Europe under the flags of King Ferdinand II.

At the beginning of the fight, Tampa, along with the first squad, which moored to the ship of Ponce de Leon, tried to climb onto the deck, but were dropped from the board by peaks and halberds put in a continuous row. He climbed back into the canoe again and attempted to climb the ship, but he was wounded by an arrow from a crossbow in his left hand. Now he was fending off boarding spears of the Castilians which hooked on his canoe with all his might.

"It is necessary to tame this guy." said Ponce de Leon, pointing at Tampa. "Somebody, shoot him!"

Two harquebusiers immediately pointed their weapons at him and aimed. Fate decided to intervene in the life of this Indian. At this moment, Tampa slipped inside the canoe and one bullet hit the sword, and the second bullet hit his injured left hand, however, not touching the bone.

Tampa fell into the water from the canoe, not keeping his balance. Water sobered Tampa, and he swam under the water a bit, grabbed the piece of canoe floating near, and tried to row towards the shore.

"Well done!" Ponce shouted to his soldiers. "Catch him!"

And a net was thrown over Tampa.

Five canoes that Castilians took were filled with wounded Indians. Having killed everybody except for four of them including Tampa who was kept alive, Castilians threw corpses into the water. Then they tied the canoes to the ships and began to count losses.

Когда бой был окончен, то все кастильцы стали петь Ава Мария. Их голоса, подхваченные на всех трех кораблях, грозно разносились, отражаясь от воды и разлетаясь над землей индейцев Калуса.

Раненых было много. Но почти все были ранены легко. Только один из всей команды был смертельно ранен двумя стрелами еще в самом начале боя в шею и скончался. На каждом судне был лекарь. А на судне Понсе де Леона – Санта-Марии, находившиеся Хуана Руиз и другие женщины, бывшие на борту судна, быстро перевязывали раны. Именно на захват этого корабля больше всего рассчитывали индейцы, поэтому именно за него был самый большой бой.

Вскоре появились акулы, пожирая свою добычу.

Через какое-то время капитаны двух других судов приплыли на Санта-Марию обсудить ситуацию. Понсе де Леон, прежде чем говорить, вывел всех пленных индейцев на палубу. Теперь индейцев Калуса было уже восемь – четыре женщины, захваченные ранее на берегу и четверо легко раненных Калуса, захваченных только что.

Еще один индеец, бывший проводником и старательно изучавший язык кастильцев, был не из племени Калуса, он участвовал сейчас в битве против них, но он знал их язык и сейчас выступал переводчиком.

- Спроси этих людей, зачем они напали на нас?

Переводчик спросил.

Один из индейцев, стоявших посредине палубы, был намного ниже и выглядел совсем по-другому, чем остальные. Он заговорил на плохом испанском:

- Царь племени думает, что ты пришел, чтобы захватить землю Калуса, как вы сделали это на Кубе, Борикене и Эспаньоле!

- А ты кто такой и откуда знаешь испанский язык? – спросил Понсе де Леон.

- Я приехал сюда с Эспаньолы.

- Тогда живи! – усмехнулся Понсе. – Если бы ты приехал из Борикена, то это было бы для тебя хуже!

- Мы освободим тебя, и ты сможешь передать, что мы хотим только обмена!

When the battle was over, all the Castilians began to sing Ave Maria. Their voices, caught up on all three ships, echoed threateningly, bouncing off the water and flying away over the land of Calusa Indians.

There were many wounded. But almost all of them were injured lightly. Only one person of the team was fatally shot in his neck with two arrows at the very beginning and died. There was a healer on every ship. And Juana Ruiz and other women that were on board the ship of Ponce de Leon - Santa Maria quickly bandaged the wounds. The capture of this ship was something that the Indians had expected the most, that's why the fight for it was the biggest.

Soon the sharks appeared and devoured their prey.

Some time passed, and the captains of the other two ships sailed to Santa Maria to discuss the situation. Ponce de Leon brought all the captured Indians on the deck before speaking. Now there were six Calusa Indians left - two women captured previously on the shore and four lightly wounded Calusa men captured just now.

Another Indian, who was a conductor and diligently studied the language of Castilians, was not of the tribe of Calusa, and he participated in a battle against them. But he knew their language and now acted as an interpreter.

"Ask these people why they attacked us."

The interpreter asked.

One of the Indians who were standing in the middle of the deck was much shorter and looked completely different comparing to the rest. He spoke bad Spanish, "King of the tribe thinks that you came to seize the land of Calusa, as you did it in Cuba, and Hispaniola, and Boriken!"

"And who are you and how do you know Spanish?" asked Ponce de Leon.

"I came here from Hispaniola."

"Then, live!" Ponce grinned. "If you came from Boriken, it would be worse for you!"

"We will free you, and you will be able to tell that we only want to exchange!"

- Но вам нужно золото! - воскликнул воин. – Вы везде ищете только одно!

- Ха-ха-ха, - рассмеялся Понсе. – Ну, не только….

- Нам нравиться торговать с другими народами, - Мы приехали сюда не чтобы сделать вам плохо, а, чтобы наладить взаимовыгодный обмен!

- И что, свое оружие вы будете продавать нам тоже? – спросил, усмехнувшись, индеец.

- Если ты понимаешь юмор, то это радует! – сказал Понсе. – Если вы не будете с нами воевать, то тогда – «да». Я думаю, что надо отпустить тебя, и ты скажешь, что мы приехали с миром. Мы подождем здесь. И сейчас, пожалуй, ты можешь быть свободен. И тебя и твоего товарища мы отпустим с тем, чтобы твой царь видел, что мы, хотя и потеряли своего товарища из-за вас, но, мы прощаем вас и скажите своему царю Карлосу, что мы хотим мира. Все, что мы хотим – это то, чтобы нам не чинили препятствий в торговле и обмене. У нас есть, что дать вам, а вам, наверное, есть то, что он мог бы показать нам. Нам было бы приятно видеть вашего царя Карлоса у нас в гостях на корабле, и мы бы приняли с удовольствием его приглашение побывать у него. Возьми своего товарища! – Понсе указал на раненого Тампу. - И возьмите одно каноэ. И, надеюсь, вы сможете точно передать наш разговор и наши пожелания. Кроме того, возьмите в подарок!..

Понсе огляделся и увидел, что священник протягивает ему крест.

Крест был большим, красивым и с разноцветным драгоценными камнями на нем.

- Вот этот крест и передайте своему Царю в знак нашего расположения. Пусть не будет у него черных мыслей.

С этими словами, Понсе отпустил Тампу и его товарища с Эспаньолы.

Раненый Тампа, и его товарищ спустились в захваченное каноэ и поплыли к берегу.

Оставшиеся в плену у кастильцев двое воинов и четыре аборигенки с тоской и завистью смотрели на отплывающих сородичей. Понсе де Леон и кастильцы тоже смотрели на уплывающих Калуса, но испытывая чувство глубокой надежды на то, что все будет хорошо.

***

"But you need gold!" the warrior exclaimed. "You are always looking for only one thing!"

"Hahaha," Ponce laughed, "well, not only..."

"We like to trade with other nations, we came here not to make you feel bad, but to establish a mutually beneficial exchange!"

"So what, you will sell your weapons to us, too?" the Indian asked, grinning.

"If you understand the humor, it makes me happy!" Ponce said. "If you do not fight against us, yes. I think we should let you go, and you will say that we came with peace. We'll wait here. And now, perhaps, you can be free. We will let both you and your friend go because I want your king to see that even though we lost our friend because of you, we forgive you. And tell your king Carlos that we want peace. All that we want - is no obstacles in trade and exchange. We have something to give you, and you probably have something you can show us. It would be nice to see your king Carlos visiting us on the ship and we would accept his invitation to visit him with pleasure. Take your friend!" Ponce pointed at wounded Tampa. "And take one canoe. And, hopefully, you will be able to accurately convey our conversation and our wishes. Besides that, take a present!.."

Ponce looked around and saw that the priest was giving him a cross.

Cross was big, beautiful and had colorful gems on it.

"Here is a cross and pass it to your King as a sign of our friendliness. I hope he won't have any dark thoughts."

With these words, Ponce let Tampa and his companion from Hispaniola go.

Wounded Tampa and his friend descended in the captured canoe and sailed towards the shore.

Two soldiers and for aborigine women who remained the captives of the Castilians were watching with their tribesmen sailing away with envy. Ponce de Leon and the Castilians also looked at Calusa men sailing away with a sense of deep hope that everything will be alright.

***

Indians are going to negotiate with the Spaniards.
Индейцы собираются на переговоры с Испанцами.

Indians attacked the Spaniards
Нападение индейцев на армаду Понсе де Леона.

Indians attacked the Spaniards
Нападение индейцев на армаду Понсе де Леона.

Battle between Indian and Ponce de Leon
Сражение между индейцами и Понсе де Леоном.

Глава 7

Тампа прибыл к царю Калуса. Царь Карлос сидел вместе со своей женой в окружении воинов и военачальников и шаманов.

Тампа упал на Колени и передал крест, подаренный Понсе царю.

- Говори! – разрешил царь Карлос.
- Мы отважно дрались! – сказал Тампа. – Но боги не были на нашей стороне.
- От ран этих пришельцев умер лучший мой военачальник! – грустно сказал царь. – Он умер по пути. Я очень скорблю. Мы потеряли много хороших воинов. И я не понимаю, почему вы не смогли победить!
- Никто не струсил, и никто не отступил, пока военачальник не приказал отходить.
- Он приказал отойти, когда он был ранен и понял, что он умрет! – сказал шаман.
- Но мы могли биться дальше! – воскликнул Тампа.
- А смысл? – спросил царь Карлос. – Чтобы еще больше было погибших?
- Против пришельцев надо воевать хитростью, - согласился Тампа. - Если наши мечи против их оружия не действуют, если наши стрелы отскакивают от них, даже не причиняя им царапин, если только наши копья не могут заколоть их, то нужно просто действовать своей внезапностью и захватывать их обманом.
- Вот ты и будешь этим заниматься, воин! – сказал царь Карлос. – Ты должен будешь сделать так, чтобы эти люди убрались отсюда – и мне уже без разницы как это будет – умертвишь их всех или найдешь другой способ, но они должны уйти.
- Мы гадали перед боем, и боги были на нашей стороне! - сказал Шаман. - Но потом наши боги дали нам знак, что мы проиграем, так что мы были готовы. Однако мне было видение, что один из воинов вернется после битвы из плена и принесет весть. Ты пришел и, значит, ты и есть избранный богами! Ты должен изгнать этих людей отсюда. Боги на твоей стороне! Ты можешь собрать людей, которых ты хочешь и сделать все, чтобы исполнить Волю Богов. А сейчас, тебя отведут залечить раны, чтобы завтра ты снова мог вступить в бой.

Chapter 7

Tampa came to the king of Calusa. King Carlos was sitting with his wife surrounded by soldiers, military commanders and shamans.

Tampa fell to his knees and handed the cross which Ponce gave to the king.

"Speak!" king Carlos allowed.

"We fought bravely!" Tampa said. "But the gods were not on our side."

"My best war chief died of the wounds given by these incomers!" said the king sadly. "He died on the way back. I really am sorry. We lost a lot of good soldiers. And I do not understand why we couldn't win!"

"Nobody got scared and no one stepped back while military chief ordered not to retreat."

"He ordered to retreat when he got injured and knew that he would die!" the shaman said.

"But we could keep fighting!" exclaimed Tampa.

"What's the point?" king Carlos asked. "To get more people killed?"

"We need to fight against the incomers with cunning." agreed Tampa. "If our swords do not work against their weapons, if our arrows bounce off them even without causing scratches, if our spears cannot slay them, we just need to act suddenly and attack them by deceit."

"You are going to do it, soldier!" king Carlos said. "You'll have to make sure that these people get out of here - and I don't care how- either kill them all or find another way, but they must leave."

"We had divined before the fight and the gods were on our side!" the shaman said. "But then, our gods gave us a sign that we will lose, so we were ready. However, I had a vision that one of the soldiers will return after the battle from captivity and bring news. You come and therefore you are the chosen by the gods! You must expel these people out of here. The gods are on your side! You can gather the people you want and do everything to fulfill the will of the gods. And now, you will be taken to heal your wounds, so that tomorrow you can re-enter the battle."

Собрав остаток сил, Тампа послал несколько оставшихся из своего отряда воинов на берег, чтобы следить за тем, что будут делать испанцы. Он приказал им сказать кастильцам, что, когда солнце достигнет своего пика и теней не будет, царь Карлос приедет к ним для встречи и торговли на испанский корабль.

**

Шло **5 июня 1513 года.**

Антон де Аламинос, вместе с капитанами решил, как следует изучить бухту, в которой они находились (Карлос Бэй) и послал маленькую шлюпку, которая должна была замерить бухту. В шлюпке поехали все матросы и солдаты, которые были одеты в броню и шлемы. Отпустив двух пленников и учитывая, сколько было потеряно воинов индейцами Калуса, все капитаны и Понсе де Леон понимали, что может быть любое продолжение и беспечность может стоить жизни.

Надо было взять немного воды для пробы – все-таки главной целью был поиск Чудесного Источника! И об этом помнили все. Поэтому несколько кастильцев после замеров, высадились на берег и осторожно передвигаясь стали искать какой-нибудь пресный источник или ручей.

Следящие за ними индейцы из числа воинов Тампы **(которые были перебежчиками с других островов – Кубы и Эспаньолы – прим. К.А.)** вышли навстречу к испанцам из мангровых зарослей побережья.

Испанцы тут же ощетинились копьями и взяли на изготовку аркебузы и арбалеты.

- Мы к вам с хорошей новостью, - выйдя вперед, сказал один из индейцев на плохом испанском. – Наш царь прислал вам весть о том, что он прибудет завтра в час, когда солнце будет на самом верху и хочет встретиться с вами, чтобы совершить обмен товарами. Передайте это вашему Главному Человеку и ждите нас без оружия.

- Хорошо, - сказал идальго, бывший главным в отряде. – Но завтра вы должны тоже приехать без оружия, а сейчас нам было бы надо набрать воды.

- Мы проводим вас к источнику, где вы можете набрать воды, – согласились индейцы.

After collecting the rest of the forces Tampa sent few remaining warriors of his squad on the shore to watch the Spaniards' actions. He ordered them to tell the Castilians that when the sun reaches its peak and will be no shadows king Carlos will come to them for meeting and trade on the Spanish ship.

***

It was **June 5, 1513**.

Anton de Alaminos along with the captains decided how they should explore the bay, where they were (Carlos Bay), and sent a small boat, which was to measure the bay. All the sailors and soldiers who were wearing armor and helmets were in the boat. After freeing two prisoners and counting how many Calusa warriors were killed all the captains and Ponce de Leon realized that there could be any continuation and carelessness that can cost lives.

It was necessary to take a little water sample – finding the Magic Fountain still was the main goal! And everybody remembered this. That's why after measurements several Castilians went ashore and began to look for some kind of a fresh water spring or a stream, moving cautiously.

The Indian soldiers of the Tampa's squad **(they were mostly renegades from other islands – Cuba and Hispaniola – note K.A.)** who were watching them came out of the coastal mangroves to meet the Spaniards.

The Spaniards immediately bristled with spears and prepared their harquebusiers and crossbows.

"We have good news too." said one of the Indians in bad Spanish, coming forward. "Our King has sent you a message that he will arrive tomorrow at the hour when the sun is at the top and wants to meet you to make the exchange of goods. Pass it on to your main man and wait for us unarmed."

"Well," said hidalgo, a former chief of the unit. "But you have to come without weapons tomorrow too and now we have to get water."

"We'll take you to the source where you can get water." the Indians agreed.

- Мы бы хотели, чтобы Вы наполнили нам бочку и принесли в знак ваших добрых намерений! - сказал идальго, боясь продолжать движение вглубь берега.

Индейцы кивнули, взяли у испанцев бочку и ушли. Их не было долго, но, наконец, они принесли бочку с водой и испанцы, приняв ее, тут же отчалили к кораблям.

***

Наступило **6 июня 1513 года**.

Солнце приближалось к зениту. На кораблях ждали приближения индейцев. На корабле Понсе женщины одели красивые платья. Две чернокожие свободные женщины, белая рабыня Хуаны Руиз и две индианки помогали друг другу прихорашиваться и одевать саму Хуану Руиз. Смотря на их приготовления все матросы, боцманы и солдаты посмеивались, но их шеи сами поворачивали их головы в сторону женщин. Поэтому поводу они подтрунивали друг над другом. Испанцы, готовясь к обмену и торговле, тем не менее, точили свои мечи и приводили в порядок свои доспехи. Никто не знал того, что может произойти далее. Все надеялись на то, что аборигены приедут в гости и будет заключен с ними мир, а их вождей, как всегда, одарят подарками из дешевых стеклянных бус, заколками, цепочкам и прочими мелочами…

Лодка с 11 членами экипажа – матросами и баталерами была спущена на воду. Понсе де Леон лично следил за каждым из тех, кто должен был встретить индейцев у корабля. Он разрешил идти на встречу только тем, у кого была своя броня и хорошие доспехи. Кроме того, всем дали щиты. Лодка не должна была выходить из зоны, где ее не смог бы защитить корабль. Начищенные доспехи были очень красивы и отражали от себя полуденное солнце. Это было приятное зрелище.

Когда солнце вошло в верхнюю точку, то от берега отошло несколько каноэ.

Матрос на мачте пересчитал и сказал, что к лодке приближаются приблизительно человек 80.

- Ну и чудно! – сказал Понсе, услышав эту весть.

- Индейцы не держат в руках никакого оружия! – закричал тот же матрос на мачте.

"We would like you to fill the barrel and bring it as a sign of your good intentions." hidalgo said, afraid to continue to move farther in the island.

The Indians nodded, took the barrel and left the Spaniards. It took them quite long, but finally they brought the barrel of water, and the Spaniards, having taken it, immediately sailed back to the ships.

***

There was **June 6, 1513**.

The sun was approaching its zenith. People on the ships were waiting for the Indians to come. Women on Ponce's ship wore beautiful dresses. Two free black women, a white slave of Juana Ruiz and two Indian women helped each other to primp and dress Juana Ruiz. Looking at their preparations, all the sailors, boatswains and the soldiers laughed, but their necks involuntary turned their heads towards the women. They made fun of each other because of this. The Spaniards, getting ready to exchange and trade, sharpened their swords and put in order their armor. No one knew what might happen next. Everybody hoped that the aborigines will come to visit and peace will be made with them, and their leaders, as always, will be given gifts of cheap glass beads, pins, chains and other little things...

A boat with 11 crew members - sailors and soldiers was launched. Ponce de Leon personally watched every one of those who had to meet the Indians at the ship. He allowed only those who had their own armor and good harness to go to the meeting. In addition, everybody was given shields. The boat mustn't have left the zone where the ship could protect them. Polished armor was very beautiful and reflected midday sun. It was a pleasant sight.

When the sun came in the top point, several canoes moved away from the shore.

Sailor on the mast counted and said that there were about 80 people approaching the ship.

"So wonderful!" Ponce said hearing the news.

"The Indians are not holding any weapons in their hands!" shouted the same man on the mast.

- О-о-о, - обрадовался Понсе. – Значит, обмен состоится!
- Как это замечательно! – обрадовалась Хуана Руиз. – Мы увидим вождя этих индейцев?
- Наверное, да… - сомневающимся тоном сказал Понсе.
- Видишь ли ты среди них царя или касика? – спросил он боцмана.

Боцман крикнул тот же вопрос матросу на мачте.
- Не знаю! – крикнул матрос. – Они все в шкурах. Барабанов у них нет. Музыка не играет.
- А есть ли там кучи каких-нибудь товаров для обмена? – спросил Понсе боцмана и тот повторил вопрос тому, кто был на мачте.

Каноэ приближались стремительно.
- Каноэ пусты! - закричал матрос на мачте.
- Вот тебе и раз! – воскликнул Понсе. – Что-то странно.

В этот момент каноэ стали огибать лодку со всех сторон, беря ее в кольцо.
- Бейте в колокол! – сказал Кэхо. – Похоже, что они окружают наших людей!
- Ну, может, они хотят просто поговорить! – выдохнул Понсе.
- Не похоже, чтобы они так мило нам простили вчерашнее поражение! - сказал Аламинос. – Это же видно, что они окружают наших со всех сторон, чтобы мы не смогли в них стрелять.
- Бейте в колокол! – сказал со вздохом Понсе. – Женщины, давайте убирайтесь с палубы! Похоже, что ничего хорошего не будет.

И тут сверху матрос закричал:
- Они достают свое оружие! Это обман!

В это время в лодке одиннадцать кастильцев почувствовали на себе град стрел, выпущенных в них индейцами.

Но все стрелы побарабанили по доспехам и отскочили.

Помня, весь предыдущий опыт, кастильцы защищали шеи, которые были единственным уязвимым местом.

Индейцы, под предводительством Тампы, попытались быстро подойти вплотную к лодке. Однако не успели – с корабля послышались выстрелы из пушек и аркебуз.

"Ooh," Ponce was glad. "so, the exchange will take place!"

"How wonderful it is!" Juana Ruiz was delighted. "Will we see the leader of the Indians?"

"Probably, yes..." Ponce was doubted.

"Do you see the king or a cacique among them?" he asked the boatswain.

The boatswain shouted the same question to the sailor on the mast.

"I don't know!" the sailor shouted. "They're all wearing animal skins. There are no drums. There is no music playing."

"And are the piles of some kind of goods for exchange?" Ponce said to the boatswain and repeated the question to the person who was on the mast.

Canoes were approaching quickly.

"Canoes are empty!" shouted the sailor on the mast.

"What a surprise!" Ponce said. "That's weird."

At this point, the canoes began to go around the boat from all sides, taking it into the ring.

"Ring the bell!" Quejo said. "It seems like they are surrounding our people!"

"Well, maybe they just want to talk!" Ponce sighed.

"It doesn't look like they've just forgiven us for the yesterday's defeat!" Alaminos said. "It's obvious that they are surrounding our people from all sides so that we can't shoot them."

"Ring the bell!" Ponce said with a sigh. "Women, get out of the deck! It seems that nothing good will happen."

And then the sailor on the mast cried, "They are taking out their weapons! This is a lie!"

At this time, eleven Castilians in the boat felt the hail of arrows fired at them by the Indians.

But all the arrows drummed on the armor and rebounded.

Keeping in mind all previous experience, Castilians protected the neck, which was the only weak spot.

The Indians led by Tampa quickly tried to come close to the boat. However, they did not have time – volleys from guns and hackbuts were heard from the ship.

Индейцы стали стрелять из луков и им пришлось отойти на безопасное расстояние от лодки, чтобы их не потопили выстрелы с корабля.

Копья, выпущенные из специальных приспособлений – атлатлов*, достигали лодки, но ни разу не попали в кого-то из испанцев. Стрелы их не брали, а обыкновенные копья отскакивали.

Испанцы же стали стрелять по индейцам из арбалетов. Но теперь уже индейцы приехали со щитами, сделанными из панцирей черепах, от которых арбалетные стрелы и пули испанцев также отскакивали.

Начавшаяся перестрелка затянулась. Никто не мог ничего сделать друг другу. Лодка подплыла и стала под защиту корабля прежде, чем ее смогли окружить индейцы. А индейцы не решались подъехать ближе, зная, что их каноэ может быть разнесено вдребезги выстрелом из пушек корабля.

Перестрелка длилась очень долго.

Понсе де Леон вспомнил как он лишил индейцев племени Таино их вождя Агуэбана во время войны на Сан-Хуан-Батисте и понял, что здесь же нужно сделать так же.

Он подозвал одного из аркебузников.

- Видишь цель – вон тот воин, который руководит всем этим! Он никак не успокоится. Зря мы его отпустили… – сказал Понсе, показывая на индейца Тампу. – Попадешь с первого раза дам десять монет, со второго – пять…

- Спасибо, аделантадо! – ответил баталер.

Он прицелился. Подождал. Выстрелил.

Индеец Тампа в это время закричал:

- Давайте, покажем этим «бородачам» на что способны индейцы Калуса! Мы должны подойти поближе! Гребите к шлюпке!

И как раз в этот момент пуля пробила его плечо, и он свалился за борт.

- Молодец! – похвалил баталера, Понсе де Леона. – А что раньше так не стрелял?

- Так это… стимула не было! – заулыбался аркебузник.

The Indians began to shoot arrows, and they had to retreat to a safe distance from the boat not to be sunk by the shots from the ship.

Spears were released from the special devices – atlatls*, reached the boat, but never shot any of the Spaniards. Arrows did not get them, and ordinary spears bounced.

The Spaniards also began to shoot at the Indians from their crossbows. But the Indians came with shields made of turtle's shell now. Arrows and bullets of the Spaniards rebounded from them as well.

The firefight dragged on. No one could do anything to each other. The boat sailed closer and was under the protection of the ship before the Indians could encircle it. But the Indians did not dare to approach closer, knowing that their canoes could be smashed into pieces by a shot from the ship's guns.

Ponce de Leon remembered that he had deprived the Taino Indians of their chief Aguebana during the battle in the San Juan Bautista and realized that they need to do the same thing here.

He called one of harquebusiers.

"You see the aim - get the warrior who is in charge of this all! He just can't keep calm. We shouldn't have let him go…" Ponce said, pointing at the Indian Tampa. "If you will get him the first time I will give you ten coins, the second - five…"

"Thank you, Adelantado!" the soldier replied.

He aimed. Waited. Shot.

At this time Tampa was shouting, "Let's show these "bearded men" what Calusa Indians are capable of! We need to get closer! Row towards the boat!"

And just at that moment a bullet pierced his shoulder, and he fell overboard.

"Well done!" Ponce de Leon praised the soldier. "What didn't you shoot like this before?"

"Well… There was no stimulus!" the harquebusier smiled.

- Тогда попробуй-ка вот того! И еще заработаешь пять монет! – иронично сказал Понсе и показал на воина с огромным луком, который достаточно метко стрелял в тех, кто находился в лодке.

Аркебузник улыбнулся, перезарядился и выстрелил … но не попал.

- Да… выстрел мимо – деньги – на ветер! – засмеялся Понсе.

- Он видно стреляет только за десять монет… - улыбнулся капитан Кэхо. – А по-другому не умеет!

Расстроенный аркебузник ушел прочь. Но его выстрел, сразивший Тампу, был достаточным, чтобы индейцы, лишившись своего предводителя, решили отступить. Тем более, что бесполезная перестрелка стала еще более бесполезной, так как у большинства индейцев стали заканчиваться стрелы, а подъехать к кораблю они боялись.

Тампу выловили из воды, и его тоже надо было спасать. Поэтому каноэ, где находился Тампа, повернуло к берегу. Все остальные тоже двинулись за ним.

В этой странной перестрелке никто особо не пострадал ни с той, ни, с другой стороны. Раненые были. Но не смертельно. Щиты помогли индейцам, а броня спасла кастильцев. И бой, и солнце пошли к закату, оставляя надежды на мирный обмен и прием аборигенами испанцев в этой благодатной земле.

- Ну, вот и все: ничья! – объявил Понсе. – Ни мы не смогли высадиться, ни они обмануть нас. Ни теперь торговли, ни войны.

- Выставить двойную охрану на ночь! Пусть все дежурят как следует. От этих индейцев можно всего ожидать! - приказал капитан Кэхо.

Он посмотрел еще раз на красивый берег, где в лучах заходящего солнца уходила надежда на основание поселения в этом прекрасном краю. Понсе вздохнул и пошел к себе.

В это время Тампа лежал на берегу. Вокруг него хлопотала его жена-испанка Изабелл, принявшая веру и жизнь индейцев.

"Then try that one! And earn five coins!" said Ponce ironically and pointed at the warrior with a huge bow. He was shooting quite straight at those who were in the boat. Harquebusiers smiled, reloaded and fired... but he missed.

"Yeah... The shot was a miss - money - down the drain!" Ponce laughed.

"He only shoots for ten coins..." captain Quejo smiled. "And he can't do it the other way!"

Upset harquebusiers walked away. But his shot, which wounded Tampa, was sufficient enough for Indians, deprived of their leader, to decide to retreat. Especially because a useless skirmish became even more useless, since most Indians were running out of arrows, and they were too scared to sail up to the ship.

Tampa was pulled out of the water, and he had to be saved, too. Therefore, a canoe with Tampa sailed towards the shore. Others followed it.

No one really got hurt in this strange shootout either on one side or the other. There were wounded. But it is not deadly. Shields have helped the Indians, and armor saved the Castilians. Both the battle and the sun set, leaving hope for a peaceful exchange and for the aborigines to embrace the Spaniards in this fertile land.

"Well, that's it: a draw!" Ponce announced. "No, neither we were able to land nor they could deceive us. Neither trade nor war."

"Align double protection for the night! Everyone must keep watch properly. You can expect anything from these Indians!" captain Quejo ordered.

He looked at the beautiful beach again, where the setting sun left hope for a settlement base in this beautiful land. Ponce sighed and went to his cabin.

At this time, Tampa was lying on the shore. His wife Isabella, who accepted the faith and life of the Indians, was fussing trying to help him.

С помощью обезболивающих трав она обрабатывала ему рану и лечила своего мужа всем, чем и как могла. А на испанском корабле две индианки, принявшие христианскую веру, не жалея сил обрабатывали раны кастильцев всеми доступными им средствами и старались сделать им так, чтобы они поправились.

*

Каждый выбирает по себе – с кем быть, в какую религию верить и дорогу, по которой он пойдет в жизни...
Может быть... это и есть наша СВОБОДА ВЫБОРА?

***

King of Calusa tribe - Carlos, and his wife.
Король индейцев Калуса - Карлос и его жена

With the help of anesthetics herbals she was cleaning up his wound and treating her husband with everything she could get and in every way possible. And on the ship, two Indian women, who had accepted the Christian faith, unsparingly treated wounds of the Castilians with all available means and tried to make it so that they have recovered.

*

Everyone chooses for themselves - with whom to be, in what religion to believe, and which road to follow in life...
Maybe... it is our FREEDOM OF CHOICE?

***

Типичная лодка Испанцев. The boat of Spaniards.

Столица индейцев Калуса. Царь Карлос и его жена.
The capital of Calusa tribe and king Carlos and his wife.
Modern pictures from museums.

Глава 8

На берегу теперь постоянно стояло войско Калуса. И днем и ночью. Они следили за кораблями и не давали возможности никому высадиться.

Они не шли на контакт с испанцами.

Сначала Понсе хотел было отправить к ним в качестве посыльного кого-то из числа тех индейцев, которые были им захвачены ранее. На борту было четыре индианки и два воина. Однако он решил не торопить события. Он решил ждать.

Однако шли дни, но ничего не происходило.

Пленные индейцы и женщины и мужчины молчали. И было непонятно что делать дальше.

Наконец, капитану Кэхо все это надоело, и он стал просить Понсе отдать ему индейцев для того, чтобы узнать у них побольше об Источнике Молодости.

- Надо их пытать. Так пытать, как мы пытали мусульман в Гранаде. Если бы мы были такими добрыми для врагов, то никто нас не боялся бы, и мы никогда не победили бы в сражениях ни в Италии, ни во Франции, ни в других странах. А здесь мы почему-то держим этих огромных исполинов и думаем, что они сами захотят нам сказать о своих секретах. Чушь! Мы должны им устроить такие же пытки, как и врагам! Под пытками они сознаются и скажут все, что они знают или умрут. В любом случае они наши враги! И если им представиться шанс, то они убьют нас и даже не поперхнуться. Мы же никогда не даем пощады никому, а поэтому нас и боятся! Так почему же мы должны щадить тех, кто при первой возможности с удовольствием вонзит нам нож в спину?

- Кэхо, друг мой! Мы держим этих индейцев Калуса только с одной целью – вступить в контакт с местным царем Карлосом. И мы должны узнать у него о нахождении Источника Молодости, о том, есть ли у них золото, получить у них согласие на наше поселение здесь и…

- Да ты уже отпустил предыдущих двоих пленников. И что? Они оба приплыли опять с оружием и с целью убить нас! Если ты отпустишь оставшихся, то они тоже придут убить нас, уже зная про наше оружие, жизнь на корабле, о том, чего им не надо знать.

- То есть в любом случае, то, что они знают, им лучше не знать?

Chapter 8

An army of Calusa Indians was always on the shore now. Daily and nightly, they were watching the ships and did not allow anyone to land.

They made no contact with the Spaniards.

At first, Ponce wanted to send a messenger to them, someone from those Indians who had been captured by them earlier. There were four Indian women and two soldiers on board. However, he decided not to rush. He decided to wait.

But the days passed, and nothing happened.

Captured Indians, both women and men were silent. And it was not clear what to do next.

Finally, captain Quejo got tired and he begged Ponce to give him the Indians in order to find out more about the Fountain of Youth from them.

"It is necessary to torture them. Like we tortured Muslims in Granada. If we had been so kind to the enemy, no one would have been afraid of us, we would never win battles in Italy or in France or in other countries. And here we are for some reason just keeping these huge giants and think that they will tell us their secrets. Nonsense! We need to torture them just like our enemies! They will confess under torture and tell us everything or will die. In any case, they are our enemies! And if they have a chance, they will kill us without a second thought. We never give mercy to anyone, and that's why everybody is afraid of us! So why should we spare those who will gladly stab us in the backs at the earliest opportunity?"

"Quejo, my friend! We keep these Indians for one purpose only - to contact local king Carlos. And we have to find out everything about the location of the Fountain of Youth from him, and if they have gold, get their consent to our settlement here and..."

"You have already let two other captives go. So what? They both sailed here again with weapons trying to kill us! If you free the rest, they will come back to kill us too, knowing about our weapons, life on the ship, and other things that they do not need to know."

"So are they anyway better not knowing the things they already know?"

— Это лучше для всех, если их не отпустят! — подытожил разговор Кэхо.

— Тогда, действуй! — согласился Понсе. — Можешь их взять и поехав на один из островов, там и оставить навсегда. Если мы сделаем это на корабле, то нас не поймут ни священник, ни женщины.

— Тогда я могу сделать это сейчас! — воскликнул Кэхо. — Зачем стоять здесь и ждать еще один очередной день? Мы лучше наберем еще воды и привезем сюда на пробу. А этих индейцев допросим и оставим на острове.

— Давай! — сказал Понсе. — Действуй. И привези мне сведения о том, где у них находится источник. Раз не получается с ними по-хорошему, то должно получиться по-плохому.

Подплыв к острову, названному Матанза **(современный Пайн Айлэнд - прим. автора К.А.)** лодки со всех трех кораблей пустились к берегу для забора воды. В лодке же ехал и палач, который бежал из Испании в Новые Индии и был взят в экспедицию. Этот был человек, который в ту эпоху борьбы за веру сжигал еретиков во Франции, уничтожал ведьм в Испании, пытал врагов Фердинанда, попавших в плен в Италии. Теперь этому же палачу было нужно узнать сведения об Источнике Молодости от индейских пленников. В живых их оставлять не было смысла, и он об этом тоже знал. Прошедший школу пыток, которые доминиканские монахи воплотили в труде «Молот Ведьм»[29], это был мастер своего дела. Он знал все: пытки огнем, водой, подвешиванием, вытягиванием на дыбе, раскаленными клещами, кнутом и прочее.

Едва лодка причалила к острову, идальго во главе нескольких солдат, отвели пленников в мангровые заросли и развели костер.

Связанных индейцев разделили на две части. В одну сторону посадили женщин, а по другую сторону от костра — мужчин. Палач сразу приступил к делу — разжег костер и положил на него меч и топор. Палач подошел к ней и завязал рот веревкой. Тоже он сделал с другими женщинами и мужчинами затем он схватил индианку и за волосы поволок к огню. Затем, нагрев клинок на костре, испанец прикоснулся к нежной коже девушки.

— Знаешь где Бимини? — спросил изувер у женщины.

Индианка молчала.

"It's better for everyone if we don't free them!" Quejo summed up the conversation.

"Then act!" Ponce agreed. "You can take them and sail to one of the islands and leave them there forever. If we do this on the ship, neither the priest nor women will understand us."

"Then I can do it now!" exclaimed Quejo. "Why stand here and wait for another day? We should take more water and bring it here to try. And these Indians will be questioned and left on the island."

"Alright!" Ponce said. "Do it. And bring me information about where the fountain is. If we can't talk to them the nice way, the hard way must work."

The boats from all three ships sailed to the island called Matanza (**modern Pine Island –note K.A.)** for water intake. There was also an executioner in one of the boats. He had fled from Spain to New India and was taken in the expedition. This was a man who burned heretics in France, killed witches in Spain, tortured enemies of Ferdinand who were captured in Italy in that era of the battle for the faith. Now this executioner was necessary to find out the information about the Fountain of Youth from the Indian captives. There was no point in keeping them alive, and he knew it. After the school of torture, which Dominican monks embodied in the book "Hammer of Witches", he was a master of his craft. He knew everything: the torture by fire, water, hanging, stretching on the rack, with red-hot pincers, whip and much more.

As soon as the boat approached the island, a few soldiers led by hidalgos took the captives into the mangroves and built a fire.

Tied Indians were divided into two groups. They put women on one side of the fire, and men on the other. The executor got down to business – he put his sword and ax on the fire. He approached one of the women and gagged her with rope. He did the same thing to other men and women. Then he grabbed an Indian by her hair and dragged to the fire. He heated the blade at the stake and touched her delicate skin.

"Do you know where Bimini is?" the bigot asked the woman.
The Indian said nothing.

- Ну? Бимини! Где находится Бимини? – спрашивал он.

Девушка только могла широко открыть глаза от страха, ее пронзительный крик, не выходящий изо рта, казалось выходил из ее глаз – они, казалось, вылезли из орбит от ужаса, страха и боли.

Палач развязал рот у одной из девушек Калуса.

Она готова была рассказать все! Впрочем, как и все остальные.

***

Итак, несколько индейцев, пойманных при стычках, рассказали о Волшебном Озере или об Источнике Молодости, имеющемся у Калуса и о том, что действительно где-то далеко есть остров, который называется островом Бимини. Но оно находится где-то далеко отсюда - в другой стороне. Все добытые палачом сведения были переданы Понсе и капитанам по возвращении испанцев на корабли.

*

Понсе, а также капитаны Бермудес, Кэхо, Ортуба и кормчий Аламинос долго обсуждали, что все это не соответствует другим сведениям и невозможно найти истинное место существования источника. Получалось, что Бимини как название лежало где-то на юге от нынешнего места, а источник может находиться и здесь и там. Надо было что-то решать.

Стоять здесь и ждать, что индейцы будут добрее, было просто глупо. Так как высадку на берег произвести было невозможно из-за индейских воинов, днем и ночью охранявших берег. А вот попутный ветер и сведения, добытые у индейцев, не оставляли сомнений в том, что попытка найти остров Бимини может увенчаться успехом. Поэтому корабли Понсе де Леона взяли курс обратно на юг.

*

15 июня 1513 года три корабля подошли к очередному острову. С виду это был достаточно безжизненный остров, на котором даже не оказалось пресной воды. Решено было заночевать рядом с ним и корабли бросили якоря **(это был современный остров Dry Tortugas – прим. К.А.).**
https://en.Wikipedia.org/wiki/Dry_Tortugas

"Well? Bimini! Where is Bimini?" he kept asking.

She could only open her eyes widely with fear, her scream was not coming out of her mouth, it seemed like it was coming out of her eyes - they seemed to be bulged in horror, fear and pain.

The executor untied the mouth of one of the Calusa women.

She was ready to tell everything about Bimini! Other Indians were ready to tell about it too.

***

So, a few Indians caught in the clashes told about the Magic Lake or the Fountain of Youth, which Calusa had, and that somewhere really far away there is an island, which is called Bimini. But it is somewhere far away - on the other side. All the information gained by the executor was conveyed to Ponce and the captains as soon as the Spaniards came back on the ships.

*

Ponce, captains Bermudez, Quejo and Ortubia as well as Navigator de Alaminos had a long discussion about the fact that all of this didn't match with other information and it was impossible to find the true location of the fountain. It turned out that Bimini as a name was somewhere to the south of the present location, and the fountain can be both here or there. It was necessary to decide something.

Standing here and waiting for the Indians to become kinder was just stupid. As landing was impossible because of the Indian warriors who were guarding the shore already. While tailwind and information obtained from the Indians left no doubt in the fact that trying to find Bimini can be successful. That's why the ships of Ponce de Leon headed back south.

*

On June 15, 1513, three ships approached another island. At first sight, it seemed like quite a lifeless island, which didn't even have fresh water sources. It was decided to spend the night next to it and the ships dropped their anchors **(It was modern Dry Tortugas island – note K.A.).**

Шла ночь. И тут вся команда – матросы, солдаты, поселенцы и женщины – все, кто находился на корабле, почувствовали что-то сверхъестественное. Это было какое-то движение.

Все вокруг пришло в движение. Как будто кто-то оживил воды. Священник выбежал и стал неистово молиться – кругом – вокруг кораблей в воде в свете луны в глубине воды, все пришло в движение.

- Господи, защити нас! – взмолился священник.

В свете луны весь остров зашевелился как живой.

- Это души умерших вокруг нас, молитесь! – воздел руки к небу священник

- Что происходит? – кричала Хуана Руиз, с ужасом в глазах смотря на оживший внезапно остров.

- К оружию! – возопил один из баталеров.

На судне стали звонить в колокол, чтобы сообщить об опасности другим кораблям.

Все вооружились.

- Эй! – вдруг засмеялся капитан Кэхо. - Это же огромное количество черепах и каких-то морских зверей!.. Это же морские львы (**Lobos Marinos**)!

Все стали всматриваться в темноту. Сигнальный колокол сигнализировал о происшествии другим двум кораблям.

- Берите лодки и высаживайтесь на остров! – приказал Кэхо. - Давайте набьем этих черепах столько, сколько сумеем! Тогда у нас всегда будет хорошее мясо! И забейте этих морских львов столько, сколько сможете!

Матросы бросились спускать шлюпку, а часть экипажа стала кидать сети, пытаясь выловить морских львов из воды.

Аламинос вместе с матросами и баталерами причалил на остров и был поражен как много черепах было вокруг. Огромные и маленькие эти существа ползли в сторону моря.

Один из солдат первый схватил большую черепаху за панцирь. Черепаха от страха стала писать. Эта струя была так огромна, что залила солдата. А он остолбенел и не мог ничего сделать – ни бросить черепаху, ни развернуть ее... и поэтому все вокруг дико смеялись в течении всего времени, пока несчастный получал свою порцию нечистот от огромной черепахи.

It was the middle of the night. And all of a sudden, the whole crew – sailors, soldiers, settlers and women – everyone on the ship felt something supernatural. It was some kind of a movement.

"God, protect us!" the priest began to pray.

The whole island began to move like a living creature in the moonlight.

"These are the souls of the dead around us, pray!" the priest raised his hands to the sky.

"What's happening?" Juana Ruiz shouted looking with horror in her eyes at the island which suddenly came to life.

"To arms!" yelled one of the soldiers on the ship.

They began to ring the bell on the ship to inform the other ships about the danger.

Everybody took up arms.

"Hey!" captain Quejo laughed all of a sudden. "It's a huge number of turtles and some sort of marine animals!.. These are sea lions **(Lobos Marinos – note K.A.)**!

Everybody began to stare at the darkness. The alarm bell signalized about the accident to two other ships.

"Take the boats and land on the island!" Quejo ordered. "Let's get as many of those turtles as possible! We'll always have good meat then! And get as many of those sea lions as you can, too!"

The sailors rushed to descend the boats, and part of the crew began to throw nets trying to catch the sea lions from the water.

One of the soldiers was the first to grab a big turtle by its shell. The turtle got so scared that it began to pee. This flow was so huge that it doused the soldier. He was petrified and couldn't do anything – neither drop the turtle nor turn it… and that's why everybody around was laughing hysterically during the time when this unlucky soldier was receiving his portion of sewage from the huge turtle.

Затем все бросились хватать черепах. Пока одни переворачивали их на земле, чтобы они не убежали, другие – тащили их в лодки.

Лежащие на берегу морские львы **(lobos marinos),** при приближении людей стали издавать хриплый рев. Этот звук в ночи был похож на рев аборигенов, нападающих на врагов. Это подстегнуло испанцев, которые бросились колоть своими пиками и алебардами на морских обитателей острова.

Ластоногие пришли в движение и на острове воцарился хаос. Морские львы орали и пытались добраться до воды, где искали спасения. Однако испанцы зажгли факелы, став в шеренгу стали отбрасывать их от кромки берега вглубь острова, убивая попутно всех ластоногих, которые были рядом с ними. Морские львы подняли гвалт и стали кричать еще громче как люди, просящие пощады. Крик животных, умирающих под копьями людей разрывал ночную тишину и был слышен на всех трех кораблях армады Понсе де Леона. Казалось огромная битва идет на острове.

Тут же туши черепах и морских львов перебрасывались на шлюпки и доставлялись на корабли. Это длилось несколько часов.

На острове гнездились различные птицы, которых испанцы ловили сетками, в которых за один раз сразу оказывалось до десятка пернатых. Их глушили древками копий и тащили на шлюпки, которые курсировали от берега к кораблям, где поднимали на борт добычу.

Это побоище между людьми и животными длилось долго. Очень долго. Это длилось до тех пор, пока люди не устали резать, убивать и колоть. И пока не вышло солнце, осветив лучами кровавый остров и его багровую от крови воду, в которой купались от удовольствия акулы, дожевывая раненых морских львов и выпавших из лодок птиц, и черепах.

***

Then everybody rushed to grab the turtles. While ones were turning them over on the ground so that they were not able to run away, others were dragging them into the boats.

Sea lions lying on the shore began to utter throaty roars because of people approaching. It sounded like the cries of aborigines attacking their enemies in the night. It pepped the Spaniards up. They began to prickle the marine inhabitants of the island with their peaks and halberds.

The pinnipeds began to move and the island turned to chaos. The sea lions were bawling and trying to reach the water looking for salvation. But the Spaniards lighted their torches, stood in a line and began to throw them inland from the shore, at the same time killing all the pinnipeds around them. The sea lions became very loud and began to scream even louder, just like people begging for help. The crying of animals, dying from the spears of people, broke the silence of the night and was heard on all three ships of the armada of Ponce de Leon. It seemed like a huge fight was happening on the island.

Immediately, the bodies of turtles and sea lions were thrown on the boats and transferred to the ships. It lasted for several hours.

Different birds were nested on the island. The Spaniards caught them with nets, about a dozen of birds at once got there. They were jammed with the shafts of the spears and dragged to the boats, which were plying from the shore to the ships, where the prey was lifted up on the board.

This battle between people and animals lasted for a long time. Very long. It lasted until people got tired of cutting, killing and pricking. And until the sun came out, and its rays lit the bloody island and the water of it, which was red with blood. The sharks bathed with pleasure chewing the wounded sea lions and birds and turtles which had fallen from the boats.

***

Turtles that were killed.
Убитые черепахи.

Sea lions that were killed.
Убитые морские львы.

Pelicans that were killed.
Убитые пеликаны.

Испанцы на острове. Spaniards on the Island.

Глава 9

Много животных и птиц было убито в ту ночь испанцами.

Люди убивали и убивали, и никак не могли остановиться, потому то они не хотели остаться голодными вновь. В последнее время они не могли сойти на берег из-за индейских воинов, которые днями и ночами следили за тремя кораблями и не позволяли испанцам высадиться и пополнить запасы воды и пищи.

Как записал друг Понсе де Леона и капитан корабля - Хуан Бохо де Кэхо: «За одну ночь было выловлено 170 морских черепах и взято 14 морских львов, а еще было набито множество пеликанов и 5000 других птиц!»

После нескольких голодных дней и достаточно долгого отсутствия мяса, уже никто не хотел того момента, когда чувство голода и чувство страха борются между собой.

Перец и соль, которых на борт набрали достаточно, помогли уберечь тела убитых животных и птиц от гниения.

Каждый думал, что сам Господь помогает им и то, что они делают – правильно.

После увиденного никто не сомневался, что РАЙ должен быть таким местом, в котором они оказались.

Это был остров Тортуга (**нынешний остров Dry Tortuga – прим К.А.**).

Эта остановка у острова наполнила счастьем и надеждой душу каждого члена экипажа.

На сытый желудок снова пришли хорошие мысли и наступило спокойствие среди моряков, баталеров и женщин.

После того как люди перестали думать о пропитании, они начали думать о других вещах. И уже другие мысли потекли у них в голове.

***

Красивые и статные тела матросов и баталеров, состоящие из накаченных мышц, сильных рук и ног, привлекали женщин на корабле. Яркие рассказы о красоте Испанской земли как сказки для малышей завораживали воображение аборигенок, черных женщин и индейца, взятого в качестве переводчика с новой земли Паскуа Флорида.

Chapter 9

A great number of birds and animals were killed that night by the Spaniards.

People killed and killed and couldn't stop, as they didn't want to be hungry again. Lately they weren't able to land because of the Indian soldiers who had been watching the three ships continually and didn't let the Spaniards land and replenish water and food supplies.

That's what friend of Ponce de Leon – Juan Bojo de Quejo wrote, "170 sea turtles and 14 sea lions were caught overnight. In addition, a lot of pelicans and 5000 other birds were killed!"

After several hungry days and quite a long period without meat, nobody wanted the moment when the feeling of hunger and the feeling of fear would fight each other.

Pepper, which they had taken a lot with them, helped to protect the bodies of killed animals and birds from rotting.

Everybody thought that God himself was helping them and that they were doing the right thing.

After what they had seen, nobody doubted that HEAVEN must be the place where they turned out to be.

It was the Tortuga island **(modern Dry Tortuga island – note K.A.)**.

This stop near the island filled the souls of each crew member with happiness and hope.

Good thoughts came back on a full stomach, and sailors, soldiers and women became calm.

After the moment when people had stopped thinking about subsistence, they began to think about other things. And different thoughts flowed in their minds.

***

Handsome and stately bodies of sailors and soldiers, which consisted of muscles, strong arms and legs attracted the women on the ship. Colorful stories about the beauty of the Spanish land fascinated the imagination of the aborigines, black women and the Indian man, who had been taken from the new land Pascua Florida as an interpreter, like fairytales fascinate kids.

Им до смерти хотелось попасть туда и, хотя бы краешком глаза взглянуть на чудесную и сказочную страну Испанию, где синьорины и сеньоры ходят в блистательных костюмах. Где есть огромные каменные дома и церкви с тысячами прихожан, где жизнь не похожа на ту, которая сейчас у них – опасная и трудная, жестокая и безрадостная.

Эти мысли, подогреваемые рассказами доминиканского священника, рассказами матросов и солдат не давали покоя и будили желания у аборигенов и черных женщин увидеть это все своими глазами. Нет, они не скучали по своим племенам и родным – они знали, что они отвержены и вряд ли кто-то будет рад их возвращению. Они уже были не нужны в своем Мире, где прошли их детство и юность! Там все было однообразно и просто, предсказуемо и день мало отличался от другого дня. Они хотели, чтобы их дети прикоснулись к тайнам образования, умели читать и писать, стали их гордостью и утешением в старости.

Две же другие женщины – Хуана Руиз и ее рабыня уже видели все это. Но истории их жизни были бы достойны отдельных книг. Их исповедь, которую доминиканский священник слушал всякий раз всегда волнуясь, была чередой божественного проведения.

Рабыня Хуаны была из Восточной Европы и звалась Светлана. Ее имя было непонятно, труднопроизносимо и состояло из двух частей – Свет, что означало свет, а другая часть - Лана, что означало Широкое поле **(или плодородная – прим. К.А.)**. Судьба ее жизни была наполнена удивительными событиями.

Она родилась в небольшом славянском городе Москва в 1480. В это время на Руси правил царь Иван Васильевич III. В тот год были грандиозные события. Русь, отказавшись платить дань Ордынскому Хану, теперь становилась независимой от огромного государства Великой Орды – государства потомков самого Чингиз-Хана, которое простиралось от дона и волги до степей Северного Кавказа. В том же году произошло «Стояние на реке Угре» двух огромных армий – русской армии царя Ивана III и армии татарского ханства Большой (Великой) Орды под предводительством хана Ахмета.

They really wanted to get there, to glance at the wonderful and fabulous country Spain. Where "la señora y la señorita" wear magnificent suits. Where huge stone houses and churches with thousands of parishioners are, where the life is not like the one that they have now – dangerous and complicated, tough and joyless. With their thoughts pumped up by the stories of the Dominican priest, tales of sailors and soldiers, the black women and the aborigines couldn't stop thinking and dreaming about seeing this all with their own eyes. No, they didn't miss their tribes and family – they knew that they had been rejected and it was unlikely that somebody would be glad if they came back. They weren't needed in their World, where they had spent their childhood and youthfulness. Everything was monotonous and simple there, predictable, and one day didn't differ much from another one. They wanted their children to touch the secrets of education, to be able to read and write, to become the pride and the joy of their old age.

Two other women – Juana Ruiz and her slave had already seen all of that. But the stories of their lives deserved separate books. Their confession, which the Dominican monk was always worried listening to, was a series of divine providence.

The slave of Juana was from the Eastern Europe, her name was Svetlana. Her name was unclear, unpronounceable and consisted of two parts – Svet, which meant light, and the other part – Lana, which meant wide field **(or fertile – note K.A.)**. The destiny of her life was filled with amazing events.

She was born in a small Slavic town Moscow in 1480. At that time, tsar Ivan Vasilyevich III ruled in Russia. Grandiose events took place that year. Russia refused to pay tribute to the Horde Khan and became independent from a huge country of the Great Horde – the country of the descendants of Genghis Khan himself, which spread all the way from Don and Volga to the prairies of North Caucasus. The "Great stand on the Ugra river" of two huge armies – the Russian army of tsar Ivan III and the army of the Tatar Khanate of the Great Horde led by Khan Ahmet took place the same year.

Понимая, что жену надо спасать, отец Светланы, послал ее к дальним родственникам в Киев, который принадлежал тогда Великому Княжеству Литовскому. Посылая жену с новорожденным, отец надеялся на то, они будут далеко от боев между русскими и ордынцами. Да и само княжество Литовское в то время поддерживало Великую Орду против Русского государства, что делало ее земли безопасными для поселения.

Но случилось так, что войско Великой Орды не стало биться с русскими, а вместо этого, не получив помощи от Великого Княжества Литовского напало на союзника.

Мать Светланы, не успев доехать до Киева, попала в плен к ордынцам вместе с маленькой девочкой. Ее увезли в столицу Великой Орды –Сарай-Берке **(недалеко от современного Волгограда – прим. К.А.)** и на ее глазах при дележе добычи убили Великого Хана Великой Орды – Ахмета его же союзники – Сибирский хан и Ногайский хан. Которые тут же распродали рабов местным людям и ушли в свои земли.

Отец же девочки, не имея никаких вестей от жены, собрался с обозом торговцев и доехал до Киева, везде ища хоть какую-то ниточку своей пропавшей семьи...

Пытаясь найти во всех селениях свою семью, отец Светланы задержался в Киеве до 1482 года. И тут на Киев и Великое Литовское Княжество напал татарский хан Менгли-Гирей, устроивший поход с согласия русского царя Ивана Ш. Одиннадцать городов, в том числе и Киев, были сожжены и разорены. Все люди уведены в плен. И главный враг Руси – Литовское княжество было ослаблено.

Оказавшись в Киеве во время осады, защищая своих родственников, отец Светланы стал волей-неволей одним из защитников Киева! Его, раненого во время боя, взяли в плен татары и продали в рабство в Крыму в городе Кафа генуэзским купцам, которые привезли его на продажу в Прагу[28].

В 1485 году, русский царь Иван Васильевич III по просьбе татарского хана Менгли-Гирея совершил поход против ордынцев и освободил множество русских бывших в плену. Среди того множества были и мать Светланы с уже пятилетней дочкой.

The father of Svetlana realized that he had to save his wife. He sent her to the distant relatives in Kiev, which belonged to the Grand Duchy of Lithuania then. Sending his wife with a newborn baby away. The father hoped that they would have been far from the battles between the Russian and the Horde. In addition, Duchy of Lithuania supported the Great Horde against Russia then, and that made its lands safe for living.

But it happened that the army of the Great Horde decided not to fight the Russians. Instead, not having received help from the Grand Duchy of Lithuania, the army attacked their ally.

Svetlana's mother didn't have enough time to get to Kiev and was captured by the Horde with her little girl. She was taken to the capital of the Great Horde – Sarai-Berke **(not far from modern Volgograd – note K.A.)** and the Great Khan of the Great Horde – Ahmet was killed in front of her by his own allies – Siberian Khan and Nogai Khan. They immediately sold the slaves to local people and went back to their lands.

Father of the girl, not receiving any news from his wife, decided to go with the baggage of traders and arrived in Kiev, looking everywhere for any kind of link leading to his missing family...

Trying to find his family in every village, Svetlana's father stayed in Kiev until the year 1482. That's when Tatar Khan Mengli-Girey, who arranged the campaign with the consent of Russian tsar Ivan Ш, attacked Kiev and the Grand Duchy of Lithuania. Eleven towns, including Kiev, were burnt and ruined. All people were taken captive. And the main enemy of Russia - the Grand Duchy of Lithuania was weakened.

Having turned out in Kiev during the siege, protecting his relatives, Svetlana's father intentionally or not became one of the defenders of Kiev! The Tatars took him, wounded during the battle, captive and sold as a slave to Genoese traders in Crimea, in the city of Kaffa. The traders brought him to Prague for sale.

In 1485, Russian tsar Ivan Vasilievich III attacked the Horde by request of Tatar Khan Mengli-Girey and freed many Russians from the captivity. Svetlana's mother was among that multiplicity with already five-year-old daughter.

Они отправились снова на родину – в Москву с другими освобожденными. Но, узнав, что муж ушел в Киев искать их, они тоже пошли вслед за ним. Не найдя его, жена с дочкой осели южнее Киева у родственников, давших им приют. Однако в 1489 году снова татарский хан Менгли-Герей напал на южные земли Литовского Великого Княжества и теперь уже девятилетняя дочь Светлана и ее мать были опять в плену и проданы в рабство генуэзским купцам. Затем, они были разлучены с матерью. Ее мать попала в Прагу! И надо же такому случиться, что там же – в одном из домов еврейских торговцев - она встретила своего мужа!

*

Мир велик, но в то же время мал!!! Он страшен и смешон и никто, кроме Бога, не может знать, что и как случиться с нами завтра... И в этом, и есть загадка жизни!

*

Дочь Светлана, разлученная с матерью с девяти лет, попала в Геную, а потом, с испанским офицером пехоты дошла до Испании, где была продана и стала прислуживать в доме Хуаны Руиз, с которой стала неразлучна и отправилась в Западные Индии. Она видела и города Руси, и Астраханские степи Орды, и итальянскую Геную, и прошла долгой дорогой через Италию и Францию в Испанию, а затем приехала на землю Западных Индий - в Эспаньолу и очутилась в Пуэрто-Рико! Много раз она молила Своего Бога и просила ЕГО о помощи. Много раз ее молитвы помогали ей в жизни. Ее устраивало ее нынешнее положение – ее религия, ее жизнь в доме с Хуаной Руиз, ее отношения с окружающими. Она была смела, красива, умна и самодостаточна. Свобода ей была не нужна – она просто не понимала, что ей нужно с ней делать.

*

Не менее интересна была и судьба черных женщин, оказавшихся на корабле.

В 1491 году царь Конго - <u>Нзинга а Нкуву</u> под именем Жуан I (или Иоанн) принял <u>католицизм</u> в столице - <u>Мбанза-Конго</u> (Сан-Сальвадор) от португальских миссионеров. И договорился с ними о продаже рабов взамен на поставку огнестрельного оружия.

They come back to their motherland – Moscow again with other freed people. But when she found out that her husband went to Kiev to look for them, she decided to follow him. When she didn't find him there, the wife with her daughter settled to the south from Kiev in their relative's house, who gave them shelter. However, in 1489 the Tatar Khan Mengli-Girey attacked the southern lands of the Grand Duchy of Lithuania again and already nine year old daughter of Svetlana and her mother were taken captive again and sold into slavery to Genoese merchants. Then, they were separated. Her mother came to Prague! And how on earth could it be that there - in one of the houses of the Jewish merchants - she met her husband!

*

The world is great, but at the same time small!!! It's scary and ridiculous, and no one but God can know what and how will happen to us tomorrow ... And that is the mystery of life!

*

Svetlana's daughter, separated from her mother at the age of nine, came to Genoa, and then came to Spain with a Spanish officer in the infantry, where she was sold and became a servant in the house of Juana Ruiz, with whom she became inseparable and went to the West Indies. She saw both cities of Russia and the Astrakhan prairies of the Horde, and Italian Genoa, and had a long journey through Italy and France to Spain, and then came to the land of the West Indies - to Hispaniola and ended up in Puerto Rico! She prayed to Her God many times asking Him for help. Many times her prayer helped her in life. She was alright with her current position - her religion, her life in a house with Juana Ruiz, her relationship with people around her. She was bold, beautiful, intelligent and self-sufficient. She didn't need freedom – she just didn't know what to do with it.

*

The fate of the black women who found themselves on the ship was not less interesting.

In 1491, the king of Congo - Nzinga a Nkuvu called by the name of Juan I (or Ioann) converted to Catholicism in the capital - Mbanza-Kongo (San Salvador) by Portuguese missionaries. And reached an agreement with them to sell slaves in exchange for the supply of firearms.

Теперь никто не мог победить Королевство Конго и его данниками стали все другие королевства, лежащие вокруг – королевство Нгойо, Лоанго, Каконго, Ндонго и другие государственные образования.

Жуан (или Иоанн) стал императором негритянского государства Конго. Он был обращен в христианство (1490) королем Иоанном II Португальским. Вместе с Жуаном Первым приняли новую веру жена его и сын, в крещении названный Альфонсом. Большая часть населения последовала примеру государя, после благополучного исхода войны с соседями, во время которой несли впереди знамя с изображением креста. После смерти Жуана. наступили смуты, завершившиеся торжеством христианства; страна принуждена была подчиниться Португалии.

Родившаяся в 1493 году в племени «нфуми нси» («хозяева земли»). На территории королевства Нгойо черная женщина была отдана своим народом вместе с другими молодыми девушками в качестве уплаты дани в 1499 году Королевству Конго.

Другая же черная женщина, родившаяся в семье королей Лоанго была отдана в рабство после того, как ее отца – военачальника обвинили в подготовке переворота против царя. Ее отца и многих военачальников и воинов казнили, а ее отправили в столицу Королевства Конго – Мбанза-Конго.

Там обе девушки прислуживали старшей жене самого Жуана 1. Там же они узнали о христианах от португальских священников-католиков. Там же они научились говорить по-португальски. Однако в один из дней 1509 года Жуан 1 скончался. А его сын, хотя и был крещен португальцами под именем Альфонсу 1, тут же постарался отодвинуть подальше от дворца старшую жену своего отца и продал в рабство всех ее некрещеных служанок, в число которых входили и наши две черные женщины. Так они оказались на корабле португальцев, которые повезли их в нечеловеческих условиях в Бразилию. Однако по пути несколько десятков женщин и мужчин был проданы испанцам двигавшимся в сторону Эспаньолы.

Now, no one could win the Kingdom of Congo and all the other kingdoms lying around - Ngoy kingdom, Loango, Cacongo, Ndongo and other state entities became its tributaries.

Juan (or Ioann) became the emperor of Negro state Congo. He was converted to Christianity (1490) and became King John II of Portugal. His wife and son, called Alfonso in baptism, converted to the new religion with Juan. Most of the people followed the example of their emperor after the successful outcome of the war with their neighbors, during which a flag with a cross was carried. After the death of Juan troubles came, culminating in the triumph of Christianity; the country was forced to submit to Portugal.

Born in 1493 in the tribe called "nfumi nsi" ("land owners") on the territory of the Kingdom of Ngoy, the black woman was given by her people with other young girls as payment of tribute in 1499 to the Kingdom of Congo.

The other black woman born in the family of the kings of Loango was taken into slavery after her father - military chief was accused of plotting a coup against the king. Her father and many other military commanders and soldiers were executed, and she was sent to the capital of the Kingdom of Congo - Mbanza-Kongo.

That's where both girls served the eldest wife of Juan I. They learned about the Christians from the Portuguese Catholic priests there. They also learned to speak Portuguese there. However, one day in the year 1509, Juan I died. And his son, although he was baptized under the name of the Portuguese Alfonso I, immediately tried to push the senior wife of his father away from the Palace and sold into slavery all her non-Christian servants, including our two black women. So they ended up on a ship of the Portuguese, who took them to Brazil in inhumane conditions. However, on the way several dozen men and women were sold to the Spanish who were sailing toward Hispaniola.

Оказавшись в услужении у Хуаны Руиз, эти негритянки быстро стали говорить по-испански (так как уже говорили по-португальски) и перешли в католическую веру, после чего они стали свободными. Однако они приняли решение поехать в экспедицию на новые земли, поняв, что впереди их ждет что-то необычное и новое!

Чувства между капитаном Кэхо и Хуаной Руиз перерастали из дружественных в любовные все больше и больше.

Доминиканский монах, находящийся на корабле, несколько раз пытался прервать любовную связь, возникающую на корабле. Например, он вмешался, когда увидел любовную связь между моряком и черной женщиной. Затем баталер и рабыня Хуаны стали изливать свои чувства каждый вечер на палубе, и почему-то именно в то время, когда священнику необходимо было выйти справить свою нужду. Что было вдвойне неудобно. Окончательно терпение доминиканского монаха лопнуло в тот момент, когда он застал двух индейских женщин-переводчиц в объятиях двух испанских идальго.

Эмоции священника вылились в Воскресной мессе. Тут он стал говорить о чистоте нравов между мужчинами и женщинами у истинных хранителей веры. Он сказал, что если кто хочет откровенно быть с женщиной, то должен на ней жениться и создать семью и детей. Затем он трижды повторил что корабль — это не Вертеп!!!

После мессы, он спустился довольный собой и…. уперся в поджидающего его капитана Кэхо.

- Отец наш! – с ухмылкой на лице стал говорить капитан. – Я понимаю, что вы заботитесь о высоких моральных принципах, но… мы сейчас находимся среди опасности и смерти! Только Бог знает о том, что случится завтра... Или может быть вы скажете мне точно, что произойдет в моей жизни в будущем?

Находясь в железных объятиях капитана как в тисках, священник понял, что перегнул палку.

- Нет, сын мой! Только Бог знает об этом! – закряхтел священник.

Being in the service of Juana Ruiz, the black women began to speak Spanish quickly (as they already spoke Portuguese) and converted to Catholic faith, and then they became free. However, they decided to go on an expedition to new lands, as they realized that something unusual and new lies ahead!

Feelings between captain Quejo and Juana Ruiz developed from friendliness to love more and more.

The Dominican monk, who was aboard, tried to interrupt the love affair on the ship. For instance, he intervened when he saw a love affair between a sailor and a black woman. Then, a soldier and Juana's slave began to pour out their feelings every evening on the deck, and for some reason at the very moment when the priest had to come out to relieve himself. It was doubly uncomfortable. The patience of the Dominican monk finally ran out the moment when he caught two Indian women-interpreters in the arms of two Spanish hidalgos.

The emotions of the priest spilled at the Sunday Mass. That's when he began to talk about the purity of morals between men and women who are the true keepers of faith. He said that if someone wants to be explicit with a woman, he must marry her and have a family and kids. Then he repeated three times that the ship was not a nativity scene!!!

After the mass, he descended pleased with himself and… pressed against captain Quejo who was waiting for him.

"Our Father!" captain began to talk with a smirk on his face. "I understand that you care about our high moral principles but… right now we are among danger and death! Only God knows what will happen tomorrow… Or maybe you will tell me what will happen in my life in the future for sure?"

Being in iron embrace of the captain like in the grip, the priest realized that he had overreacted, "No, my son! Only God knows it!" the priest groaned.

- Конечно... – согласился капитан Кэхо, ослабляя свою хватку. – Таким образом, вы можете помочь сохранить мир и любовь на этом корабле! Вы можете помочь или разрушить счастье своими речами! И вы, значит, за то, чтобы все здесь переженились и создали свои семьи?

- Ну, да! – гордо ответил доминиканских монах. – Наша церковь говорит, что каждый человек ходит под Богом. И все люди, независимо от того, где они и от кого они родились, независимо от цвета кожи и уровня жизни – все они дети Господа Нашего! Можно завести семью и вам, и вашим свободным черным женщинам и индианкам с любым из членов команды. Это главная идея Христианства! Ведь перед Богом мы все равны! За свое пребывание в Новых Землях я видел много семейных уз между аборигенами и испанцами, между испанцами и черными людьми, ставшими исповедовать христианство. Каждый, кто принял Истинную Христианскую Католическую Веру может тут же стать свободным! Кстати, я вообще не понимаю почему эта рабыня Хуаны Руиз до сих пор не приняла веру и не стала свободной женщиной! Но почему вы вообще начали со мной этот разговор, сын мой?

- Святой отец! У меня очень простое к вам предложение! Я хотел бы чтобы в будущем позволили мужчинам и женщинам встречаться и поддерживали дух любви на корабле.

- Только в одном случае я могу сделать это, капитан! Только если показывающие свою любовь люди поженятся! Я не хочу способствовать разврату на корабле! Этот корабль, а не Содом и Гоморра» **(два библейских города, которые были уничтожены Богом за грехи – прим. К.А.)**!

- Значит, вы предлагаете сыграть свадьбу на корабле?

- Да, сын мой! – согласился священник. - Венчание — это то, чего я добиваюсь и требую!

- Ну тогда, отец наш, вы и обратитесь с этим к тем, кто по вашему мнению должен сделать это! Только меня в это число не вписывайте! И можете свою мысль донести не так зло и без упреков - она тогда быстрее дойдет! Да вы можете вообще просто сказать, что будете рады, чтобы люди обвенчались... а то вы вместо этого застращали всех во время своей речи о «гиеной огненной» и прочими карами. Они теперь даже встречаться будут бояться...

"Of course..." captain Quejo agreed, loosening his grip. "Thus, you can help to maintain peace and love on this ship! You can help or destroy happiness with your speeches! Well then, you are for everybody here to get married and have families?"

"Well, yes!" the Dominican monk replied proudly. "Our church says that every person walks under God. And all people, regardless of where or from whom they had been born, regardless of the color of the skin or standard of living – they are all our children of our God! Both you and your free black woman, and Indian women, and any crew member can have a family. It's the main idea of Christianity! Everyone is equal before God! During my stay in the New Lands, I have seen, many family ties between the aborigines and the Spaniards, between the Spaniards and the black people who converted to Christianity. Everyone who accepts the truth of the True Christian Catholic faith can immediately be free! By the way, I do not understand why this Juana Ruiz's slave has not converted to Christianity yet and has not become a free woman! But why did you even start this conversation with me, my son?"

"Holy father! I have a very simple proposition for you! I would like you to allow men and women to date and maintain the spirit of love on the ship in the future."

"There is only one way I will do it, captain! Only if people are showing their love will get married! I do not want to contribute to the debauchery on the ship! This is a ship, not Sodom and Gomorrah **(two biblical cities that were destroyed by God for their sins – note K.A.)**!"

"So you suggest getting married on the ship?

"Yes, my son!" the priest agreed. "Wedding - this is what I seek and demand!"

"Well then, our Father, you will talk to those who you think have to do it! Just don't include me in this group! You can convey your message not as angry and without reproach - then people will accept it! You can just say that you will be glad if people got married ... instead of frightening everybody with your speech about the "fiery Gahanna" and other penalties. They will now be scared of even meeting you..."

- Ну, тут вы правы, правы, дорогой! – заулыбался священник... – это я что-то «перегнул палку»!

Через день, с одобрения Понсе де Леона и капитана Кэхо и под всеобщее ликование, на корабле сыграли свадьбу между испанским идальго и индианкой-переводчицей.

***

Juana Ruiz's slave from East Europe.
Восточноевропейская рабыня Хуаны Руиз.

Russian hero - Peresvet and the Tartar warrior -Kochubey.
Русский богатырь Пересвет и татарский воин – Кочубей.

"Well, you're right, right!" the priest smiled. "I just overreacted!"

A day later, with the approval of Ponce de Leon and Captain Quejo and everybody's jubilation, the Spanish hidalgo and the Indian-interpreter got married on the ship.

***

King Juan (Ioann) became the emperor of Congo state in 1490. Africa. Король Хуан первого Христианского государства Африки 1940 году

African woman of tribe "Nfuvi Nsi" during Ponce de Leon's expedition. Африканская женщина из племени «Нфуви Нси»

Second African women from kingdom Loango during Ponce de Leon's expedition. Африканская женщина из королевства Лоанго.

Глава 10

В ночь **с 23 на 24 июня 1513 года** на главном судне Понсе де Леона состоялось совещание между самим Понсе, главным кормчим Аламиносом и капитанами трех кораблей.

- Мы не можем стоять на месте! – произнес Понсе де Леон. – Король Фердинанд хочет получить то, что он хочет – воду из Источника Молодости. А также мы должны сделать хоть что-то для того, чтобы построить поселение. До сих пор нам не давали сделать это свирепые индейцы племени Калуса. Однако сейчас мы должны с вами принять решение куда и как идти.

- Вы совершенно правы, господин аделантадо! - поддакнул друг Понсе – капитан Кэхо. – Люди сыты, довольны и радостны. И, пожалуй, самое время поехать и основать какой-нибудь форт.

- Если индейцы на севере нам не дают это сделать, то надо поехать на юг или юго-запад! - предложил Диего Бермудез - капитан корабля Сантьяго.

- Я согласен! - спокойно сказал Перес де Ортуба – капитал корабля Сан-Кристобаль. - Стоять на месте глупо – надо основать поселение и посмотреть, что мы будем иметь, если поедем на юго-запад: возможно мы найдем это Бимини и источник или золото.

- Я могу предположить, что если мы опять встретим индейцев, то они не будут такими агрессивными как те, которых мы только что встретили! – вздохнул Кэхо капитан корабля Санта Мария де Консоласион.

- Единственное, что меня беспокоит, так это то, что мы не знаем ничего – ни ветров, ни течений, ни берегов! - вздохнул главный кормчий всей армады - Антон де Аламинос. – Но я верю в то, что мы являемся первопроходцами этих мест и в то, что нас ждет открытие еще множества земель, островов и рек!

- Тогда так и сделаем! - заключил Понсе де Леон. – Мы будем тихонько двигаться на юг и юго-запад и постараемся высадиться на большом острове или на большой земле. Но могу сейчас констатировать, что главной цели нашего путешествия – острова Бимини мы так и не нашли... пока не нашли.

Chapter 10

The night from June 23 to 24, 1513, a conversation between Ponce de Leon, Navigator de Alaminos and the captains of three ships took place on the Ponce's main ship.

"We cannot stand still!" said Ponce de Leon. "King Ferdinand wants to get what he wants - the water from the Fountain of Youth. And we must do something to found a settlement. Until now, ferocious Indians of the Calusa tribe didn't let us do it. Now we have to decide how and where to go."

"You are absolutely right, Adelantado!" Ponce's friend, captain Quejo, agreed. "People are fed, happy and content. And, perhaps, it is time to go and establish some kind of a fort."

"If the Indians in the north will not let us do this, we'll have to go to the south or southwest!" Diego Bermudez, the captain Santiago, suggested.

"I agree!" said Perez de Otrubia, capital of San Cristobal. "Standing still is stupid - it is necessary to establish a settlement and find out what we can find in the southwest: it is possible that we will find Bimini and the fountain or gold."

"I can assume that if we encounter Indians again, they will not be as aggressive as those who we have just met!" sighed Quejo, captain of Santa Maria de Consolacion.

"The only thing that bothers me is the fact that we know nothing - no wind, no currents, no coast!" sighed Anton de Alaminos, the Chief Navigator of the whole armada. "But I believe that we are pioneers in these places and that the discoveries of many new lands, islands and rivers lie ahead!"

"Let's do it then!" concluded Ponce de Leon. "We will slowly move to the south and southwest and try to land on the big island or on the mainland. But I can state that we haven't found the main purpose of our trip - Bimini Island, we have not found it yet..."

24 июня 1513 года от рождества Христова корабли армады Понсе де Леона пустились в дальнейшее плавание на юго-запад.

26 июня 1513 года уже под вечер впереди замаячила земля. И матрос, взобравшийся на мачту, оповестил об этом капитана, а затем второй колокол на судне оповестил об этом остальные корабли **(еще не применялись ни подзорные трубы, не было даже специальных «марсов», с которых матросы наблюдали за безбрежной далью моря, выискивая желанный берег – прим. Автора К.А.).**

Эта земля выглядела так же, как и берег того места, откуда они приехали: пологий пляж и мелкий песок берега, мангровые леса и безоблачное небо с ярким заходящим солнцем, которое вызывало восторг и улыбку у каждого.

Аборигенов не было видно нигде – не было ни дыма костров, ни любопытных людей. Однако Понсе, уже наученный опытом появления совершенно непредвиденных обстоятельств, решил подождать с высадкой до утра. Опять же наученный прошлым опытом и зная внезапность и хитрость живших здесь индейцев, он приказал нести двойную ночную вахту на каждом корабле.

Один из несших вахту должен быть матросом, а другой - баталером, вооруженным в доспехи.

Несмотря на тревожные ожидания, ночь прошла спокойно, а на берегу так никто и не появился... Это обрадовало всех испанцев, ибо постоянные предыдущие стычки с воинами индейцев племени Калуса утомили и держали в напряжении всех членов экипажа.

Было решено сразу же отправить три лодки – по одной с каждого корабля - к берегу с хорошим оружием и готовых ко всему. Необходимо было разыскать источник пресной воды и осмотреть место, к которому причалили.

Самое странное, что произошло - это выход из строя на всех кораблях всех **компасов.** Они почему-то показывали разное значение на всех трех кораблях. Антон де Аламинос был в замешательстве. Он ездил с одного корабля на другой и пытался сопоставить значения. Однако у него ничего не происходило. По этому поводу есть запись в судовом журнале.

On **June 24, 1513,** the ships of the armada of Ponce de Leon continued the voyage to the southwest.

In the evening of **June 26, 1513** the land was seen. And the sailor, who was on the mast, notified the captain about this. The second bell on the ship informed the other ships about it **(spyglass wasn't used yet. There weren't even special "marses" (place on the mast) which sailors would use to watch the boundless expanse of the sea, looking for the desired coast - note K.A.)**.

This island looked just like the land where they had come from: sloping beach and fine sand, mangroves and cloudless sky with the bright setting sun, which caused delight and made everyone smile.

They didn't see any aborigines – neither curious people nor smoke of the fires. However, Ponce already experienced absolutely unseen circumstances and decided to postpone the landing until morning. Once again, having experienced the suddenness and the cunning of local Indians, he ordered to carry dual watch on very ship. One of the watchers must be a sailor, and the other one – an armed soldier.

Despite the anxious expectations, the night was calm, and nobody showed up on the shore… This made all the Spaniards glad, as previous constant battles with Calusa soldiers exhausted and kept all the crew members in suspense.

They decided to send three boats, one from each ship, to the shore with arms and ready for anything. It was necessary to find a fresh water source and examine the place where they have docked.

The strangest thing that happened then was the failure of **compasses** on all three ships. For some reason, they showed different things on each ship. Anton de Alaminos was perplexed. He sailed from one ship to another trying to compare the directions. But nothing worked out. There was a record in the ship's journal about this.

*

И до сих пор историки не могут договориться и понять куда точно причалила армада Понсе де Леона 26 июня 1513 года.

*

Тут же все стали собирать пробы воды. Но на вкус она была самой обыкновенной, даже хуже, чем на земле Паскуа де Флорида, где жили агрессивные Калуса.

После начала постройки малого порта и исследования местности все были в хорошем настроении, пока не произошло следующее событие.

Группа, исследующая землю во главе с идальго, пришла под вечер 29 июня на берег и идальго сразу пошел к Понсе де Леону.

- Господин Аделантадо! – выкликнул идальго, входя к Понсе. – Мои люди обнаружили каноэ, железные инструменты и собаку, зарезанную ножом. Собака объедена, но понятно, что это испанская собака. Железные инструменты указывают на то, что здесь был кто-то из наших, а каноэ похоже на то, что мы видели у Таино и Калуса. Мне думается, что на этой земле кто-то уже побывал.

- Позовите Аламиноса и всех капитанов срочно! – приказал Понсе своему слуге.

Когда главный кормчий армады и капитаны трех кораблей собрались у Понсе в палатке каждый из них прослушал что случилось из уст идальго.

Затем все стали переваривать, пришедшую информацию.

Первым заговорил Аламинос.

- Все очень странно. Если бы компасы показывали все одинаково, то я бы не сомневался где мы находимся. Я пытался понять по другим приборам – астролябии и время мы сверяем по гномону[25]. Но получается, что мы или на Кубе, или на неизвестной земле к западу от нее! Все приборы показывают разное!

*

Historians still can't reach agreement and understand where exactly the armada of Ponce de Leon docked on June 26, 1513.

*

Everybody began to collect water samples. It the taste of it was normal, even worse than on Pascua de Florida island, where aggressive Calusa lived.

After the small port construction start and exploration of the place, everybody was in good mood, until the following event took place.

The group which was exploring the land led by hidalgo came back to shore in the evening of June 29, and the hidalgo went straight up to Ponce de Leon.

"Mister Adelantado!" the hidalgo exclaimed, entering the Ponce's tent. "My people found a canoe, iron tools, and a stabbed dog. The iron tools show that someone from our people has been there, and the canoe looked like the one we've seen Taino and Calusa using. I think someone has already been here."

"Call Alaminos and all the captains urgently!" Ponce ordered his servant.

When the Chief Navigator and the captains of three ships gathered in Ponce's tent, each of them listened to hidalgo talking about what had happened.

After that, everybody began to digest the information they had just heard.

De Alaminos was the first to start talking, "Everything is very strange. If compasses showed everything equally, I'd have no doubt where we are now. I tried to understand it using other devices – astrolabe, and we check time using gnomon[25]. It turns out that we are either in Cuba or in the unknown land closer to the west from it! All the instruments show different things!"

- Находка, которую сделали люди идальго обязывает нас понять где мы – если мы на Кубе, то горе нам и скоро сюда приедут люди Диего Колумба или губернатора Кубы – Диего Веласкеса. Тогда это будет неприятная встреча и наше поражение и даже наш позор вместо триумфа! – зло чеканя каждое слово сказал Понсе де Леон. – Мы не можем здесь находиться. Мы должны снова уехать на север или северо-восток. Если же это не так и мы на новой земле, то мы должны здесь разбить наш лагерь. Я очень разочарован в тебе, Аламинос! Ты имеешь такую хорошую славу среди моряков, но сейчас именно та минута, когда из-за твоей неспособности понять где мы находимся, мы можем поплатиться всей своей репутацией и попасть в очень неприятную ситуацию. Это будет и твоим пятном на всей дальнейшей судьбе. Так что, будь добр, приложи все свои усилия на то, чтобы понять где мы!

Кормчий Аламинос засопел, сдерживая обиду и гнев. Он уже сломал голову, думая о том, где они находятся. Что-то было не так.

- Господин Аделантадо! На одном из кораблей приборы показывают, что мы на Кубе. На другом – что мы на неизвестной земле к западу от Кубы...

- Я слышал уже это, Аламинос! - прервал своего соратника Понсе. – А что думают капитаны кораблей?

- Я бы склонился на сторону, что здесь мы еще не были... – сказал капитан Кэхо. - Однако... эта находка... очень странно как в этом месте мог оказаться испанец, да еще с собакой. Каноэ не разбито, значит, он мог на нем передвигаться... это похоже на берег кубы... но кто знает на самом деле?

- Я бы не рисковал! – произнес капитан корабля Сантьяго - Диего Бермудес. – Если это Куба, то надо уносить ноги, чтобы не столкнуться с кораблями Диего Колумба. – Даже если это новая земля и здесь мы находим испанца, то она уже точно кем-то освоена! Я бы предложил вернуться на север и поехать к островам Лос Мартинеса **(современный Key West - прим. К.А.)**. Мы можем там поискать остров Бимини, и мы точно знаем, что там не будет людей Колумба и еще множество островов мы можем увидеть и открыть.

"The find of hidalgo's people obliges us to understand where we are. If we are in Cuba, it's very bad and soon people of Diego Columbus or of the governor of Cuba, Diego Velazquez, will come here. It will be a very unpleasant meeting then, and our defeat and even shame instead of a triumph!" said Ponce de Leon, emphasizing every word angrily. "We cannot stay here. We have to leave again and go north or northeast. If it is not true and we are in a new land, we have to set a camp here. I'm very disappointed in you, Alaminos! You have such good reputation among sailors, but right now it's the moment when because of your inability to understand where we are we can pay, losing our reputations and get into a very unpleasant situation. It will also be a stain on your future life. So, please, make every effort to understand where we are!"

Navigator de Alaminos snuffled, holding back offense and rage. He already puzzled over thinking where they are. Something was wrong.

"Mister Adelantado! On one of your ships the devices show that we are in Cuba. On the other one – that we are in an undiscovered land to the west of Cuba…"

"I've already heard this, Alaminos!" Ponce interrupted his comrade. "What do captains of the ships think?"

"I think it's more likely that we haven't been here…" said captain Quejo. "However, this find… it's very weird that a Spaniard could find himself in a place like this, especially with a dog. The canoe is not broken, therefore, it's possible travel in it. It looks like the coast of Cuba… But who knows for sure?"

"I wouldn't risk!" said captain of Santiago, Diego Bermudez. "If it is Cuba, we have to get away from here not to run into the ships of Diego Columbus. Even if it is the new land, and we find a Spaniard here, it's already reclaimed by someone. I'd suggest going back north and sail to the islands of Los Martines **(modern Key West – note K.A.)**. We can search for the island of Bimini there and we know for sure that there will be no people of Columbus and a lot of islands which we can see and discover."

- Ну, что касается меня, - улыбнулся капитан бригантины Сан-Кристобаль- Перес де Ортуба. – Я бы согласился с Диего Бермудесом и направил бы наши усилия на открытие новых земель и поиска Бимини на Севере – подальше отсюда, где уже ступала нога Испанцев. Что это за земля – наш кормчий не может сказать. Ни я, ни капитаны, ни наши команды не видели здешних берегов, но в любом случае, если здесь были испанцы, значит это земля Короны и ловить нам здесь нечего. Наша цель не здесь – наша цель на севере и северо-востоке.

- Я не видел трупа, но если он есть и это Куба, то он может быть не один. – вмешался друг Понсе – капитан Кэхо. – Пока я сидел в тюрьме то слышал, что губернатор Терра-Фирме - Диего Никуэса был схвачен восставшей командой и брошен на поврежденном судне у берегов Кубы в 511 **(т.е. в 1511)**. Может он сам или кто-то из его команды выжил, а потом его убили индейцы. Но по этому поводу есть следственная комиссия, организованная на острове Эспаньола. Мне говорили, что на Кубе есть бежавшие с Эспаньолы индейцы под предводительством касика Атуэя, может это они убили Диего Никуэса или того несчастного, который лежит. Но влезать в это все нам нет смысла…

- Забудьте, Кэхо! – сказал Аламинос. – Идальго Мируэло и матросы сказали, что это останки человека более, чем свежие…

Тут взял слово Понсе де Леон.

- Я выслушал вас, капитаны и выношу решение о том, что мы должны отчалить отсюда и как можно скорее. Поэтому сегодня сворачиваем наше строительство и завтра возвращаемся на северо-восток к островам Лос Мартинеса, около которых мы повернули на юг! – заключил аделантадо Бимини - Понсе де Леон.

*

1 июля 1513 года корабли Понсе покинули неизвестное место **(о котором до сих пор спорят ученые – прим. К.А.)** и двинулись к Островам Мучеников при благоприятном ветре и течении.

*

"Well, as for me," smiled Perez de Ortubia, the captain of brigantine San Cristobal, "I agree with Diego Bermudez. I would focus our efforts on discovering new lands and searching for Bimini in the north – far away from here, where the Spaniards have already been. What land is it? Our Navigator can't tell. Neither I, nor captains, nor our crews have ever seen local shores. Anyway, if Spaniards have been here, it means that this is the land of the Crown and we have nothing to catch here. Our goal is not here – it is in the north and northeast."

"I haven't seen the corpse, but if there is one and this is Cuba, he can't be alone." Ponce's friend, captain Quejo, interrupted. "When I was in jail, I heard that the governor of Terra Firme, Diego Nicuesa, was captured by the insurgent crew and left on the damaged ship at the coast of Cuba in 511 **(i.e. in 1511 – note K.A.)**. Maybe he or someone from his crew survived and then was killed by the Indians. There is an investigative committee on this case, organized on the island of Hispaniola. I was told that were Indians who had eloped from Hispaniola in Cuba, and that they were led by cacique Hatuey. Maybe they killed Diego de Nicuesa or that unlucky men lying there. But there is no point in getting into it…"

"Forget it, Quejo!" said de Alaminos. "Hidalgo Miruelo and the sailors said that the remains of this person are more than fresh."

That's when Ponce de Leon decided to speak.

"I've heard you out, captains, and I made a decision that we must sail from here as soon as possible. That's why today we have to stop our construction. Tomorrow we will come back to the northeast to the islands of Los Martinez, where we had turned south!" concluded Ponce de Leon, Adelantado of Bimini.

*

On July 1, 1513, the ships of Ponce de Leon left the unknown place **(which scientists still dispute about – note K.A.)** behind and sailed to the Islands of Martyrs with a fair wind and favorable flow.

*

Подкупленный людьми Диего Колумба нанятый на каравеллу Сантьяго матрос Педро был простым и улыбчивым на вид уже пожилым человеком. Он был далеко не молод и жил ранее в деревне Сотомайора - бывшего друга Понсе, убитого индейцами племени Таино при восстании в Пуэрто-Рико.

Его жена и двое детей были заколоты на его глазах индейцами во время ночного нападения, а он, отбиваясь, ушел из горящей деревни, где потерял все – дом, любовь и надежду. Его надежды на счастье в Новой Земле в Западных Индиях рухнули. Он жил теперь, потому что... просто жил... Жил, чтобы отомстить этим проклятым индейцам и, набрав денег, уехать в родную Испанию, где у него остались брат и сестры. Он знал, что у них все в порядке и деньги ему нужны были, чтобы приехать домой не с пустыми карманами. Здесь – Западных Индиях он уже быть не хотел. Он уже был и управляющим на золотых приисках, и ходил в карательные экспедиции на Эспаньоле и в Пуэрто-Рико, выращивал овощи и разводил домашних животных, обеспечивая едой переселенцев и моряков.

Но... всему пришел конец... Он согласился взять деньги от посыльных Диего Колумба просто чтобы уехать... а десять дней назад он понял, что он такой не один, подкупленный людьми дома Колумбов. Это случилось, когда к нему в одну из высадок для пополнения запасов воды, подошел моряк с другого корабля и тихо сказал на ухо, что ему, Педро, приказано вывести компас на своем корабле из строя.

- Просто подложи под него топор или что-то железное! - сказал человек и растворился в утреннем тумане.

Матросу ничего не оставалось как подойти к компасу и подложить под него топор, нарушив работу механизма.

Еще в его договоренность было включено то, что он будет выбрасывать из корабля какие-нибудь нетонущие вещи, отмечая раз в день путь. Сам Педро догадывался, что кто-то идет за ними. Но никого на горизонте не видел.

В то же время Диего Колумб имел хороший план против своего конкурента и, как он считал, личного его врага – Понсе де Леона.

Bribed by the people of Diego Columbus and hired on the caravel Santiago, sailor Pedro looked like an ordinary and often smiling old man. He was not young and previously had lived in the Sotomayor's village, the village of former friend of Ponce, killed by the Taino Indians during the insurrection in Puerto Rico.

His wife and two kids were killed in front of him during the night attack, and he, defending himself, left the burning village where he had lost everything – home, love and hope. His hopes for happiness in the New Land and in Western Indies were dashed. He lived now because… he just lived, lived to revenge those damn Indians. And to earn enough money and go to his Mother Spain where he had brother and sisters. He knew that they would be alright and he needed money not to come home with empty pockets. He didn't want to be here, in Western Indies. He had already been a disposer at the old **fields**, he participated in punitive expeditions in Hispaniola and Puerto Rico, grew vegetables and raised cattle, providing food to settlers and sailors.

But… Everything came to an end… Ten days ago he realized that he was not the only one barbed by the people of the Columbus family. It happened when a sailor from the other ship came up to him during one of the landing for water restocking and whispered quietly in his ear that he, Pedro, has to disable the compass on his ship.

"Just put an ax or something made of iron under it!" the man said and disappeared in the morning mist."

The sailor had no choice but put an ax under the compass to disrupt the mechanism.

His agreement also included his obligation to throwing unsinkable things from the ship to mark their way once a day. Pedro guessed that someone was following them. But he had never seen anyone on the horizon.

At the same time, Diego Columbus had a good plan against his competitor and, as he thought a personal enemy.

За армадой из трех кораблей Понсе вице-король отправил корабль опытнейшего и преданейшего семье Колумба человека – Диего Мируэло. Никто не мог догадаться и не мог предположить, что по пятам за армадой Понсе идет шпионский корабль, посланный Диего Колумбом – вице-королем Индий, чтобы не пропустить открытия Новых Земель.

Мируэло приказал в ту же ночь одному из своих людей тайно высадиться в месте, где предположительно должна быть стоянка армады Понсе, когда корабли стали у берега. Он должен был следить с берега за всеми передвижениями Понсе. Когда шпиона доставили на берег, то он подумал, что неплохо бы сначала сделать для себя хорошее место, где его не могли бы найти. Поэтому он взял с собой инструменты для постройки. Собаку шпион также взял с собой, понимая, что туземцы могут напасть на него и это единственное, что его может защитить более реально, чем выстрел из аркебузы, которое привлечет внимание. Да и сон будет более безопасным. Чтобы собака не издавала ненужных звуков, шпион набросил на нее намордник, сделанный из веревки.

Таким образом, привезя своего человека на землю, шлюпка с матросами ушла снова к кораблю. А шпион, оставшись с собакой, начал осматриваться.

Однако за шлюпкой уже следили аборигены. Едва шлюпка скрылась из виду, а только что приплывший испанец захотел сходить в туалет, из прибрежных зарослей вылетели индейцы и набросились на испанца. Он не ожидал. Аборигены скрутили ему шею, застигнув его врасплох, справляющего нужду Спущенные штаны не дали возможность ему сделать ни одного шага. Он даже не успел пикнуть. А собаке, бросившейся на врагов, аборигены перезали шею, так как намордник спас их от того, чтобы быть разорванными в клочья. Пока они шарили по его карманам, забирали его оружие и смотрели инструменты, пытаясь понять для чего они, наступил рассвет.

Ponce's armada of three ships was followed by the ship of the most experienced and loyal to the Columbus family person – Diego Miruelo. Nobody could guess or suspect that the spy ship sent by Diego Columbus, the viceroy of Indies, was tagging along with the armada of Ponce de Leon not to miss the discovery of the New Land.

That night Miruelo ordered one of his people to land secretly in a place where the camp of the Ponce's crew presumably was when the ships reached the shore. He had to watch the movement of Ponce from the shore. When the spy was brought to the shore, he thought that it would be a good idea to prepare a good spot where he couldn't be found. That's why he took instruments for construction with him. The spy also took a dog, realizing that aborigines could attack him. And it was the only thing that could protect him, as a hackbut shot would attract attention. In addition, sleeping would be safer. As he didn't want the dog to make any loud sounds, he put a muzzle made of rope on it.

So the boat, having brought the man to the island, went back to the ship. The spy was left with a dog and began to explore his surroundings.

However, the boat was already watched by the aborigines. As soon as the boat was out of sight, and the Spaniard that just arrived decided to go to the toilet, Indians ran out of coastal thicket and pounced on him. He did not expect that. The aborigines snapped his neck. They took him by surprise when he was relieving himself. His dropped pants didn't allow him to make a single step. He didn't even let out a squeak. The aborigines killed the dog which attacked the enemies as the muzzle saved them from being torn into pieces. While they were going through his pockets, taking his arms and looking at the instruments trying to understand what they were meant for, the dawn came.

В лучах восходящего солнца они увидели три шлюпки испанцев, направляющиеся к берегу. Бросив свое каноэ, на котором они приехали, аборигены скрылись. Поскольку все это происходило в прибрежных зарослях мангровых деревьев, то вода быстро занесла отпечатки ног аборигенов, оставив загадку о том, что здесь произошло.

***

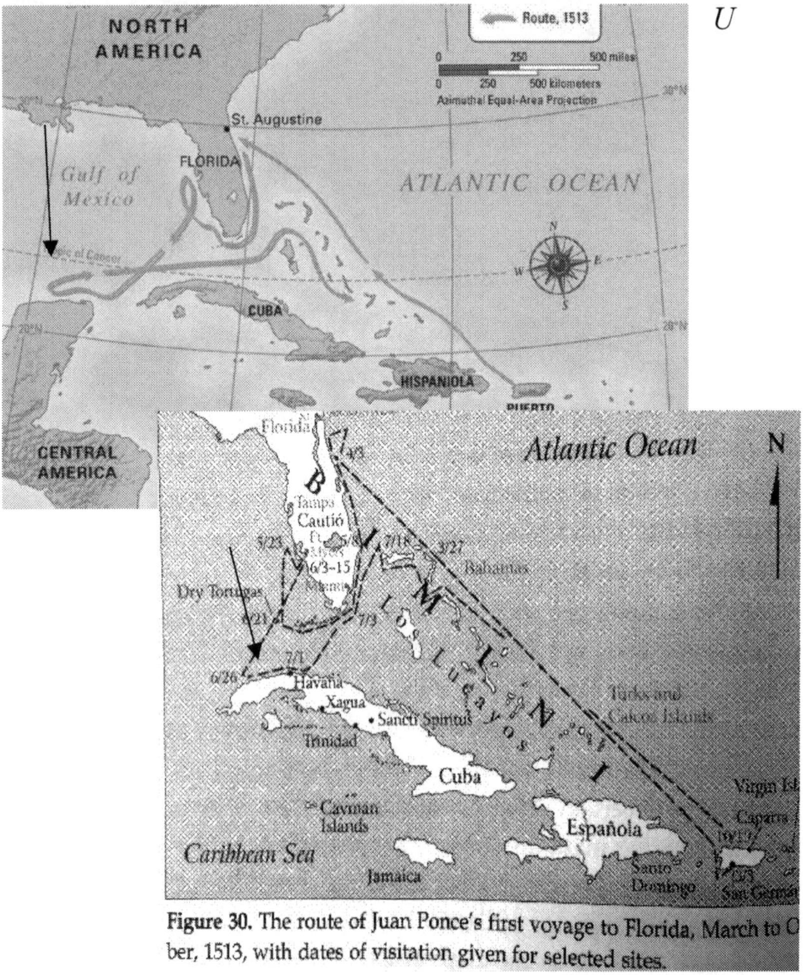

Figure 30. The route of Juan Ponce's first voyage to Florida, March to October, 1513, with dates of visitation given for selected sites.

Uncertainty of Ponce de Leon's location after leaving Florida..
Maps from different sources
Неопределенность пути после покидания Флориды

In the light of the rising sun they saw three boats of Spaniards approaching the island. Having left the canoe, which they used to get to there, the aborigines disappeared. As it was happening near the coastal mangroves, water washed the footprints of the aborigines, having left a mystery about what had happened there.

***

Last battle of Diego Nicuesa.
Последний бой Диего Никуэса.

Нападающие индейцы
Indians attacked.

Глава 11

3 июля 1513 года армада Понсе достигла острова Island Achecamber **(совр. Key Largo – прим. К.А.)**. Затем корабли прошли Santa Pola **(современный Elliot Key – прим. К.А.)** и Santa Marta **(современный Key Beskayne – Майами бич – прим. К.А.)**.

Шло время и наступило **18 июля 1513 года**.

- Впереди остров! – закричал матрос сверху.

На палубе воцарилось оживление.

- Надо бы пополнить запасы воды! – подходя к Понсе де Леону, сказал капитан Кэхо.

- Там какая-то голая женщина бегает по острову! – закричал матрос. – Но кроме нее никого не видно!

- Похоже, что она ковыляет, а не бегает! – засмеялся Кэхо, приложив руку ко лбу, чтобы лучше видеть.

- Ну вот теперь есть интересное название для острова! – засмеялся кормчий Аламинос. – Остров Старой Голой Женщины!

Все засмеялись.

Ну да, святые у нас еще есть… но давайте уже назовем остров действительно как-то смешно! – согласился Понсе. – Молодец, Аламинос! Чувство юмора не покидает тебя никогда. Итак, остров назовем La Viejo **(The Old Women – прим. К.А.)** и эта старая женщина, судя по всему, как раз и приветствует нас!

Шлюпки были спущены и испанцы, во главе с Понсе высадились на новом Острове.

Женщина, которую заметили издалека, была действительно голой старухой. Девушки индианки, взятые в качестве переводчиц, ее легко поняли и сказали, что ее привезли сюда и бросили умирать на острове ее же родственники.

- …они посчитали, что я им не нужна! – возмущалась старуха. – Но я столько лет поднимала своих детей и внуков, спасала их от болезней, нянчила на руках и кормила своей грудью! Они вышли из меня! И где благодарность!!!

Женщины едва успевали переводить для Понсе слова возмущенной старухи.

Chapter 11

On July 3, 1513, the armada of Ponce reached the island of Achecamber **(modern Key Largo – note K.A.)**. Then the ships passed Santa Pola **(modern Elliot Key – note K.A.)** and Santa Marta **(modern Key Biscayne – Miami Beach – note K.A.)**.

Time passed and July 15, 1513, came.

"There is an island ahead!" a sailor shouted from above.

There was a movement on the deck.

"We need to replenish water supply!" said captain Quejo approaching Ponce de Leon.

"There is a naked woman running around the island!" the sailor shouted. "But I don't see anyone else!"

"It looks like she is toddling, not running!" Quejo laughed. He put a hand on his forehead to see better.

"Well, now we have an interesting name for an island!" Navigator de Alaminos laughed. "The island of the Old Naked Woman!"

Everybody laughed.

"Yes, we have a couple of Saints left, but let's already call an island in a funny way!" Ponce agreed. "Well done, Aláminos! A sense of humor is always with you. So let's call this island La Viejo **(the Old Woman – note K.A.)**, and this old woman is apparently greeting us!"

The boats were down, and the Spaniards led by Ponce landed on the new island.

The woman who had been noticed from afar actually was a naked old woman. The Indian women who had been taken as interpreters quickly understood her and said that she had been brought here to die by her own relatives.

"… they decided that they didn't need me!" the old woman was indignant. "But I had been raising my children and grandchildren, treating them, nursing in my arms and breast-feeding for many years! They came out of me! And where is the gratitude!!!"

The women hardly had time to translate the words of this angry old woman to Ponce.

Понсе велел дать ей одежду.

Старуха одела хлопковое платье и заулыбалась..., и тут все заметили, что ее зубы были достаточно крепки и белы. Это поразило всех присутствующих.

При взгляде на женщину и глубину ее морщин, было видно, что это старуха. Однако из-за живости ее движений и хорошо выглядящем теле было явное несоответствие ее возрасту.

- Сколько тебе лет? – спросил старуху удивленный Понсе.

- Мне много лет... – засмеялась старуха... – Я и не помню уже... раньше считала... но после того как у моих внуков появились дети... я перестала складывать свои года.

- За что тебя оставили на этом острове? – спросил через переводчиц Понсе.

- В нашем народе не любят старых – засмеялась старуха. – Пока ты молода и с тобой можно делать детей – ты нужна. А такая как я – это только лишний рот.

Женщин и так много, чтобы было кому сидеть дома и готовить еду, и следить за детьми. А мне сказали, что я – лишний рот в нашем племени.

И женщина горько вздохнула.

- Но как тебе удается быть такой... молодой...? – спросил Понсе.

- Я знаю одно место, где есть волшебная вода... а вода - это все! – заулыбалась старуха. - Нет такой болезни, которую не лечит эта вода!

«Святая Дева Мария! – пронеслось в голове у Понсе. – Ты не покидаешь меня и направляешь воистину каждую секунду, когда я уже отчаиваюсь! Спасибо тебе!»

- Скажи мне, женщина, а не знаешь ли ты остров Бимини? – спросил Понсе через переводчицу и понял, что его губы дрожат от напряжения. – И не на этом ли острове находится твой Волшебный Источник?

- Конечно знаю, - ответила старая индианка с благодарностью смотря на Понсе и ощупывая свою новую одежду, которая ей очень нравилась. – Я очень-очень зла на весь свой народ, который выбросил меня как ненужную косточку из плода умирать здесь на этом острове. И я расскажу Вам где находится Бимини и укажу вам на воду, хотя это и является секретом нашего племени!

Ponce ordered to give her some clothes.

The old woman put a cotton dress on and smiled… And that's when everybody noticed that her teeth were quite strong and white. It amazed all those present.

Looking at the woman and the depth of her wrinkles it was obvious that she was old. However, because of the liveliness of her movements and her good looking body, there was an apparent age discrepancy.

"How old are you?" surprised Ponce asked the old woman.

"I'm old…" the old woman laughed, "I don't even remember… I used to count… but after my grandchildren had children, I stopped counting my age."

"Why were you left on this island?" Ponce asked through the interpreters.

"They don't like old people in my tribe." The old woman laughed. 'While you are young and you can make babies – they need you. Someone like me is just an extra mouth. There already are a lot of women to sit at home, cook and look after children. I was told that I'm an extra mouth in our tribe." The woman sighed sadly.

"But how do you manage to stay so... young? Ponce asked.

"I know a place where magic water is… Water is everything!" the old woman smiled. "There is no such disease which this water cannot cure!"

"Holy Virgin Mary!" a thought flashed through Ponce's mind. "You don't leave me and truly direct me every second when I despair! Thank you!"

"Tell me, woman, do you know Bimini island?" Ponce asked through the interpreter and realized that his lips were shaking with tension. "And isn't it the island where your Magic Fountain is?"

"Of course, I know." The old Indian woman replied, looking at Ponce with gratitude and touching her new clothes, which she liked very much. "I'm very-very angry at my people who had abandoned me like a useless pit of a fruit to die here, on this island. I will tell you where Bimini is and show you the water even though it's a secret of our tribe!"

Понсе взмахнул обеими руками, обращаясь с благодарностью к небесам.

- Одарите эту женщину всем, чем она пожелает! – приказал Понсе своему секретарю. – Принесите ей всякие бусы, ожерелья и что-нибудь еще... а вообще просто отведите ее к Хуане Руиз, и она найдет как сделать ей приятное!

Счастливые и довольные от услышанных новостей, которые вскоре облетели все корабли, испанцы набрали пресной воды и тут же поплыли в направлении, указанным индианкой.

Теперь с ней, через переводчиц-таинок, разговаривал Антон де Аламинос. Слушая ее, он чертил круги на карте и прикидывал координаты острова.

В одну из ночей, когда никого не было на палубе, подкупленный вице-королем моряк Педро вытащил топор из-под компаса на каравелле Сантьяго. То же сделал и другой шпион на другом корабле. Теперь все три компаса показывали одинаковое направление, что облегчало Антону де Аламиносу прокладывание пути в новых водах.

25 июля 1513 года в судовых журналах еще раз была запись о том, что корабли близки к нахождению легендарного острова Бимини с Источником Молодости.

*

Корабли петляли от острова к острову несколько дней. Старая женщина говорила «нет, это не это место» уже несколько раз, когда армада доходила до очередного острова.

Капитаны измучились. Решено было использовать один корабль, пока остальные стояли в стороне.

Наконец, в один из дней, старая женщина, которая стояла теперь на носу корабля, оглядывая каждый остров, обратилась к боцману, стоявшему рядом с ней.

- Я вижу Бимини! – сказала она твердо. – Позовите моего спасителя!

На палубу вышли Понсе де Леон, Антон де Аламинос и капитан корабля Хуан Боно де Кэхо.

- Господин Понсе! – обратился боцман к Аделантадо. – Я позвал вас, так как женщина утверждает, что этот остров и есть Бимини!

Ponce raised both his hands in the sky with gratitude.

"Bestow this woman everything she wants!" Ponce ordered his secretary. "Give her some beads, necklaces and something else... Just take her to Juana Ruiz, she will find a way to please her!"

Happy and pleased by the news, which was known on all three ships, the Spaniards drew fresh water there and immediately sailed in the direction showed by the Indian woman.

Now Anton de Alaminos was talking with her with the help of interpreters from the Taino tribe. While listening to her, he was drawing circles on the map and trying to figure out the coordinates of the island.

One night, when there was no one on the deck, sailor Pedro, who was bribed by Viceroy, pulled the ax from under the compass on Santiago caravel. The other spy did the same thing on the other ship. Now all three compasses were showing the same direction, making it easier for Anton de Alaminos to lead the way in unknown waters.

On July 25, 1513, a new record in the logbooks was written. Ships were about to find the legendary island of Bimini with its famous Fountain of Youth.

*

The ships were sailing from island to island for several days. The old woman said, "No, this is not the place" a few times already, when armada reached the next island.

The captains were exhausted. They decided to use one ship while the rest of the armada stood aside.

Finally, one day, the old woman, who was standing at the bow of the ship looking at each island, turned to the boatswain who was standing right next to her.

"I see Bimini!" she said firmly. "Call for my savior!"

Ponce de Leon, Anton de Alaminos and the captain of the ship, Juan Bono de Quejo came on the deck.

"Mr. Ponce!" the boatswain turned to Adelantado. "I called you, because this woman claims that this island is Bimini!"

- Что скажешь, Аламинос? – обратился Понсе к главному кормчему.

- Я как раз сейчас сверялся с картами... – сказал Аламинос. – Перед поездкой я скопировал карту Хуана де ла Косы 1500 года [49] она показывает этот остров и говорит, что он открыт семьей Колумба и называется Habacoa **(современный – остров Абако).** Карта Питера Мартира (**Peter Martyr**)[49], сделанная два года назад, показывают эти острова **(Багамские острова – Прим К.А,),** но не называет их.

- Это плохо, это очень-очень плохо... – заключил Понсе. – Тем не менее поезжайте с этой старой женщиной и наберите воду с острова. Попробуем ее. А ты, Антон и ты, мой друг, Кэхо, зайдите ко мне и давайте обсудим эту ситуацию.

- Господин Понсе! – закричал сверху матрос – на горизонте корабль!

- Корабль!?! – в шоке переспросил Понсе. – Тогда быстро спускайте шлюпку и привезите мне воду из всех источников до того, как сюда подойдет этот корабль. Быстро!!! – заорал он на боцмана и тот сломя голову бросился выполнять приказание.

- Ну, и кто это может быть? - спросил Понсе Аламиноса и капитана Кэхо.

- Ну, это точно не один из наших кораблей! – усмехнулся Кэхо. – Наши стоят рядом!

- Очень остроумно... – прошипел Понсе. – Очень...

- Корабль разворачивается... – закричал матрос сверху и его голос передали другие.

- Что за ерунда? – озадаченно спросил Понсе. – Если это испанский корабль, то зачем ему удаляться? А если португальский?..

- Предлагаю выслать кого-нибудь ему навстречу! – воскликнул Кэхо. - Пусть Сан-Кристобаль поедет за ним!

- Согласен! Сигнализируйте ему! – подтвердил Понсе.

Вскоре все наблюдали интересную картину.

"What do you say, Alaminos?" Ponce asked the chief helmsman.

"I just looked through the maps..." Alaminos said. "Before the journey, I copied Juan de la Cosa's first map of the New World, printed in 1500. There's this island and the map says that it was discovered by the Columbus family and it is called Habacoa. The map in Peter's Martyr's first edition of 'De Orbe Novo' in 1511 shows these islands **(Bahamas – note K.A.)**, but doesn't give them any name."

"That's really bad, really, really awful," Ponce stated. "Anyway, go there with the old woman and bring water from the island. Let's try it. But you, Anton, and you, my friend Quejo, come to my cabin. We should discuss this situation."

"Mr. Ponce!" a sailor sitting at the top of the ship shouted. "Another ship is near!"

"A ship?!" Ponce asked in shock. "Then quickly lower the boat and bring me water from all the wells on this island before this ship comes closer. Do it quickly!" he shouted at the boatswain. The latter rushed away.

"Well, who could that be?" Ponce asked Alaminos and Captain Quejo.

"Well, it certainly isn't one of our ships!" Quejo grinned. "Our ships are right behind us!"

"Very clever..." Ponce hissed. "Very..."

"The ship is turning..." the sailor cried from the top of the ship, and the others delivered his message.

"What's this nonsense for?" Ponce asked, puzzled. "If this is Spanish ship, why would it leave? And if it's Portuguese?.."

"I say we send someone to meet them!" Quejo exclaimed. "Let San Cristobal meet them!"

"I agree! Signal him!" Ponce confirmed.

Soon everyone saw an interesting picture.

Пока неизвестный корабль разворачивался, бригантина – малое судно с латинскими парусами очень манёвренное и быстрое, пустилась к неизвестному кораблю. Команды на оставшихся обоих кораблях армады Понсе де Леона увидели, что неизвестный корабль, поняв, что он уже не уйдет от встречи с бригантиной, остался стоять.

- Интересно, любопытно и страшно предположить кто это может быть... – произнес вслух Понсе де Леон.

Стоявший рядом священник вздрогнул. А капитан Кэхо внимательно посмотрел на лицо Понсе.

- Если это кто-то из конкистадоров, то что он делает здесь... Если это корабль губернатора Кубы Веласкеса, то ... опять же что он делает здесь... – рассуждал Понсе.

- Дорогой друг, лучше просто подождать... – сказал капитан Кэхо. – И мы буквально через час узнаем все все....

Понсе кивнул в ответ и поджал губы.

Когда на борт корабля Понсе де Леона поднялся человек в шляпе, Понсе ахнул.

- Капитан корабля его величества вице-короля Диего Колумба - Диего Мируэло! – представился капитан загадочного судна, снимая шляпу.

Тишина воцарилась на судне. Эта тишина длилась довольно долго, прежде чем побагровевший от возмущения Понсе пришел в себя и глубоко вздохнув смог говорить.

- Не могу сказать, что я рад вас видеть, капитан! – наконец после долгого молчания произнес приходящий в себя Понсе де Леон. – Интересно мне становится теперь узнать у Вас, что привело вас сюда – к этим островам и почему вы хотели скрыться от нас.

- Ну, сюда мы приехали по просьбе вице-короля Диего Колумба, чтобы отметить, что вы находитесь в тех, местах, что были открыты его отцом – Христофором Колумбом и его братом – Бартоломео Колумбом. А, значит, принадлежат и находятся под юрисдикцией вице-короля Западный Индий – Диего Колумба...

- Очень оригинально! – засмеялся злым смехом капитан Кэхо. – А каким образом вы оказались к западу от нас, если приехали с Эспаньолы, как вы говорите?

While the unknown ship was turning, a brigantine, a small boat with Latin sails, very agile and quick, went to the unknown ship. The teams on the remaining two ships of Ponce de Leon's armada saw that as soon as a team of the unknown ship realized that they'd have to meet the brigantine, the ship stood still.

"I wonder who's there. I'm curious and scared at the same time..." Ponce de Leon said aloud.

The priest standing next to him flinched. Captain Quejo looked at Ponce's face.

"What if this is one of the conquistadors? But what would they do there? What if this is the ship of the governor of Cuba, Mr. Velazquez? Then again... Why would he come here?" Ponce said.

"My dear friend, we should just wait..." Captain Quejo said. "We will know everything in an hour."

Ponce nodded and pursed his lips.

Once a man in a hat came aboard Ponce de Leon's ship, Ponce gasped.

"The Captain of His Majesty's, Viceroy Diego Columbus, ship - Diego Miruelo!" the captain of the mysterious ship introduced himself, taking off his hat.

Silence set in on board. This silence lasted for a long time until Ponce, who turned red with indignation, came to his senses, took a deep breath and was ready to talk.

"I can't say that I'm glad to see you, Captain!" finally said Ponce de Leon after a long silence. "But I wonder what brought you here, to these islands, and why you tried to hide from us."

"Well, we came here at the request of our Viceroy Diego Columbus. He asked us to tell you that these places were discovered by his father Christopher Columbus and his uncle Bartholomew Columbus. That means that they belong to the Viceroy of the West India, Diego Columbus, and are under his jurisdiction."

"Very interesting!" Captain Quejo laughed. "And how did you get to the west of our location, if you came from Hispaniola, as you say?"

Этот вопрос застал капитана Диего Мируэло врасплох. Он почесал кончик носа, потом дергающийся глаз и вдруг сказал:
- Я не хочу отвечать на этот вопрос, господин Понсе!
- А я требую разъяснений... – спокойно проговорил Понсе усмехаясь.
- Все вопросы можете задать вице-королю Диего Колумбу, - стараясь быть спокойным проговорил Диего Мируэло, смотря вниз перед собой.
- Это же надо! - воскликнул Аламинос. – Значит ваш корабль за нами шпионил! Непонятно как, но шпионил!!!
- Попридержите свои домыслы при себе, уважаемый! – поднял глаза и зло смотря на Аламиноса произнес Мируэло.
- Давайте, уезжайте отсюда, капитан! – похоже у нас с вами не получится разговора. – И уведите подальше от нас ваше судно с вашими полномочиями. Не пристало капитану вот так низко шпионить за теми, кто открывает Новые Земли во Славу Короля нашего Фердинанда Арагонского! Не гневите Бога и нас – Бог не знаю... а вот мы можем и не сдержаться...
- До свидания, господа! – сказал капитан Мируэло и стал быстро спускаться в свою шлюпку, понимая, что ситуация может выйти из-под контроля и он может навсегда остаться здесь - на палубе корабля Понсе де Леона, если эмоции захлестнут его команду и кто-нибудь вытащит оружие.
- Чтоб Вас Черти унесли на дно! – не сдержался и сказал ему вслед капитан Кэхо.
В чистом небе вдруг загрохотало... все поняли головы и посмотрели друг на друга... а потом одновременно посмотрели на Кэхо...
- Что? – набросился Кэхо на удивленных друзей. – Что я не прав, желая этим низким шпионам, чтобы они пошли ко дну? Мы не знаем, как долго они за нами следят! Как им удалось нас найти? Как... да что там... Вопросов много и ответы мы вряд ли узнаем... И мне будет их не жаль...
- Давайте пойдем пробовать воду, которую привезли с этого острова, - остановил его Понсе.

***

This question took Captain Diego Miruelo by surprise. He scratched the tip of his nose, then his twitching eye, and suddenly said, "I don't want to answer that question, Mr. Ponce!"

"And I need answers," said Ponce calmly.

"You can ask your questions to the Viceroy Diego Columbus," said Diego Miruelo, trying to be calm, and looked down at his shoes.

"I can't believe it!" Alaminos exclaimed. "So you spied on us! I don't know how but you did!"

"Keep your fantasies to yourself, mister!" Miruelo looked up and glared at Alaminos.

"Get away from here, Captain! I guess we wouldn't be able to have a proper conversation with you. And take your ship with your stupid jurisdiction away from us. It's really low of a captain to spy on people who discover new lands for the glory of our King Ferdinand of Aragon! Do not irritate God and us. I don't know about God, but... we have very little patience."

"Goodbye, gentlemen!" Captain Miruelo said and quickly descended into his boat. He realized that the situation could spiral out of control any minute and he'd have to stay there forever - on the deck of Ponce de Leon's ship - if his team gets angry and someone pulls out a weapon.

"Go to Hell!" Captain Quejo couldn't help but shout at him.

Suddenly the clear sky rumbled... Everyone looked up and then looked at each other. Then they turned to Keho.

"What?" Quejo asked his astonished friends. "You think I'm wrong wishing for the spies to drown in the ocean? We don't know how long they have been watching us! How did they find us? How... well... I have a lot of questions, but answers are nowhere to be found. And I will not pity them."

"Let's try the water from this island," Ponce stopped him.

***

Old Indian woman.
Старая индейская женщина.

Spaniards land on the new island.
Испанская высадка на новый остров.

Испанский корабль 16 века
Ship of Spain 16 century.

San Cristobal brigantine.
Бригантина Сан Кристобаль.

Глава 12

Может люди и сдержались... Но Бог не сдержался и, обращенные к судну капитана Мируэло, сотни проклятий всех участников экспедиции Понсе де Леона видно что-то изменили в природе.

Прогрохотавший гром на безоблачном небе был предвестником

бури, которая началась к ночи.

Два дня корабля Мируэло не было видно. За это время ветер усиливался и Понсе по просьбе Аламиноса решил увести корабли за остров, чтобы переждать ожидающую сильную бурю.

Зайдя в бухту между островами, корабли Понсе уберегли себя от огромных волн. С каждым часом шторм усиливался. И вдруг матрос, сидевший наверху каравеллы Сантьяго, закричал:

- Корабль!!! На горизонте корабль!!! Он тонет!!! Тонет!!!

Все бросились к борту смотреть на то, что происходит.

Было видно, как огромные волны бросают корабль капитана Мируэло, как бы играясь с ним... Молния ударила в мачту, и она загорелась...

- Господи! - взмолился священник и схватил Понсе де Леона за руку. – Там наши соотечественники! Там наши христиане! Как могли вы пожелать им смерти! Вы должны их спасти!

- Ну конечно!!! – закричал капитан Кэхо, перекрикивая ветер. – Спасти тех, кто шпионил за нами и кого сам Бог сейчас решил покарать? Надо дать Природе сделать ее работу и не мешать! Если он выживут, то Святая Дева Мария их пощадила и простила за их прегрешения, а если они умрут, то на то и воля Божья!

- Вы богохульствуете, Кэхо! – запричитал священник. – Многие из них просто моряки на том судне и не более того! Они такие же христиане, как и вы! Многие из них сражались может даже плечом к плечу с Вами или Аделантадо Понсе против французов, итальянцев и мавров!!! А вы радуетесь их смерти? Раскайтесь, Кэхо и помогите этим несчастным!

Chapter 12

Maybe the people were patient... But God didn't restrain himself. The weather has clearly changed after hundreds of curses of Ponce de Leon's team to Captain Miruelo's ship.

Thunder rumbling in the cloudless sky was a harbinger of the storm that began at night.

Miruelo's ship was nowhere to be seen for two days. During these days the wind increased and at Alamino's request Ponce decided to lead the ships at the back of the island to wait for the storm to end.

Hidden in the bay between the islands, Ponce's ships were saved from huge waves. The storm intensified every hour. Suddenly the sailor, who sat at the top of Santiago caravel, shouted, "A ship! There's a ship! It is sinking! It is sinking!"

Everyone ran to the side to look at whatever was happening.

Huge waves were crashing Captain Miruelo's ship as if playing with it. Then the lightning struck the mast and in seconds it was on fire...

"Oh God!" the priest begged and grabbed Ponce de Leon's hand. "They are our compatriots! They are Christians! How could you wish they were dead! You must save them!"

"God no!" Captain Quejo cried, shouting over the wind. "We don't have to save them. They were spying on us and now God is punishing them. Let nature do her job and do not interfere! If they survive, the Holy Virgin Mary must have forgiven their sins. But if they die, that must have been God's will!"

"You are blaspheming, Quejo!" the priest cried. "Many of them are just the sailors on the ship and nothing more! They are Christians, just like you! Many of them may even have fought with you or Adelantado Ponce against the French, the Italians and the Moors! And you are laughing at their death! Repent, Quejo, and save these poor people!"

- Ну и как мы можем помочь этим несчастным? – спросил Понсе. – Выйти в шторм, чтобы погибнуть вместе с ними? Нет уж, дудки! Я готов им помочь, но только не рисковать своими кораблями и своими людьми. Капитан Мируэло достаточно опытен, чтобы продержаться... хотя... похоже их положение все хуже и хуже...

Волны становились все круче и круче... Правильное положение корабля по ветру и волнам не давало его опрокинуть, однако мачта и паруса его горели...

А гребни волн несли его на острова. Это была еще та схватка людских рук с морской стихией. Все видели, как двое матросов улетели за борт и скрылись в пучине...

Однако мачта перестала гореть после очередной нарывшей корабль волны. В какой-то момент буря будто бы спала и корабль нацелился на берег. Однако, когда Мируэло почти подошел к берегу, то несколько огромных волн буквально навалились на корабль и морская пучина сначала поглотила, а затем буквально выбросила его на берег.

Тут же к нему бросилась вся команда Понсе со всех кораблей, чтобы помочь тем, кто был внутри корабля.

Крики боли, кровь и поломанные ребра, руки и ноги были результатом такой борьбы людей с морской стихией.

Всем было оказана помощь. Тех, кто не мог идти, тащили на себе подальше от берега и корабля, тех кто не мог передвигаться несли на себе, тех кто был в сознании все равно сопровождали до укрытия, где их ждало тепло и огонь.

Большинство моряков и испанских солдат были знакомы друг с другом и были рады тому, что благодаря терпению Диего Мируэло и снисхождению Понсе де Леона и трех капитанов, они вместо врагов снова были друзьями.

Когда немного утихли волны, то капитаны отвели суда за остров **Eleutera (Guatao- старое название)** и там переждали шторм **с 18 по 23 августа 1513 года.**

***

"But how can we help these people?" Ponce asked. "If we go in the storm, we'll die with them. Nah! I'm willing to help them but not to risk the ships and the team. Captain Miruelo is experienced enough to survive... though... now the situation is getting worse and worse."

The waves were hitting the ship harder and harder... It wouldn't overturn, but the mast and the sails were burning.

The waves were carrying it to the island. People were trying to battle with the sea. Everyone saw how two sailors fell overboard and disappeared in the deep.

However, the mast stopped burning after another wave. At some point the storm calmed and the ship went to the shore. Though when Miruelo was almost there, several huge waves literally swallowed the ship and then threw it on the shore.

Immediately, entire Ponce's team rushed from all the ships to the shore to help those who were injured.

There were cries of pain, blood, broken ribs, arms and legs. It was the result of people struggle with the sea.

The team helped everyone. Those who couldn't walk were dragged away from the shore. Those who couldn't lift any part of their bodies were carried, and those who were still in their clear minds were accompanied to the shelter, where they could get warm.

Most of the sailors and the Spanish soldiers knew each other and were very happy that thanks to Diego Miruelo's patience, Ponce de Leon's and three other captains indulgence they could be friends again.

When the sea calmed a little, the captains led the ships away at the back of **Eleuthera** island (Guatao is its old name). There they were waiting the storm out from **18 to 23 August, 1513.**

***

Глава 13

- Мы собрались здесь, уважаемые капитаны, чтобы обсудить непростую ситуацию, которая сложилась сейчас, – начал Понсе де Леон. – С одной стороны, мы сделали благородное дело – спасли наших соотечественников от неминуемой гибели после шторма. С другой стороны, мы не выполнили главного условия – не нашли Бимини и, главное, теперь мы не можем продолжить наши поиски, поскольку теперь все, кого мы спасли - от капитана Мируэло до последнего юнги на борту его корабля – потенциальные шпионы.

- А благородство всегда ведет к гибельным последствиям... – не сдержавшись буркнул капитан Кэхо.

- Мы не имели права не спасти людей! – горько вздохнул Понсе. – Давайте все-таки продолжим разговор, по существу. Нам надо добыть сведения о местонахождении Бимини. Мы близки к разгадке этого острова. Наша старая женщина что-то перепутала. И мы все-равно отыщем этот остров. Только непонятно одно – кто это сделает?! Я каждому из вас доверяю. Доверяю очень... Мне передали известие о моей семье – говорят, что на мой дом напали карибы и разрушили Капарро, поэтому я должен срочно вернуться. Итак, мы проделали огромный путь. Открыли Новую Землю – Паскуа де Флорида. Нашли новое жестокое и ненавидящее нас племя Калуса. Открыли новые реки и острова. Но мы не сделали два дела: мы не нашли воду и не оставили никакого поселения. Мы близки к разгадке Фонтана Молодости – он находится или там, где живут Калуса или на острове Бимини, как утверждает старая женщина. В любом случае мы не можем ехать искать это место с командой капитана Мируэло – иначе все, что мы сделали будет известно Колумбу и он, может, пожалуй, у нас все отнять или попытаться присвоить наши открытия своей семье. Я долго думал и пришел к выводу, что на поиски острова, который должен находиться совсем близко мы должны послать Аламиноса, который является верным кормчим нашей экспедиции. А корабль мы можем оставить для этого только Сан-Кристобаль с капитаном Пересом де Ортубой. Другие же корабли мы поведем назад – на Сан-Хуан.

Chapter 13

"We've gathered here, captains, to discuss the current complicated situation," started Ponce de León, "On the one hand, we've done a noble cause - we saved our fellow countrymen from certain death after the storm. On the other hand, we have not fulfilled the main condition - we didn't find Bimini. Most importantly, now we can't continue our search, because all the people we saved - from captain Miruelo to last cabin boy aboard his ship - are potential spies."

"Nobility always leads to disastrous consequences," Captain Quejo couldn't help but grunt.

"We didn't have the right to leave these people to die!" Ponce sighed. "Let's stick to the point of this conversation. We need to get information about Bimini's whereabouts. We are close to unraveling the mystery of this island. Our old lady must have got something wrong. But we're still going to find the island! Only one thing isn't clear: who's going to do it?! I trust all of you. I do. I was told the news of my family. They said that Caribbeans had attacked my house and destroyed Caparro, that's why I have to return immediately. So, we have come a long way. We discovered a new land - Pascua de Florida. We became acquainted with cruel Calusa tribe that hated us. We discovered new rivers and islands. But we didn't do two things: we haven't found water and haven't settled down there. We are close to unraveling the mystery of the Fountain of Youth. It's either somewhere where Calusa live or on the island of Bimini, according to the old lady's words. Anyway, we can't go looking for this place with captain Miruelo's team. Otherwise, everything that we have found out will be known to Columbus and he may, perhaps, take it all away from us or try to assign our discoveries to his family. I have been thinking and came to the conclusion that we need to send Alaminos, who is the true helmsman of our expedition, in search of the island that should be very close to our location. For this expedition we can only give you San Cristobal ship with Captain Perez de Ortubia. We will guide back the other ships to San Juan **(Puerto Rico – note K.A.).**"

Наступило молчание и только скрип корабельных досок нарушал его.

- Капитан Ортуба и главный кормчий Аламинос! Вы не должны возвращаться без заветной воды. Вы будете ответственные не только передо мной, но и перед Королем Фердинандом. И мне не важно сколько времени у вас это займет и сколько вас не будет! Все должно оставаться в секрете! Привезите воду из Источника Молодости с этого острова Бимини! Вы – наша надежда и вера в то, что все это было не напрасно. И вы должны завершить эту экспедицию и доказать это! Я думаю, что наш король Фердинанд не постоит за наградой.

- Давайте будем действовать так, чтобы было правильно. Без вас, дорогой Понсе, мы не сможем ни основать колонию на побережье, ни объявить новые открытые острова как территории, принадлежащие королю Фердинанду, ни что-либо еще! Поэтому, возможно, что Вам придется вернуться сюда и присоединиться к нам. Или подождать нашего возращения в порт Пуэрто-Рико! - констатировал капитан бригантины Сан Кристобаль - Хуан Перес де Ортуба.

- В любом случае необходимо найти остров Бимини! – также поддержал всех кормчий Антон де Аламинос. – Это главное условие для правильного понимания всех открытых земель. Вы, уважаемый Понсе получили звания аделантадо Бимини. У меня на карте обозначено Бимини как территория, где мы столкнулись с индейцами Калуса. Территория обширная и достаточно большая – мы даже не нашли где заканчивается остров. Также непонятно главное – где находится источник! Это правда, что мы еще не нашли его, но он вот-вот обнаружится, следуя странному рассказу странной старой женщины, подобранной нами. И нам, действительно, не нужны свидетели из экипажа корабля Диего Мируэло. Это страшно повредит нам, если они что-нибудь унюхают. Я даже опасаюсь за карты, которые мы сделали во время нашего плавания. Они могут их выкрасть. Я ночью уже несколько раз замечал, что когда никого нет в вашей, Понсе, каюте, то кто-то из команды Мируэло ошивается рядом. И всегда это три-четыре человека. Я думаю, что они хотят или похитить карты, или сделать их копии, чтобы потом объявить, что это владения

Silence set in and only the creaking of the ship's planks was breaking it.

"Captain Ortubia and chief helmsman Alaminos! You do not come back without treasured water. You are responsible not only to me, but also to King Ferdinand. And I do not care how long this journey will take and how long you'll be travelling! Everything has to remain secret! Bring water from the Fountain of Youth from the island of Bimini! You are our hope and belief that it wasn't in vain. You have to finish the quest and prove it! I think that our King Ferdinand will endow you richly."

"We should make it right. Without you, dear Ponce, we wouldn't be able to establish a colony on the coast, or to announce new discovered islands as a territory belonging to King Ferdinand, or to do anything else! Therefore, it is possible that you'd have to come back here and join us. Or to wait for our arrival to Puerto Rico port!" stated the captain of the brigantine San Cristobal, Juan Perez de Ortubia.

"Anyway, we have to find the island of Bimini!" the helmsman, Anton de Alaminos, stated. "This is the main condition for a proper understanding of all the discovered land. You, dear Ponce, got the title of admiral of Bimini. I indicated Bimini on the map as the territory, where we had run into Calusa tribe. The territory is vast and quite big - we couldn't find where the island ends. The most important thing is unclear - where is the well! It's true that we haven't found it yet, but we are very close to it, according to the strange story of the strange old woman we had picked up off the road. And we do not need any witnesses of the crew of Miruelo Diego's ship. It'll hurt us badly, if they find anything. I even fear for the maps that we have made during our expedition. They can steal them. I noticed several times that at night, when there's no one in your cabin, Ponce, someone from Miruelo's team is hanging around nearby. And it's always three or four people. I think they either want to steal the maps or make copies of them to later announce that they are the property of Columbus family. It can be expected from his son Diego and his brother Bartholomew...

семьи Колумба. От его сына Диего и брата Бартоломе это можно ожидать... Поэтому я хотел бы сохранить наши открытия в безопасном месте и сегодня же перевезти все карты на Сан-Кристобаль под охрану. Также мне хотелось бы, чтобы судовой журнал здесь - на корабле Санта Мария был не просто под замком, а под надежной охраной день и ночь.

- Я уже дал приказ своим людям под страхом наказания не разговаривать с людьми Мируэло о нашем путешествии, – сказал Диего Бермудез - капитан каравеллы Сантьяго. – Но, мы же понимаем, что так или иначе, как только матросы и баталеры ступят на берег, то вице-король Индий – Диего Колумб сразу же узнает о каждом дне, о каждой стычке, о каждом человеке, что были во время нашего путешествия...все-равно не удастся сохранить что-нибудь в секрете...

Снаружи послышался шум. Затем ругань, а затем звуки борьбы и лязг оружия.

Понсе вместе с Аламиносом остались на своем месте, а остальные капитаны выбежали наружу. Послышались ругательства и крики. Все пришло на палубе в движение.

Дверь распахнулась и к Понсе в каюту ввели матроса Педро с корабля Сантьяго. Его рубашка была разорвана, а лицо было залито кровью. Его руки были заломаны сзади. Позади него, толкая в спину вошли идальго Мануэл с корабля Сантьяго. С ними вместе зашли выбежавшие три капитана. Один из них – Диего Бермудез крутил головой, как бы не веря тому, что он увидел. Наконец, эту процессию замыкал доминиканский священник, который перебирал четки с такой скоростью, что было ясно, что что-то стряслось.

Понсе удивленно вскинул брови и ждал пока ему объяснят в чем дело.

- Этот мой матрос! – сказал капитан Бермудез. - Он подслушивал все, что здесь происходило. Наш высокочтимый священник решил побыть в одиночестве и читал про себя молитву. Тут он увидел свет и как матрос Педро, отодвинув доски, приложил ухо и слушает. Священник сказал об этом идальго Мануэлу. Тогда тот тихо подошел сзади и окликнул своего матроса. Педро понял, что его засекли и набросился на идальго и на священника.

That's why I would like to keep our discoveries in a safe place. Also, I would like to move all the maps on the San Cristobal for secure keeping today. And it's better if the log-book here, on the Santa Maria ship, is not just locked up, but well-guarded day and night."

"I have already given the order under heavy penalty not to talk to Miruelo's team about our journey," said Diego Bermudez, the captain of Santiago caravel. "However, we do understand that one way or another as soon as the sailors and the soldiers step ashore, the Viceroy of India, Diego Columbus, will find out everything about each day, every encounter, every man that we've met during our journey... We wouldn't be able to keep anything secret..."

There was a noise outside. Then cursing, the sounds of tussle and the clank of weapons.

Ponce and Alaminos remained in place, and the rest of the captains ran outside. There were curses and angry shouts. Everything on deck came in motion.

The door swung open and the cabin sailor from Santiago ship was brought into Ponce's cabin. His shirt was torn and the face was covered with blood. His arms were twisted behind his back. Behind him, pushing in the back, Admiral Manuel from Santiago ship entered the cabin. The three captains also returned there. One of them, Diego Bermudez, kept turning his head as if he couldn't believe what he saw. Finally, in the end of this procession came the Dominican priest who was counting his beads so fast that it was clear that something had happened.

Ponce raised his eyebrows and waited for someone to explain what was going on.

"That's my man!" Captain Bermudez said. "He was eavesdropping everything that happened here. Our priest decided to stay alone for a while and was reading a silent prayer. Then he saw the light and this sailor, Pedro, pushing the planks, putting his ear and listening. The priest told everything Manuel. Then he quietly came behind and called for his sailor. Pedro realized that he was caught red handed and attacked the officer and the priest."

- Да ладно, я уже ожидал что Педро может неожиданно броситься и просто врезал ему пару раз. Но он, гад, вырвался и хотел убежать. Не знаю правда куда – далеко отсюда не убежишь... но он выхватил нож и бросился на меня. Пришлось немного его исполосовать и попортить его рубаху! – пытаясь острить сказал идальго Мануэл.

Понсе с любопытством посмотрел на Педро.

- У тебя есть шанс объяснить все, что произошло... - сказал Понсе. - Даю тебе маленький шанс сказать правду... Ну?..

И тут произошло то, что никто не ожидал. Немолодой Педро очень неожиданно оттолкнулся и подпрыгнул назад. Ставший позади него идальго и священник были сбиты с ног и свалились. Охранник с алебардой стоявший у входа получил от беглеца головой удар в лицо и осел. Педро подскочил к борту корабля. Но в этот момент на него навалилась куча матросов. В потасовке, начавшейся у борта корабля участвовали по крайней мере человек шесть. Подбежавшие к месту баталеры, матросы и капитаны растащили кучу тел и обнаружили в самом низу бездыханное тело матроса Педро, со свернутой шеей.

На палубу вышел Понсе. Он хмуро посмотрел на тело. Затем перевел взгляд на Бермудаса и приказал всем снова вернуться в его каюту.

- Итак, то, что сейчас произошло поставило многое на свои места! – констатировал Понсе, когда дверь закрылась. - Бермудез, вы часто ездили с этим матросом сюда?

- Всегда, аделантадо Понсе! – вздохнул Бермудез, капитан корабля Сантьяго. – Всегда, когда я приезжал сюда я видел этого матроса в шлюпке.

- Замечательно, - хмыкнул Понсе. – Значит, нас всегда подслушивали. – И все, что мы говорили здесь – всегда было известно этому человеку. Теперь, когда на нашем корабле появилась спасенная нами команды наших врагов, теперь это стало известно и им. Вопрос только – с какого момента? Если, как говорит Бермудез, этот человек все время был здесь, то тогда нашим врагам известно все.

Он посмотрел на растерянные лица всех присутствующих.

"Come on, I expected that Pedro would suddenly lash out and hit him a few times. But this bastard broke away and wanted to run away. I don't know where - you cannot escape from here. But he pulled out a knife and lunged at me. I had to hit him a few times and ruin his shirt!" said hidalgo Manuel, trying to be witty.

Ponce looked at Pedro with curiosity.

"You have a chance to explain yourself," Ponce said. "I give you a small chance to tell the truth. Well?.."

And then the most unexpected thing happened. Not really young Pedro suddenly pushed off and jumped back. The hidalgo and the priest behind him had been knocked down and fell. A guard with a halberd, who stood at the entrance, had been knocked down by the fugitive's fist in the face. Pedro jumped on the board. But at this moment a bunch of sailors attacked him. At least six people were participating in the scuffle that started at the side of the ship. Soldiers, sailors and captains ran to them, took away a bunch of bodies and found the lifeless body of sailor Pedro with a broken neck.

Ponce came on deck. He frowned at the body. Then he looked at Bermudez and ordered everyone to return to his cabin.

"So, what have just happened made everything clear!" stated Ponce, when the door closed. "Bermudez, have you ever come with this sailor here?"

"Always, admiral Ponce!" sighed Bermudez, the captain of Santiago ship. "When I came here, I always saw him on the boat."

"Great," Ponce grinned. "So, we have always been listened to. And everything we have said here has always been known to that person. Now, when we saved our enemies' team and they started to live on this ship too, the information has become known to them as well. The question is: when did they start to receive the information? If, as Bermudez says, the man was always here, then our enemies know everything."

He looked at the confused faces of all those present.

- В драке участвовало сейчас шесть человек – четверо были спасенными нами матросами Мируэло. Значит кто-то из них свернул шею нашему предателю, чтобы он ничего не сказал. Можно из этого конечно сделать дело и расследовать его. Но, не думаю, что кто-то сознается в содеянном. Отнесем это к несчастному случаю! – со вздохом произнес Понсе де Леон.

- А я предлагаю подослать надежного человека и послушать, что говорит Мируэло со своими людьми! – предложил капитан Кэхо.

- Ерунда! – даже если мы узнаем, то все будет напрасно. – Мы не можем ни обвинить его в чем-то, ни удалить его с корабля. Жаловаться нам некому. Поэтому стоит без лишних страстей и обсуждений побыстрее доставить всех домой. Поэтому считаю Совет оконченным и стоит поехать на свои корабли. Закрыть на два замка свои судовые журналы и завтра с попутным ветром поехать по своим дорогам.

- А вы, Аламинос, и вы, капитан, Перес де Ортуба, возьмете на свои плечи всю ответственность за окончание экспедиции и действительно найдете этот Бимини и привезете воду! – заключил Понсе де Леон. – Как говорят в Ватикане – «Действовать, чтобы жить!».

***

Fighting on the ship.
Потасовка на корабле.

"There were six people involved in the fight. Four were Miruelo's sailors rescued by us. So, one of them broke our traitor's neck so he wouldn't be able to say anything. We could, of course, open the case and investigate it. But I don't think that anyone would confess to the crime. Let's call it an accident!" said Ponce de Leon with a sigh.

"And I say we send a reliable person to them. He could listen to what Miruelo says to his people!" suggested Captain Quejo.

"Nonsense! Even if we find it out, everything will be in vain. We can neither accuse him of anything nor tell him to leave the ship. We have no one to complain to. Therefore we should bring everyone home as quickly as possible without discussions. I think the Council is consummated and we should return to our ships. We should lock our logbooks properly and continue our journey with the wind."

"You, Alaminos, and you, Captain Perez de Ortubia, are going to take the full responsibility of the expedition. You have to find Bimini and bring water!" said Ponce de Leon. "As they say in the Vatican: act to live!"

***

Точная копия бригантины Сан-Кристобаль
Copy of San Cristobal.

Глава 14

19 октября 1513 года Понсе де Леон вместе со своим экипажем из двух кораблей каравеллы Сантьяго и корабля Санта Мария причалили в порту Сан Хуан - Ла Бахиа де Пуэрто Рико **(LaBahia de Puerto Rico)**.

Экспедиция длилась 230 дней.

Невеселая была встреча экипажей. Тяжелые вести о разрушении города Капарро, убийства многих испанцев из-за нападения карибов, добавило множество седых волос на голове у каждого человека, вернувшегося из далекого похода домой и у тех, кто это пережил.

Важная часть была сделана – была открыта Новая Земля и множество островов на севере от Кубы и Эспаньолы **(современная земля от Палм Коста и St. John River до современного Venice, Florida – прим. К.А.)**. Эта новая земля уже не была частью земель, принадлежащей семье Колумба – она принадлежала напрямую королю Фердинанду Арагонскому. Была найдена подводная река, направляющая корабли от Эспаньолы на северо-восток – к берегам Португалии и Испании.

Однако важная часть планов не была выполнена – не был найден Источник Молодости, не было основано поселение испанцев в Новой Земле. Поиски пришлось прекратить из-за постоянно возникающих конфликтов с людьми, спасенных с судна Диего Мируэло.

Если на первых порах спасенные были благодарны своим спасителям, то через несколько дней хорошее забылось и начались раздоры.

Несколько драк предотвратили сами капитаны и боцманы кораблей. Но напряжение витало в воздухе каждую секунду. Все вздохнули с облегчением только тогда, когда спасенные были доставлены на землю.

Понсе де Леона встретила жена, дети и Алонсо Мансо с секретарем и все, кто чудом уцелел в кровавой бойне при набеге людоедов индейцев-карибов на Капарра.

Chapter 14

On October19, 1513, Ponce de Leon with his two ships, Santa Maria and caravel Santiago docked at the port of San Juan – La Bahia de Puerto Rico.

The expedition lasted 230 days.

The meeting of the crew was not cheerful. The sad news about the destruction of the town of Caparra and death of many Spaniards because of the attack of Caribbeans added a lot of gray hairs on the heads of those who came back from a long journey and those who had been through this.

Important part was made – the New Land and many islands to the north of Cuba and Hispaniola were discovered **(modern land from Palm Costa and St. John River to Venice, Florida – note K.A.).** This new land wasn't the part of the property of the Columbus family, it belonged directly to king Ferdinand of Aragon. They found an underwater river which directed ships from Hispaniola to the northeast – to the coast of Portugal and Spain.

However, an important part of the plan was not fulfilled – the Fountain of Youth was not found and the Spanish settlement was not established in the New Land. They had to stop the quest because of the constant conflicts with people saved from the ship of Diego Miruelo.

If the rescued were grateful to their saviors at first, in few days everything good was forgotten and the contention took place.

Captains and boatswains of the ships prevented few fights. But the tension was in the air all the time. Everybody sighed with relief the moment when the rescued people were brought to the island.

Ponce de Leon was greeted by his wife, kids, Alonso Manso, his secretary and everyone who had miraculously survived the bloodbath during the attack of cannibals Caribbean Indians in Caparra.

После разрушения города, построенного Понсе де Леоном, столица была переведена в другую часть острова. Все в доме Понсе было разрушено и разграблено. Большая часть вообще сожжена и не подлежала восстановлению. Отношения с индейцами племени Таино, которые после своего поражения притихли, стали еще хуже. Теперь, когда индейцы увидели, что город белых пришельцев разрушен их бывшими врагами – карибами, они осознали, что бородатых людей можно убить и даже победить. Они отказывались от работ. Убегали целыми семьями подальше от поселений испанцев. Жители Сан-Хуана уже не чувствовали себя в безопасности. Охрана деревень испанцев теперь осуществлялась круглосуточно самими поселенцами. Многие уехали в Эспаньолу под защиту вице-короля Диего Колумба.

***

Caparra ruins Museum and Historic Park.
Руины города Капарра. Музей и Исторический парк.

After destruction of the town, founded by Ponce de Leon, the capital was transferred to the other side of the island. Everything in Ponce's house was destroyed and robbed. Most of it was burned and was not subject to recovery. Relationship with Taino Indians, who were quite quiet after their defeat, became even worse. Now, when the Indians saw that the town of white incomers was destroyed by their former enemies, Caribbeans, they realized that bearded man can be killed and defeated. They refused to work. Entire families fled far from the settlements of Spaniards. Residents of San Juan did not feel safe anymore. They guarded their own villages daily and nightly. Many of them moved to Hispaniola under the protection of Viceroy Diego Columbus.

***

House of Ponce de Leon.
Caparra Ruins Museum and Historic Park
Дом Понсе де Леона. Капарра

Глава 15

А в это время, Антон де Аламинос вместе с капитаном Пересом де Ортубой были уже несколько недель в лихорадочном состоянии. Старая Женщина много раз уже говорила, что это Бимини. Она говорила это, видя каждый остров. Постоянно высаживаясь в новых местах, главный кормчий с капитаном наносили на карту все новые острова – мелкие и крупные, сравнивали их с картами, где были нанесены владения семьи Колумба. Весь экипаж пил каждый день воду, пытаясь определить по ощущениям возращения молодости. Запасы еды и воды достаточно просто пополнялись. На островах почти не осталось индейцев Лукайос **(большинство из них были вывезены как рабочая сила на Эспаньолу ранее - прим. К.А.).** Интересно то, что люди в экспедиции чувствовали себя очень хорошо. Несколько раз штормы приходилось пережидать, заходя в бухты островов. Аламинос заметил и записал, что весь сентябрь, октябрь и весь ноябрь штормы в этих краях были огромны и часты. Это очень контрастировало с погодой, которая была достаточно жаркой и спокойной с марта по август, когда проходили основные открытия.

В один из дней стояла хорошая погода. Перед глазами открылся очередной остров.

- Это он! – закричала старуха, указывая пальцем на остров.

Капитан Ортуба и Аламинос только глубоко вздохнули, потому что слышали это уже с десяток раз.

Тем не менее погода была достаточно благоприятной, и Антон де Аламинос вместе с индейцем- переводчиком и с несколькими матросами и баталерами решил поехать исследовать остров. Естественно, что с собой они взяли и старуху. Вместе с ней поехали и переводчица-индианка с острова Сан Хуан, вышедшая во время экспедиции за идальго Мануэла. И с ними же поехал и индеец, которого подобрали на Паскуа де Флорида и который добровольно согласился отправиться с испанцами.

Chapter 15

At this time Anton de Alaminos and captain Perez de Ortubia were in febricity for several weeks. The old woman said many times that was Bimini. She said every time she saw an island. Landing in new lands constantly, chief Navigator and captain mapped all the new islands, small and large. They compared them with the map where the possessions of the Columbus family were marked. Te whole crew drank water every day trying to determine the return of the youth. Food and water were restocked quite easily. There were almost no Lukayos Indians on the islands **(most of them were removed as labor force to Hispaniola earlier – note K.A.)**. It was interesting that people in the expedition felt very well. They had to ride out the storm in bays of the islands several times. De Alaminos noticed and wrote down that all September, October and November storms in these parts were huge and frequent. It was contrasted with the weather which was quite hot and calm from March to August, when the main discoveries were made.

One of these days the weather was good. There was another island in front of them.

"This is it!" the old woman shouted pointing her finger at the island.

Captain Ortubia and Alaminos took a deep breath, as they had heard this about a dozen times.

Nevertheless, the weather was quite nice, and Anton de Alaminos with the Taino interpreter and few sailors and soldiers decided to go and explore the island. Obviously, they took the old woman with them. The female Indian interpreter from San Juan island, who married hidalgo Manuel during the expedition, went with her. The Indian man, who was taken from Pascua de Florida and who agreed voluntary to join the Spaniards, went with them as well.

Чем ближе подплывали они к острову, тем более странным становилось поведение старухи. Она подпрыгивала от нетерпения на своем месте. Она судорожно вдыхала запах и постоянно вставала, оглядываясь вокруг.

Поскольку к ее причудам испанцы уже давно привыкли, то они лишь с усмешкой смотрели на нее...

Едва лодка причалила к берегу, как старуха махнула рукой Аламиносу и быстро пошла в мангровый лес. Баталеры и матросы побежали за ней, бросив лодку на попечение двух своих соратников. Старуха остановилось у камней, за которыми была пещера и все это было расположено в морском мангровом лесу, который покрывал северную часть острова.

- Это - Целебный Грот! – сказала старуха через переводчицу индианку и поцеловала камни, а затем обняла их.

Ее голос эхом отозвался в гроте. А неизвестно откуда взявшаяся туча закрыла солнце. Всем стало немного не по себе.

Аламинос посмотрел на спутников и попросил, чтобы старуха показала сам Источник.

Старуха вдруг засмеялась. Это было похоже на смех колдуньи, против которых так сильно билась инквизиция в Европе.

- Идите за мной. Чтобы не случилось - молчите! – сказала старуха. - Пусть ваш Бог силен! Но здесь вы должны соблюдать тишину, уважая моих богов!

Аламинос усмехнулся и показал всем, чтобы все молчали. Старуха пристально посмотрела на каждого, кто был сейчас с ней.

Сеть подземных туннелей была причудлива и красива. Она завораживала.

Ступая по этому удивительному месту, испанцы озирались, ожидая подвоха каждое мгновенье. За время их путешествия они были готовы ко всему.

Неожиданно в конце череды туннелей показалась заводь...

- Идите сюда! Сказала старуха. Мы будем ждать отлива. Доставайте ваши кружки и сосуды и можете наполнить их, но только тогда, когда я скажу!

- Здесь очень странно пахнет! – сказал один из баталеров.

The closer they were getting to the island, the stranger the old woman's behavior was getting. She was bouncing with impatience. She was smelling spasmodically and standing up constantly to look around.

As the Spaniards had got used to her weird behavior a long time ago, they just looked at her with a grin…

As soon as the boat approached the shore, the old woman waved her hand at Alaminos and quickly went to the mangrove forest. Soldiers and sailors ran after her, leaving the boat in the care of their two companions. The old woman stopped by the stones. There was a cave behind them. It was located in the seaside mangrove forest that covered the northern part of the island.

"This is Healing Grotto!" the Indian interpreter said the old lady's words. The latter then kissed and hugged the stones.

Her voice echoed in the grotto. Suddenly a dark cloud covered the sun. Everyone felt a little bit uncomfortable.

Alaminos looked at the team and asked the old woman to show them the Fountain.

The old woman laughed suddenly. It was like the laughter of a witch, against whom the Inquisition fought so hard in Europe.

"Follow me. Whatever happens - be quiet!" the old woman said. "Your god is powerful. But here you have to keep quiet, respecting my gods!"

Alaminos grinned and told everyone to keep silence. The old woman looked at everyone who was in the cave now.

And then the action started.

The Spaniards entered the underground tunnel. Then another one, then the third…

The system of underground tunnels was quaint and beautiful. It was fascinating.

Walking through this wonderful place, the Spaniards were looking around, expecting something bad every moment. They were ready for anything.

Suddenly there was a backwater at the end of a tunnel…

"Come here!" the old woman said. "We will wait for the ebb. Take out your tankards and vessels. You'll be able to fill them, but only when I say so!"

"It smells strange here," one of the soldiers said.

Старуха приложила палец к губам, давая понять, что он должен замолчать.

- Мы пришли в Целебный Грот. Здесь находится Источник Молодости, и вы сможете сами ощутить все его свойства на себе – тихо сказал старуха. – Мы будем дожидаться здесь отлива. Только тогда - в эту заводь поступит Волшебная Омолаживающая вода!

- Какая же она омолаживающая? – спросил с иронией Аламинос – Запах гнилых яиц временами, а еще как-то странно … запах… свежий такой запах…. Как розы после дождя…

Старуха только улыбнулась и молчала. Прилив начался, когда солнце стало уходить. В тихой заводи послышалось журчание неторопливых потоков воды, прибывающей в нее.

Старуха тоже зашевелилась. Поднесла руку и набрала воды. Попробовала и снова уселась.

- Надо подождать… - сказала она ясно на испанском языке.

Все вокруг удивленно посмотрели на нее.

- Ты говоришь по-испански? - удивленно спросил Аламинос. – Ты нам морочила голову?

- Нет. Я тебя не понимаю. – улыбнулась старуха, произнеся это опять на испанском.

- Невероятно! – оторопел Аламинос.

Все стали заворожённо смотреть на прибывающую воду. Затем, все начали пить воду и держать в ней руки.

- Не пейте много – можно сделать себе плохо! – сказал старуха. – Надо пить по глоточку.

Она скинула с себя одежду и зашла в воду заводи. Ее старое морщинистое, но фигуристое тело рассмешило испанцев. Старуха обернулась и поманила за собой индианку-переводчицу. Девушка сделала тоже самое – скинула одежду и вошла в воду. Аламинос оглядел всех присутствующих испытывающим взглядом. Старые воины и моряки, скинув одежду стали заходить в воду.

- Ничего не происходит! – сказал один из них.

The old woman put her finger to her lips, letting him know that he should be silent.

"We came to the Healing Grotto. There is the Fountain of Youth. You'll be able to experience all of its properties on yourselves," the old woman said quietly. "We'll wait for the ebb here. Only then Magic Rejuvenating water is going to come to this backwater!"

"It isn't rejuvenating," Alaminos said ironically. "It smells of rotten eggs sometimes, and yet strangely... it smells... it smells of freshness. Like roses after rain..."

The old woman just smiled and said nothing. The ebb began when the sun began to set. There was a quiet murmur of water coming into the creek.

The old woman, too, began to stir. She raised her hand and filled it with water. She tried it and sat down.

"We should wait," she said in Spanish.

Everyone looked at her in shock.

"Do you speak Spanish?" Alaminos asked in surprise. "Were you fooling us?"

"No. I don't understand you," the old woman smiled, saying it in Spanish.

"Unbelievable!" Alaminos was shocked.

Everyone couldn't tear their eyes away from arriving water.

Then, they started to drink water and keep their hands in it.

"Do not drink too much. You can hurt yourself," the old woman said. "You need to drink sip by sip."

She took her clothes off and went into the water. The Spaniards laughed at her old wrinkled body. The old woman turned and motioned for the Indian interpreter to follow her. The girl did the same - she took her clothes off and went into the water. Alaminos was looking at all those present. The old soldiers and the sailors took their clothes off and went into the water.

"Nothing is happening!" one of them said.

- А никто и не сказал, что это должно произойти сразу! – опять через переводчицу сказала старуха. – Должно пройти несколько дней, чтобы телу стало лучше. Чтобы вы смогли поверить мне, то надо пробыть здесь несколько дней – хотя бы столько, чтобы Луна сделала круг! – сказал старуха. - Нужно каждый день приходить сюда. И только тогда вы почувствуете молодость!

Аламинос смотрел на купающихся людей и думал о том, что он не верит своим глазам. Нет, он верит в то, что возможно все! Но он не верит вот в эту воду.

Столько всего он видел в жизни. Но не помнит такого запаха. Он стоял и думал – нужно ли ему броситься в воду. Ему очень хотелось это сделать, но поскольку все были уже в воде кто-то должен был остаться на берегу.

Он огляделся. Все было красиво и волшебно. Казалось, что это какая-то сказка. Красивая и нереальная.

Люди плавали.

- Интересно! - сказала индианка-переводчица своему мужу идальго Мануэлу. – По-моему у меня разглаживается кожа. Она стала мягче и… более молодой! Мои родственники тоже все говорили об этом чудо-озере! Но никто не знал где оно!!!

Аламинос слушал плеск воды и думал про себя, что надо, наверное, все-таки искупаться…

Он взял и наполнил принесенные маленькие бочки. И выпил воды. Потом еще, когда же все, накупавшись стали выходить, он не выдержал искушения и также бросился в воду, чтобы немного поплавать и ощутить своим телом то, что происходит.

Прошло время и люди вышли из воды и, пройдя обратно к берегу, сели в лодку и поплыли к кораблю.

Когда через несколько часов томительного ожидания, лодка причалила к борту бригантины, то капитан Перес де Ортуба и боцман вышли их встретить.

Антон Аламинос пересказал что с ними было и посмотрев на себя сказал:

"And no one said it was going to happen soon!" the old woman said with the help of the interpreter. "It will take a few days for the body to feel better. You have to stay here for a few days to believe me. At least enough for the moon to go full circle!" the old woman noted. "You need to come here every day. And only then you'll feel young again!"

Alaminos was looking at all the people bathing and was thinking that he couldn't believe his eyes. No, he believed that everything was possible! But he didn't believe in this water. He saw many things in his life. But he didn't remember this smell. He was standing there and thinking if he had to jump into the water, too. He really wanted to do it, but since everyone was in the water, someone had to stay on the shore.

He looked around. Everything looked so beautiful and magical. It seemed to be some kind of a fairy tale. Beautiful and unrealistic.

People were swimming.

"Interesting!" the Indian interpreter said to her husband, hidalgo Manuel. "I think my skin is getting smoother. It became softer and... younger! My relatives were also telling me about this wonderful lake! But no one knew where it was!!!"

Alaminos was listening to the lapping of the water and was thinking to himself that he probably should take a dip...

He filled little casks with water. And drank it. Then more. When everyone started to leave, he couldn't resist the temptation any longer and went into the water to swim a little and feel himself what was happening.

Time passed and people came out of the water. They walked back to the coast, got into the boat and swam to the ship.

After several hours of anxious waiting for the boat moored to the side of the brigantine. Captain Perez de Ortubia and the boatswain came to meet them.

Anton de Alaminos told about everything that had happened to them and said, looking at himself,

- Ну, совсем молодым я не стал. Но как будто бы пришло какое-то непонятное чувство радости. Хочется жить. Завтра надо будет всем по очереди съездить туда и попробовать разные вещи: у кого-то я знаю проблемы с руками, которые не гнуться, у кого-то раны, а один из наших матросов покалечен и постоянно жалуется на то, что ему трудно ходить. У кого-то шрамы и проблемы с кожей… надо здесь остаться и понять, может действительно что-то произойдет… надо здесь остаться на несколько дней! Может это и было нашей огромной ошибкой, что мы ждали мгновенного исцеления и мгновенный результат. А нужно было просто подождать…

- Возможно, ты и прав, Аламинос. Все говорят об омоложении, но никто не говорил, что это должно произойти сразу. Для нас важна сейчас не спешка, а результат…и если этот результат будет виден не сразу… может Чудо и будет… кто знает…

Почти две недели провела команда на Острове Бимини. Они пили эту воду, купались во время отливов и наполнения Целебного Грота водой, и все стали понимать, что с ними происходят изменения.

Первым изменения увидели матросы и старые люди, у которых были шрамы – шрамы затягивались. Второе – это то, что на вторую ночь старуха переспала с одним из старых матросов, что повергло в шок всю команду. Затем ее плотские желания еще больше расширились на других. Люди увидели, что их лица стали более молодыми, а их действия более быстрыми.

Еще после нескольких дней старый матрос, у которого были скрючены пальцы и его суставы почти не разгибались, стал нормально ими шевелить и кистями. Его пальцы стали его слушаться. Он был счастлив! После многих лет мучительных болей он почувствовал себя лучше. Каждый вечер все стали делиться своими ощущениями. И не было человека, на которого эта вода не оказала хорошего влияния.

Когда же старый баталер, сломавший ногу еще в начале поездки, сказал, что у него прошли боли, и он начал ходить без палки, то тут уже вся команда бросилась ходить купаться и пить воду.

Это было невероятно!

"Well, I didn't become young. But I felt some kind of strange sense of joy. Will to live. Tomorrow everyone needs to go there and try different things. I know that some of us have problems with their hands that wouldn't bend. Some have wounds. And one of our men is wounded and constantly complains that it's hard to walk for him. Some have scars and skin problems... we should stay here and wait. Maybe something is really going to happen... We should stay here for a few days! Maybe it was our huge mistake that we wanted an instant healing and instant results. But all we had to do is just wait..."

"Perhaps you're right, Alaminos. Everyone is talking about rejuvenation, but nobody said it would happen right away. What's important is not a rush, but the result. And if the result is not visible immediately... maybe a miracle will happen. Who knows..."

The team spent almost two weeks on the island of Bimini. They drank this water, swam at low tide in the grotto, and everyone began to realize that they did change.

The first to realize it were the sailors and the old people who had scars - their scars were tightening. Secondly, the old woman slept with one of the old sailors on the second night. It shocked the whole team. Then her desires further expanded to others. People saw that their faces became younger and their movements quicker.

After a few more days the old sailor who had curled fingers and bony joints started to move them normally. He was finally able to move his fingers. He was so happy! He felt better after years of agonizing pain. Everyone began to share their feelings every evening. And there was no man whom the water did not have a good influence on.

When the old soldier, who broke his leg at the beginning of the journey, said that he didn't feel any pain and began walking without a stick, the whole team rushed to swim and drink this water.

That was incredible!

(Но это легко объяснимо сейчас с помощью науки бальнеологии – см.прим [26] в конце книги – прим. К.А.)

В один из дней индеец, взятый ими с новой земли Паскуа Флорида, решил искупаться и нырнул с корабля. Его долго не было, и стоявший на корме матрос поднял тревогу. Едва паника началась, индеец вынырнул и знаками стал показывать прыгнуть кого-нибудь с ним. Один из матросов прыгнул и тоже задержался под водой.

Затем оба быстро залезли на корабль и бросились к капитану Ортубе и Аламиносу.

- Капитан! – быстро стал говорить матрос. – Индеец показал мне удивительное место, которое расположено прямо под нами! Там - под водой -находится выложенная огромными плитами мостовая. Она ведет в глубину. Это невообразимо! Похоже, что под нами есть город!

- Ты видел затопленные дома? - Спросил Аламинос.

- Нет, - повел плечами матрос... – Там только дорога, ведущая в бездну...

И она очень похожа на ту дорогу, которую мы видели, когда проезжали острова, который вы назвали Остров Страдальцев **(LOS MARTINEZ (современный Key West – прим. К.А.).**

- Интересно...- сказал капитан. – Очень интересно! Что думаешь, Аламинос?

- Ничего я не думаю, - устало вздохнул Аламинос. – Это еще одна загадка. Но мы и так здесь находимся достаточно долго и стоит уже повернуть обратно. Здесь много загадок, и чтобы отгадать их нам много раз нужно сюда вернуться. Если будет поселение, то сделать это будет просто. А сейчас надо бы повернуть обратно и привезти аделантадо Бимини Понсе де Леону воду из этого источника, чтобы он передал ее королю Фердинанду. Надо приехать сюда уже с аделантадо вместе и объявить эту землю частью Испанской Короны.

- Ты прав, Аламинос! – согласился капитан де Ортуба. – Мы должны вернуться на Сан-Хуан-Батиста и рассказать, и показать все, что мы видели и снова вернуться сюда. Давай займемся сборами обратно.

***

(But this is easily explained with the help of balneology. See note 26 at the end of the book. – note K.A.)

One day the Indian, who they had taken with them from the new land, Pascua Florida, decided to swim and dived from the ship. He was absent for a long time, and the sailor, who stood at the stern, raised the alarm. As soon as the panic started, the Indian emerged and asked someone to dive with him. One of the sailors dived and also went under the water.

Then both quickly climbed the ship and rushed to Captain Ortubia and Alaminos.

"Captain!" the sailor started to ramble. "The Indian showed me an amazing place that is located right below us! There... under the water... is some pavement. It leads deeper. It's unbelievable! There seems to be a city underneath us!"

"Did you see flooded houses?" Alaminos asked.

"No," the sailor shrugged. "There is only a road leading into the abyss...And it is very similar to the road we saw then passing the islands, which you had called the island of Martyrs **(Modern Key West – note K.A.)**."

"Interesting," the captain said. "Very interesting! What do you think, Alaminos?"

"I don't think anything," Alaminos sighed. "This is another riddle. But we have been here long enough and we need to turn back. There are a lot of mysteries, and to guess them all we have to come back here a few times. If there's going to be a settlement, it'll be easier. But now we need to turn back and bring the water from this source to adelantado of Bimini, Ponce de Leon, so he gives it to King Ferdinand. We need to come back here with adelantado and declare the land the part of the Spanish Crown."

"You are right, Alaminos!" Captain de Ortubia agreed. "We need to come back to San Juan Bautista and tell and show everyone what we have seen and then return here. We should start packing then."

***

*В сентябре 1968 года в море у берегов Парадиз-Пойнт (Paradise Point) на Северном Бимини было обнаружено семьсот метров аккуратно
выложенных известняковых блоков, составляющих то, что сейчас называют «Дорогой Бимини». После десяти проведённых подводных археологических экспедиций начиная с 1974 года, историк Дэвид Зинк (David Zink) убеждён, что эти камни по своей природе являются мегалитами и были уложены людьми. –*
Википедия
https://ru.wikipedia.org/wiki/%D0%91%D0%B8%D0%BC%D0%B8%D0%BD%D0%B8

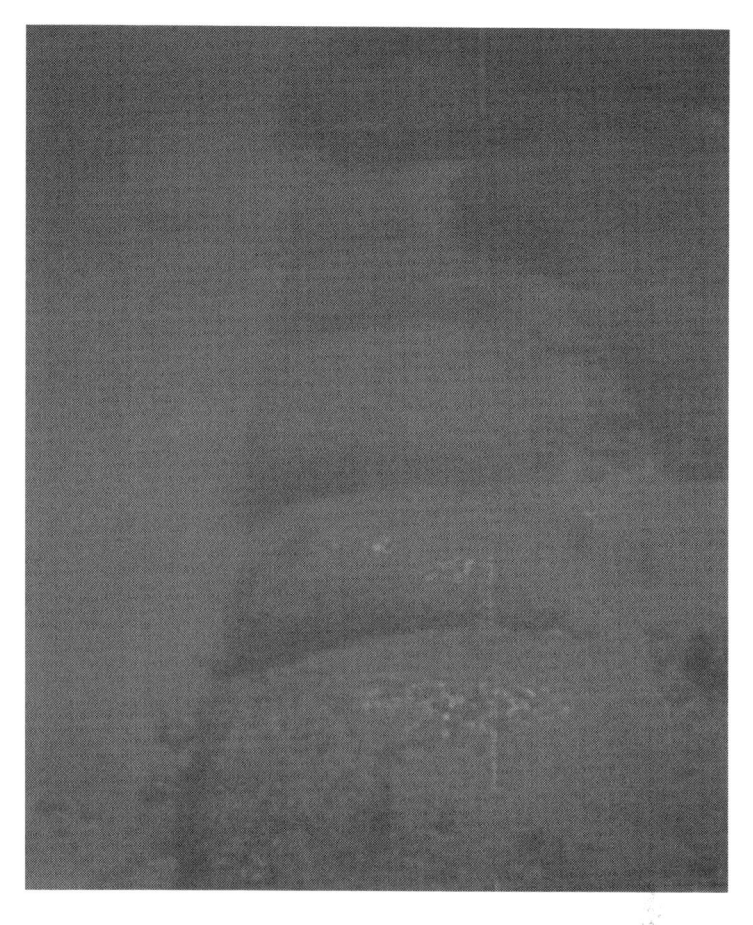

On September 2, 1968, while diving in three <u>fathoms</u> (5.5 metres or 18 <u>feet</u>) of water off the northwest coast of North Bimini <u>island</u>, J. Manson Valentine, <u>Jacques Mayol</u> and Robert Angove encountered an extensive "pavement" of what later was found to be noticeably rounded stones of varying size and thickness.[2][3] This stone pavement was found to form a northeast-southwest linear feature, which is most commonly known as either the "Bimini Road" or "Bimini Wall". After Valentine, the Bimini Road has been visited and examined by geologists, avocational archaeologists, professional archaeologists, anthropologists, marine engineers, innumerable divers, and many other people. In addition to the Bimini Road, investigators have found two additional "pavement-like" linear features that lie parallel to and shoreward of the Bimini Wall.[4][5]

Bimini road. https://www.pinterest.com/pin/321374123379144737/

Глава 16

20 февраля 1514 года корабль Сан-Кристобаль вошел в гавань Сан-Хуана.

Сойдя с борта корабля, Антон де Аламинос и капитан Перес де Ортуба были встречены самим Понсе де Леоном и множеством поселенцев на берегу.

Все были несказанно рады прибытию последнего корабля из армады.

Едва Аламинос и Перес ступили на берег, как их тут же подхватили и повезли вместе с Понсе де Леоном в его новый дом.

Там их уже ожидали те, кто был больше всего заинтересован в этой экспедиции. Это были казначей короля Фердинанда Арагонского - Пасамонте, епископ доминиканцев Алонсо Мансо и викарий Педро де Кордова и, конечно, сам Понсе де Леон и его жена Леонора.

Войдя в залу, Антон Аламинос улыбнулся и сказал:

- Дорогой Понсе, у меня в руках главное чудо и то, что может вам принести заслуженную славу и поставить Вас в один ряд с самыми удивительными людьми эпохи – у меня есть для Вас вода. Эта именно та вода, что взята из источника Молодости острова Бимини. Эта вода испробована на мне, на всех моряках. Однако, подтверждение этому надо ждать долго – это не моментальное действие – надо ждать несколько дней, прежде чем можно почувствовать… Однако…

Понсе растерянно смотрел на Антона де Аламиноса, а в его глазах искрилась радость и надежда…

- Как это проверить, Аламинос? - едва слышно спросил он.

- Подождите, аделантадо Понсе, подождите… - попросил Аламинос и продолжил… - помните мы с вами услышали от индейцев и от нашего матроса, что на дне у Островов Мучеников мы видели «дорогу в никуда» …

- Так вот – около острова Бимини мы нашли на глубине трех человеческих ростов такую же «дорогу в никуда». Огромные плиты ведут в глубины океана [27]

- Конечно, я это помню! – удивленно сказал Понсе де Леон. – Мы хотели было разобраться, но не стали ничего делать, а только оставили эту загадку на потом.

Chapter 16

February 20, 1514, San Cristobal ship entered the harbor of San Juan. Getting off the side of the ship, Anton de Alaminos and Captain Perez de Ortubia were met by Ponce de Leon and settlers on the coast. Everybody was happy about the arrival of the last armada ship. As soon as Alaminos and Perez stepped ashore, they were immediately picked up and taken with Ponce de Leon to his new home.

There were the people who were the most interested in this expedition. It was the treasurer of King Ferdinand of Aragon, Pasamonte, Dominican bishop Alonso Manso, vicar Pedro de Cordoba and, of course, Ponce de Leon and his wife Leonora.

Upon entering the room, Anton de Alaminos smiled and said, "Dear Ponce, there is a miracle in my hands. It can bring you well-deserved reputation and put you on a par with the most amazing people of this era - I have water for you. This is the water from the Fountain of Youth from the island of Bimini. This water was tested on me and all the other sailors. However, you have to wait for side effects a long time... you have to wait a few days before you can feel... But..."

Ponce looked at Anton de Alaminos and suddenly there were joy and hope in his eyes...

"How do we check it, Alaminos?" he asked in a barely audible voice.

"Wait, adelantado Ponce, wait..." Alaminos asked and continued. "Do you remember we heard from the Indians and our sailor that they had seen "the road to nowhere" at the bottom of the sea near the island of Martyrs?"

"So, about Bimini Islands: we have found «road to nowhere» at a depth of three human growth such as. Huge slabs are in the depths of the ocean **(see chap. 27 to approx. KA)** [27]."

"Of course I do!" Ponce de Leon said in surprise. "We wanted to check it out, but didn't do it and saved this riddle for later."

- А теперь мы можем предположить, что существует прямая связь между этими дорогами и Источниками Молодости! – продолжил капитан Ортуба. – Если здесь есть источник, то должен он быть и где-то там.

- И тогда все сходится в легендах индейцев! – заулыбался Аламинос. – Источник не один – их два, а может быть и больше! И хотя мы не смогли высадиться и найти тот источник, который был в лесах и охранялся индейцами Калуса, но мы нашли источник на этом острове Бимини. Но на острове Бимини может находиться один источник, а другой может быть расположен в том месте, где нам не дали высадиться индейцы! Таким образом моя теория о том, что Бимини находится на севере Кубы обоснована вполне, хотя теперь мы можем и разделить эти названия – Паскуа де Флордиа, который вы, уважаемый, Понсе объявили Новой Землей нашего короля Фердинанда Арагонского – это тот остров, который мы так и не обошли, но он тоже может содержать источник молодости. Главное, что мы нашли остров Бимини с источником, который существует в легендах и о котором знают племена Таино и Араваков. Поскольку источников два, то мы и мечемся между Паскуа Флоридой и Бимини. Но это два разных места!

Слово взял капитан де Ортуба.

- То, что этот источник омолаживает мы можем поклясться! Мы испробовали его и можем утверждать, что после него уходят почти все болезни, затягиваются шрамы, начинают двигаться поломанные руки и ноги, уходят боли и появляется плотское желание заниматься любовью. С кожи уходят гнойники и прыщи, а сама плоть становиться мягкой, а кожа – нежной даже у таких мозолистых парней как наши моряки! – продолжил капитан Ортуба. – Мы испробовали все на себе и на всем экипаже действие силы этой воды и должны побыстрее передать все это вам, Понсе, а вы – королю нашему Фердинанду.

Все в комнате внимательно и с огромным интересом слушали Антона де Аламиноса и Переса де Ортубу не перебивая. После их слов стояла такая тишина, что было слышно жужжание мухи у окна. У Понсе выступили на глазах слезы радости.

"And now we can assume that there is a direct link between these roads and the Fountain of Youth!" Captain de Ortubia continued. "If there is the fountain in the cave, then there must be a fountain at the bottom of the sea."

"And then everything fits together in the Indians legends!" Alaminos smiled. "There is not one Fountain. There are two of them, and maybe even more! Even though we weren't able to find this Fountain that was in the woods and was guarded by the Indians of Calusa tribe, we found the Fountain on the island of Bimini. But there, on the island of Bimini, may be one Fountain, and the other one is probably located in the place where we weren't allowed by the Indians! So my theory that Bimini is located in the north of Cuba, is proved. Although now we can separate these names. Pascua de Florida, that you, dear Ponce de Leon, announced as the new land of our King, Ferdinand of Aragon, is the island that we weren't able to discover fully, but there may also be a Fountain of Youth. The most important thing is that we have found the island of Bimini with its Fountain, which exists in the legends and the one which is known to the tribes of Taino and Arawak. There are two places that can be considered as the "Water of the Youth" or "Fountain of the Youth". However, it became clear that one of them is in Florida and the other is on the island Bimini. But these are two different places! "

In this moment Captain de Ortubia decided to say something, too.

"We can swear on the fact that this Fountain has rejuvenating powers! We tried it ourselves and can say that almost all diseases disappear after it, scars begin to tighten, people move their broken arms and legs, pain leaves and the desire to make love to someone appears. Acne disappear, the flesh itself and skin become soft. Even skin of such callous guys as our sailors!" Captain Ortubia continued. "We tried the power of this water on ourselves and the entire crew. Now we need to quickly pass it all to you, Ponce, and you should give it to our King Ferdinand."

Everyone in the room listened to Anton de Alaminos and Perez de Ortubia, carefully, without interrupting and with great interest. It was so quiet after their words, that you could hear the buzzing of the fly at the window. There were tears of joy in Ponce's eyes.

- Мы уже долго пробыли на том острове – почти три недели и решили уже завершить нашу экспедицию. Совсем детьми мы не стали, но здоровье к нам вернулось! – продолжил после некоторого молчания Антон де Аламинос. – Карты сделаны, как туда добраться мы знаем и решили, что стоит уже пуститься в обратный путь. Тем более, что ветер сменился и нам стоило поторопиться!

- Тогда еще раз мы перезаполнили наши бочки с водой. Набрали воды для вас, Понсе и короля и пустились в обратный путь. – заключил рассказ капитан Перес де Ортуба…

Благодарный аделантадо Бимини Понсе де Леон взял из рук Антона де Аламиноса и капитана Ортубы бочонки с водой и, отставив их крепко обнял своих соратников…

- Ты прав, мой кормчий Аламинос! Ты прав, мой дорогой капитан де Ортуба! Вы сейчас произнесли то, на что я не мог и надеяться. И у меня есть для Вас огромный сюрприз, который, я думаю, будет очень интересен вам обоим и ты, Аламинос, можешь нанести это на карту.

Загадочность тона Понсе де Леона и его выражение лица насторожили и удивили открывателей Бимини. Из угла комнаты поднялся доминиканский священник и подошел к ним.

Его лицо было в глубоких порезах и шрамах. Но его глаза светились удивительным светом. Он сбросил свой капюшон и всем стала видна его седая голова с пышной шевелюрой.

- Это монах Ортиз! – представил его Понсе. – Это тот легендарный и смелый человек, с которого начались поиски Источника Молодости. Он смог бежать от наших врагов – индейцев племени Калуса их короля Карлоса и, хранимый Господом Нашим, он добрался до Кубы, а оттуда с помощью индейцев, дружащих с нами – сюда. Он рассказал нам свою историю и привез нам рассказ о том, что мы едва не наткнулись на Источник Молодости, который лежал у нас под носом, когда мы сражались с индейцами Калуса. Нас отделял от источника … сколько, преподобный отец?

- Вас отделяло всего полдня пути!.. – ответил доминиканский монах Ортиз.

"We have already spent a lot of time on the island. It was almost three weeks when we have decided to end our expedition. We didn't become children, but have gained our health!" Anton de Alaminos continued after a pause. "The maps were made, we knew how to get there. We have already decided that we needed to set off on the return journey. Moreover, the wind has changed and we had to hurry!"

"Then again, we refilled our water barrels. We got water for you, Ponce, and the Kind, and set off on the return journey," Captain Perez de Ortubia finished the story.

Grateful admiral of Bimini, Ponce de Leon, took from the hands of Anton de Alaminos and Captain Ortubia, the barrels with water and, putting them behind himself, hugged his companions...

"You're right, my helmsman, Alaminos! You're right, my dear Captain de Ortubia! You have just said something that I couldn't hope for. I have a big surprise to you two, which I think will be pleasing for you both. You, Alaminos, can put it on the map."

The mysterious tone of Ponce de Leon and his expression surprised the discoverers of Bimini. The Dominican priest stood from the corner of the room and went to them.

His face was in deep cuts and scars. But his eyes were surprisingly light. He threw off his hood and everyone saw his gray head with fluffy hair.

"This is monk Ortiz!" Ponce introduced him. "This is the legendary and brave man, who began the search for the Fountain of Youth with. He was able to escape from our enemies, the tribe of Calusa Indians and their king Carlos. And, saved by our Lord, he reached Cuba, and from there, with the help of the Indians we are friends with, he came here. He told us his story about the fact that we have almost stumbled upon the Fountain of Youth, that was lying under our noses when we have been fighting with the Calusa Indians. We were only... how long from the fountain, Father?"

"You have been only a half-day from it!" Dominican monk Ortiz said.

- Отец Ортиз рассказал нам об Источнике Молодости у аборигенов Паскуа Флориды и то, что он испытал его действие на себе. О необыкновенных чудесах и его лечении там водой после укуса аллигатора. О жизни и лечении ран и обретения молодости вождей Калуса. Мы были с вами на волоске от того, чтобы открыть Миру Волшебную Воду. Но он не смог вовремя послать нам сигнал или остановить нас. Но на то, видно, воля Божья и может быть вы, мои дорогие друзья, не открыли бы еще один Источник Молодости. Теперь мы знаем, что Источник не один… Но мы не знаем сколько еще мест, находится на севере от Кубы с удивительной Молодящей водой. Рискуя своей жизнью отец Ортиз привез нам несколько глотков из другого источника. Теперь мы отправим обе эти воды самому королю Фердинанду. Наша миссия выполнена!

- Можно было собираться в дорогу к королю…

***

Ponce de Leon's Coat of Arms in town <u>Jerez de la Frontera</u>, <u>Andalucia</u>, <u>España</u>.
Герб Понсе де Леонов на стене замка Луна в Роте, Испания.

"Father Ortiz told us about the Fountain of Youth in aboriginal Pascua Florida and that he had experienced its effect on himself. About extraordinary miracles and his treatment with this water after being bitten by an alligator. About his life, the treatment of wounds and how Calusa leaders had gained youth. We were about to discover the Magic Water. But he couldn't send us a signal or stop us. But that was the will of God. And you may not have discovered yet another fountain. Now we know that there is more than one fountain... But we don't know how many other places there are in the north of Cuba with this amazing water. Risking his life, Father Ortiz has brought us a few sips from another fountain. Now we will send both kinds of this water to King Ferdinand. Our mission is accomplished!"

Now they were ready to pack to visit the king...

***

Понсе де Леон. Марка Испании.
Ponce de Leon. Stamp of Spain.

Послесловие.

Итак, экспедиция Понсе де Леона в страну Бимини, в которой он был назначен аделантадо, и которая проходила уже без него, нашла тот секрет, который был нужен престарелому королю Фердинанду Арагонскому. Секрет омоложения организма водой взятой из Источника Молодости с острова Бимини. Перебитые и угнанные на Эспаньолу прежние жители острова и ближайших островов – индейцы племени Лукайос не смогли спрятать от бородатых чужеземцев свою тайну – их выдала старуха, брошенная ими умирать на необитаемый остров. Так, одна женщина, в приливе мести своим молодым сородичам помогла испанцам открыть секрет Источника Молодости.

О том, что Понсе довез Волшебную воду из Источников Молодости мы можем понять косвенно: ведь Понсе де Леон получил в 1514 году из рук короля свой Герб за свои открытия. Он стал первым конкистадором, который получил Герб как первооткрыватель новых земель. И это именно за Бимини и за Паскуа Флорида.

В апреле 1514 года состоялась встреча в Доме Торговли (Casa de Contratacion), который был при дворе Короля Фердинанда.

В этой встрече участвовали персонажи, которые сыграли главную роль в открытии и освоении Американского континента, которые поделились своими знаниями и открытиями.

Вот их имена:
- Понсе де Леон
- Хуан Диаз де Солиз
- Хуан Веспучи (племянник Америго Веспучи)
- Себастьян Кабот
- Висенте Янис Пинсон
- Васко Нуньес де Бальбоа (открыватель Южного моря (Тихий океан))

Epilogue

So, Ponce de Leon's expedition to Bimini, where he was appointed adelantado and that was held without him, found the secret that the old King Ferdinand of Aragon needed. The secret of body rejuvenating with water taken from the Fountain of Youth from the Bimini islands. Wounded and driven to Hispaniola former residents of the island and nearby islands, Indian tribe Lukayos failed to hide their secret from the bearded strangers. The old woman, left to die on a desert island, told their secret. So, one woman, who wanted to revenge her tribe, helped the Spaniards to discover the secret of the Fountain of Youth.

The fact that Ponce brought magic water from the Fountain of Youth, we can understand indirectly: in 1514 Ponce de Leon received his own coat of arms from the king for his discoveries. He became the first conquistador, who received a coat of arms as a discoverer of new lands. And it is precisely for Bimini and Pascua Florida.

In April 1514 there was a meeting in the House of Trade (Casa de Contratacion), that was at the court of King Ferdinand.

The meeting was attended by the people who played a major role in the discovery and development of the American continent, who shared their knowledge and discoveries.

Here are their names:
- Ponce de Leon
- Juan Diaz de Solis
- Juan Vespucci (Amerigo Vespucci's nephew)
- Sebastian Cabot
- Janis Vicente Pinson
- Vasco Nunez de Balboa (the discoverer of the South Sea (Pacific Ocean)).

Еще одним шагом стала жизнь отца Ортиза с племенем Калуса, у которых также был Источник Молодости, который был переоткрыт в 1958 году. Его огромную ценность для жителей Флориды невозможно не заметить! Оно, как и озера в Европе, имеет огромное бальнеогическое значение[26]. Тысячи людей приезжают сюда из разных стран лечиться и поправлять силы. 41 его минерал, находящийся в воде восстанавливает кожные покровы и костные суставы, лечит множество болезней и помогает людям восстановить свое здоровье, положительно влияет на желудочо-кишечный тракт.

И теперь, смотря через века, мы понимаем, что именно Вода несет для Человека Смерть или Исцеление. Согласно исследованиям, <u>щелочная вода</u> работает как Живая Вода из Сказок, ощелачивая организм и нормализуя различные процессы внутри него, а <u>кислотная среда</u> у воды работает как Мертвая вода, убивая различные микроорганизмы как снаружи, так и внутри человека.

Многочисленные рассказы очевидцев, придающих водные ванны на Warm Mineral Spring не оставляют сомнения в том, что народы, населяющие планету правы в том, что существует Источник Молодости. И такой источник не один. Ведь вода, из которой человек состоит на 80% напрямую влияет на его здоровье и самочувствие. Недаром древние римляне, а затем и все аристократы, и царские особы в Европе ездили на лечебные источники, чтобы продлить себе жизнь и такие удивительные места как Баден-Баден или Карловы Вары пользуются популярностью у людей всего мира!

***

В конце книги отдельная Глава 17 посвящена Warm Mineral Spring.

***

Another step was Father Ortiz's life with a tribe of Calusa, who had the Fountain of Youth, too. It was rediscovered in 1958. Its great value for the people of Florida cannot be ignored! It, like lakes in Europe, has a great balneology importance. Thousands of people come here from different countries to heal and gain their strength. There are 41 minerals in the water which restore skin and bone joints, treat many diseases and help people regain their health, have a positive effect on ventricular tract.

And now, looking through the ages, we realize, that water carries either death or healing. According to studies, alkaline water acts as the living water from the tales, normalizing different processes in our body. And the acidic environment acts as the dead water, killing various microorganisms both outside and inside the body.

Numerous eyewitness accounts, telling about the water bath at Warm Mineral Spring leave no doubt that the people who inhabit the planet are right that the Fountain of Youth exists. And there's more than one. After all, water, from which a person consists of for about 80%, has its direct impact on our health and wellbeing. No wonder the ancient Romans and then all the aristocrats and royal families in Europe went to medicinal springs to extend their life. And such amazing places like Baden-Baden and Karlovy Vary are still very popular with people all over the world!

***

Chapter 17 at the end of the book is dedicated to Warm Mineral Spring.

***

\

Comments.
Conquest and early settlement.

When Columbus arrived in Puerto Rico during his second voyage on November 19, 1493, the island was inhabited by the Taíno. They called it *Borikén* (*Borinquen* in Spanish transliteration). Columbus named the island San Juan Bautista, in honor of the Catholic saint, John the Baptist. [d] Having reported the findings of his first travel, Columbus brought with him this time a letter from King Ferdinand[37] empowered by a papal bull that authorized any course of action necessary for the expansion of the Spanish Empire and the Christian faith. Juan Ponce de León, a lieutenant under Columbus, founded the first Spanish settlement, Caparra, on August 8, 1508. He later served as the first governor of the island.[e] Eventually, traders and other maritime visitors came to refer to the entire island as Puerto Rico, and San Juan became the name of the main trading/shipping port.

At the beginning of the 16th century, the Spanish people began to colonize the island. Despite the Laws of Burgos of 1512 and other decrees for the protection of the indigenous population, some Taíno Indians were forced into an encomienda system of forced labor in the early years of colonization. The population suffered extremely high fatalities from epidemics of European infectious diseases.[f][g][h][i][j]

Puerto Ricans often call the island *Borinquen* – a derivation of *Borikén*, its indigenous Taíno name, which means "Land of the Valiant Lord".[24][25][26] The terms *boricua* and *borincano* derive from *Borikén* and *Borinquen* respectively, and are commonly used to identify someone of Puerto Rican heritage. The island is also popularly known in Spanish as *la Isla del encanto*, meaning "the island of enchantment".[27]

Columbus named the island *San Juan Bautista,* in honor of Saint John the Baptist, while the capital city was named *Ciudad de Puerto Rico* (En*Rich Port City*). Eventually traders and other maritime visitors came to refer to the entire island as Puerto Rico, while San Juan became the name used for the main trading/shipping port and the capital city.[c]

1520 Taíno population. the Taíno people were few in number.[45] Enslaved Africans had already begun to compensate for the native labor loss, but their numbers were proportionate to the diminished commercial interest Spain soon began to demonstrate for the island colony.

https://en.wikipedia.org/wiki/Puerto_Rico#Etymology

Caparra was capital of San-Juan-Batista (Puerto-Rico) from 1509 to1513 during Ponce de Leon was governor of Island.

Комментарии к примечаниям.

Период испанской *колонизации Пуэрто-Рико*

Когда Христофор Колумб высадился на острове 19 ноября 1493 года во время своего второго путешествия к берегам Америки, остров был заселён индейцами, называвшими себя *Таино*. **Таино называли остров «Борикен» (исп. *Borikén*)**, что впоследствии было интерпретировано испанцами как «Боринкен» (исп. *Borinquen*)[Ш]. **Первоначально испанцы назвали остров *Сан-Хуан-Баутиста*** в честь святого Иоанна Крестителя, но в конечном счёте остров получил **имя Пуэрто-Рико**, что в переводе означает «*богатый порт*». Колонизация острова испанцами началась в 1508 г., когда из Санто-Доминго (остров Гаити) прибыл с отрядом конкистадоров *Хуан Понсе де Леон* (исп. *JuanPoncedeLeón*), который основал город Капарра (Caparra). Административным центром острова со временем стал перенесённый в 1521 г. на новое место Капарра — порт *Пуэрто-Рико*.

Имя *Сан-Хуан* перешло к столице территории и к небольшому острову «*Старый Сан-Хуан*» (англ. *Old San Juan*), ныне являющемуся частью столицы. В 1508 году испанский конкистадор *Хуан Понсе де Леон* (исп. *JuanPoncedeLeón*) стал первым губернатором острова[12].

С названием государства и его столицей связан географический курьёз. Остров первоначально был назван в традициях испанских колонизаторов *Сан-Хуан* в честь христианского святого. Столица, соответственно, получила имя *Пуэрто-Рико* (Богатый порт), но впоследствии **картографы «перепутали» названия**. Остров вскоре был колонизирован испанцами. Африканские рабы ввозились на остров в качестве бесплатной рабочей силы взамен быстро уменьшающегося индейского населения, вынужденного работать на испанскую корону. В конце концов, Таино полностью вымерли в результате болезней, которые принесли с собой испанцы и африканцы, а также от тяжёлых условий жизни, в которых они оказались. https://ru.wikipedia.org/wiki/%D0%9F%D1%83%D1%8D%D1%80%D1%82%D0%BE-%D0%A0%D0%B8%D0%BA%D0%BE\

Капарро (Капарра). – столица Сан-Хуан-Батиста (ныне это остров Пуэрто-Рико) во времена Понсе де Леона с 1509 по 1513 год.

References

1. All used Your Highness before middle 16 century, after everybody used Your Majesty.

2. Spaniard and Christian people don't used 1000 when they told about year. They used 469 year instead 1469. It was because used Latin numerous instead Arabian numerous.

3. **Ferdinand II**[1] (10 March 1452 – 23 January 1516), called **the Catholic**, was King of Sicily from 1468 and King of Aragón[2]from 1479 until his death. As a consequence of his marriage to Isabella I, he was King of Castile *jure uxoris* as **Ferdinand V** from 1474 until her death in 1504. He was recognised as regent of Castile for his daughter and heir, Joanna, from 1508 until his own death. In 1504, after a war with France, he became King of Naples as **Ferdinand III**, reuniting Naples with Sicily permanently and for the first time since 1458. In 1512, he became King of Navarre by conquest. Ferdinand is today best known for his role in inaugurating the discovery of the New World, since he and Isabella sponsored the first voyage of Christopher Columbus in 1492. That year he also fought the final war with Granada which expunged the last Islamic state on Iberian soil, thus bringing to a close the centuries-long *Reconquista*

Ferdinand the Catholic. **House of Trastámara**

Regnal titles King of Sicily1468–1516

King of Aragon, **Valencia, and** Majorca, **Count of Barcelona**1479–1516

King of Castile and León1474–1504*with Isabella the Catholic*

Count of Roussillon and Cerdagne1493–1516

King of Naples1504–1516

King of Upper Navarre1512–1516

Prince of Girona1461–1479

Lord of Balaguer1458–1479

Duke of Gandía1461–1479

Lord of Casarrubios del Monte1468–1479

Примечания.

1. До середины 16 века употреблялось Короле́вское Высо́чество **(Your Highness)**, (англ. *Royal Highness*). После 16 века – Ваше Величество.лат. *maiestas* **(Your Majesty)**.

2. Отсчет времени в средние века велся после 1000 года и поэтому к любому году надо прибавлять 1000 - т.е. 469 год - это 1469 год.

3. **Фердинанд II Арагонский, Фердинанд Католик** (исп. *FernandodeAragón "elCatólico"*, кат. *Ferran d'Aragó "el Catòlic"*; 10 марта 1452 — 23 января 1516), — король Кастилии (как **Фердинанд V**), Арагона (как **Фердинанд II**), Сицилии и Неаполя (как **Фердинанд III**). Супруг и соправитель королевы Изабеллы Кастильской. За своё почти сорокалетнее царствование ему удалось благодаря стечению счастливых обстоятельств и собственным дарованиям играть значительную (к концу жизни — ключевую) роль в общеевропейской политике. При нём было гарантировано политическое единство Испании (1479), взятием Гранады закончилась Реконкиста (1492), произошло открытие Америки (1492), началась эпоха Итальянских войн (1494). Он начал эру могущества Испании, закончившуюся Филиппом II. Он же, наряду со своим сватом Максимилианом, является одним из **архитекторов «Всемирной империи» своего внука Карла V.**

Итог жизни короля Фердинанда II Арагонского просто впечатляет! Именно ОН стал тем Великим Королем, с кого началось объединение Европы: Королевство Арагон (наследственное владение) — Арагон, Каталония, Валенсия, Сицилия, Сардиния, Майорка, Мальта, Королевство Кастилия и Леон (здесь он правил сначала как муж Изабеллы, а затем как регент дочери, Хуаны Безумной), Толедо, Леон, Галисия, Астурия, Канары, Герцогство Бургундское (правил как регент внука, Карла V) — Брабант, Голландия, Зеландия, Бургундия, Фландрия, Люксембург, Франш-Конте, Присоединены Фердинандом к Союзному Королевству — Руссильон, Наварра, Андалусия, Вест-Индия, Неаполь, Ломбардия (окончательно закреплена за Арагоном при Карле V), некоторые города в Северной Африке и Адриатике).

4. "So, let's start from the beginning…" Fonseca began, "Our cosmographers have studied 20 books of San Isidoro de Sevilla, who lived almost 1000 years ago. They have studied his main life's work – "Etymologiae" and encyclopedia "Mirror of the world" by Vincent Bovez who lived 300 years ago. In addition, they've read treatise "Image of the world" by French Cardinal and cosmographer Pierre d'Ail. By the way, it was Christopher Columbus's[4] favorite book. We have also studied "Liber Chronicarum" by German Hartmann Schedel, which gives the fullest information about what had happened[5]. Besides, we have looked through Rustichano's book "Travel" about the adventures of venetian Marco Polo in 477 **(1477 – note K.A.)** and the works of Dominican monk Jurden de Severac "Miracles described by Brother Severac from the Order of Preachers, born in Severac and Bishop of the Columbus's town in India". We've also read the stories of Jeanne de Burgon about the adventures of knight Mandevil. But the main book was the work of our Brother Odorico Pordenone, the monk of the Franciscan Order who had visited many countries in 316-330 **(1316-1330 – note K.A.)**. Shortly before death our Brother-Franciscan dictated his notes entitled «Description of the Eastern lands given by Brother Odorico, a preacher from Foro-Hulio in the province of Saint Antonio»."

5. Columbus's copy of this book was preserved: there are 898 notes, comments and thoughts of the great explorer at its margins **(a note from the book 'America of Unfulfilled Miracles' by Professor A. Kofman)**

6. His 'World Chronicle' German Hartmann Tsedel wrote basing on biblical stories, some information from ancient historians and medieval authors and contemporary evidence **(a note from the same book by Professor A. Kofman)**

7. The name is French for the Elysian Fields, the paradise for dead heroes in Greek mythology.

8. King Ferdinand was the king of the Kingdom of Aragon, and after the death of his first wife, Isabella, he couldn't inherit the Kingdom of Castile. It was bequeathed to their daughter Juana the Mad and her French husband Philip the Fair. Regular Spanish hidalgo took his abilities and judged himself a little differently than small feudal from other European countries, a vassal, totally subordinated to the existing hierarchy. Inflated self-esteem of the Spaniards and their personal pride, turning into arrogance, have been talk of the town long enough and now are considered the characteristic features of the Spanish national character. And it was not a myth. Spanish hidalgo never underestimated himself, was always ready to fiercely defend his rights and demand special privileges for himself. He didn't tolerate the slightest infringement of his dignity and generally considered himself not less

4. Итак, начнем все-таки сначала… - начал Фонсека. – Наши космографы изучили...двадцать книг Исидора Севильского, жившего почти 1000 лет назад и главные труд его жизни — «Этимологии», также энциклопедию «Зеркало мира», жившего 300 лет назад Винцентия Бовезского, трактат «Образ мира», написанного французским кардиналом и космографом Пьера д'Айи. Кстати, эта была настольная книга Христофора Колумба[4], мы изучили «Всемирную Хронику» 493 года **(1493 года – прим. К.А.)** немца Гартмана Шеделя, которая наиболее полно освещает все, что было[5]. Еще мы просмотрели книгу Рустичано «Путешествия» о путешествиях венецианца Марко Поло 477 года **(1477 года – прим. К.А.)**, а также труды доминиканского монаха Журдена де Северака «Чудеса, описанные братом Журденом из ордена проповедников, уроженцем Северака и епископом города Колумба, что в Индии Наибольшей». А также мы прочли истории Жеана де Бургонь про путешествия рыцаря Мандевила. Но главной книгой стала книга нашего монаха - брата-францисканца Одорико Порденоне, когда он побывал во многих странах 316–330 гг. **(1316-1330 – прим.К.А.).** Незадолго до смерти наш брат-францисканец продиктовал свои записки под заглавием: «Восточных земель описание, исполненное братом Одорико, богемцем из Форо-Юлио, что в провинции Святого Антония» …

5. Сохранился принадлежавший Колумбу экземпляр этой книги: на ее полях насчитывается восемьсот девяносто восемь пометок, комментариев, размышлений великого мореплавателя – **(примечание из книги «Америка несбывшихся чудес» профессора А. Кофмана).**

6. Свою «Всемирную хронику» немец Гартман Цедель составил на основе библейских преданий, сведений древних историков и средневековых авторов, а также свидетельств современников **(прим. из профессора А. Кофмана из той же книги).**

7. Елисейские поля. Название происходит от Элизиума (Элизия) в древнегреческой мифологии. Елисейские поля — прекрасные Поля Блаженных в загробном мире на берегу реки Океан, куда по окончании бренной жизни попадают любимые богами герои. На «островах блаженных» царствует вечная весна, здесь нет ни болезней, ни страданий.

than the king. Castilian hidalgos thought, 'We are equal to the king in everything, but do concede in wealth.' The elite of Aragon told the king," Each of us is worth just as much as you do, and together we worth more than you do."

9. Dominicans. Dominican robes are black and hoods and capes are white. They compare themselves with swallows of Christ, carrying His word and deed.

htttp://minomos.narod.ru/Monos12.html - symbolism and vestments

The emblem of the Order depicts a dog that carries a burning torch in its jaws (that's why the unofficial name of the Order, 'Dogs of the Lord' spreaded. That, and also due to the consonant with the Latin 'Domini canes') to express the dual purpose of the Order: devotedly guard the faith of the Church from heresy and educate the world preaching the Divine Truth. Vestments (habit) - is a white tunic, a leather belt with a rosary, a white scapular, a white cape with a hood and a black coat with a black cape with a hood.

Bartolomé de las Casas (c. 1484[1] – 18 July 1566) was a 16th-century Spanish historian, social reformer and Dominican friar. He became the first resident Bishop of Chiapas, and the first officially appointed "Protector of the Indians".

10. **Pedro de Córdoba OP** (c.1460–1525) was a Spanish missionary, author and inquisitor on the island of Hispaniola. He was first to denounce the Spanish system known as the *Encomienda*, which amounted to the practical enslavement of natives of the New World, for the abuses that it engendered.

In September 1510 he went to the Island of Hispaniola as vicar of the first band of Dominican missionaries[2] and as the
first inquisitor appointed in the New World. He was a zealous protector of the Indians and a friend and mentor of Bartolomé de las Casas.[1]

11. **Nicolás de Ovando** (1460 Valladolid, Spain – May 29, 1518 Madrid, Spain) was a Spanish soldier and member of a noble family. Ovando was a knight of the Order of Alcántara. He was one of the first governors of colonized Hispaniola from 1502 until 1509.

12. The ancient Greek hero Heracles in one of his feats was to get the golden apples of eternal youth in the Garden of the Hesperides, which was guarded by the serpent.

13. It is now, thanks to the science of the vitamins and the amino acids, we realize that Aborigines had the high growth, strong bones and good teeth because they ate seashells, sea food, etc. It's full of calcium, omega-3, phosphorus, etc.

14. The Indians believed that the leader could only be a well-built heir without flaws, as if a leader was flimsy or ill or had any flaw, the whole tribe would suffer.

8.Король Фердинанд был королем Королевства Арагон, а после смерти своей первой жены - Изабеллы, не смог унаследовать Королевство Кастилию, которое было завещано их дочери – Хуане Безумной и ее французскому мужу – Филиппу Красивому.

Рядовой испанский идальго относился к своим возможностям и оценивал себя несколько иначе, нежели мелкий феодал ряда других стран Европы, вассал, полностью подчиненный сложившейся иерархии. Завышенная самооценка испанцев, личная гордость, переходящая в спесь, давно уже стали притчей во языцех и считались характерными чертами испанского национального характера. И это был вовсе не миф. Испанский идальго никогда не занизит себе цену, всегда готов яростно отстаивать свои права и требовать для себя особых привилегий, не потерпит ни малейшего ущемления своего достоинства и вообще считает себя не ниже короля. Кастильские идальго полагали: «Мы равны королю во всем, только в богатстве уступаем». Арагонская знать заявляла королю: «Каждый из нас стоит тебя, а вместе мы стоим больше тебя»

9. Доминиканцы - Рясы доминиканцев черного цвета, а капюшон и пелерина — белого. Сами себя они сравнивают с Христовыми ласточками, несущими Его слово и дело. http://minomos.narod.ru/Monos12.htmlСимволика и облачение]

Герб ордена изображает собаку, которая несёт в пасти горящий факел (этим, и созвучностью с лат. *Domini canes*, обусловлено распространение неофициального названия ордена «Псы Господни»), чтобы выразить двойное назначение ордена: преданно охранять веру Церкви от ереси и просвещать мир проповедью Божественной Истины. Облачение (хабит) — белая туника, кожаный пояс с чётками, белый скапулярий, белая пелерина с капюшоном и чёрный плащ с чёрной пелериной с капюшоном.

Самый известный доминиканский монах -
Бартоломе де Лас Касас (1484—1566) — защитник прав индейцев, противник рабства индейцев; епископ.

10. Педро де Кордова (англ.) (1460—1525) — приор доминиканского монастыря, который поддерживал деятельность Лас Касаса и Монтесиноса Около 1510 года он направился на остров Санто-Доминго, основания Санта-Крус - провинция ордена. Он был ревностным защитником индейцев и другом, и наставником - Бартоломе-де-Лас-Касаса.

11. Николас де Овандо -
Овандо был Главным командором ордена Алькантара, а также губернатором Эспаньолы с 1502 по 1509 года.

Герб ордена Алькантара.

Николас де Овандо. Портретная фантазия современного художника.

15. **spearthrower** or **atlatl** (/ˈɑːt.lɑːtəl/[1] /ˈæt.lætəl/; Nahuatl: *ahtlatl* Nahuatl pronunciation: [ˈaʔtɬatɬ]) is a tool that uses leverage to achieve greater velocity in dart-throwing, and includes a bearing surface which allows the user to store energy during the throw.

It may consist of a shaft with a cup or a spur at the end that supports and propels the butt of the dart. The spear-thrower is held in one hand, gripped near the end farthest from the cup. The dart is thrown by the action of the upper arm and wrist. The throwing arm together with the atlatl acts as a lever. The spear-thrower is a low-mass, fast-moving extension of the throwing arm, increasing the length of the lever. This extra length allows the thrower to impart force to the dart over a longer distance, thus imparting more energy and ultimately higher speeds.[2]

https://plus.google.com/108158260995275931274

16. On December 21, 1511, the fourth Sunday of Advent,[4] Montesinos preached an impassioned sermon criticizing the practices of the Spanish colonial *encomienda* system, and decrying the abuse of the Taíno Indian people on Hispaniola. This was 19 years after Christopher Columbus had landed on the island and Spain started to colonize it.

Tell me by what right of justice do you hold these Indians in such a cruel and horrible servitude? On what authority have you waged such detestable wars against these people who dealt quietly and peacefully on their own lands? Wars in which you have destroyed such an infinite number of them by homicides and slaughters never heard of before. Why do you keep them so oppressed and exhausted, without giving them enough to eat or curing them of the sicknesses they incur from the excessive labor you give them, and they die, or rather you kill them, in order to extract and acquire gold every day.[6]

17. The ***Repartimiento*** (Spanish pronunciation: [repartiˈmjento]) (Spanish, "distribution, partition, or division") was a colonial forced labor system imposed upon the indigenous population of Spanish America and the Philippines. In concept it was similar to other tribute-labor systems, such as the *mita* of the Inca Empire or the corvée of Ancien Régime France: the natives were forced to do low-paid or unpaid labor for a certain number of weeks or months each year on Spanish-owned farms, mines, workshops (*obrajes*), and public projects. With the New Laws of 1542, the *Repartimiento* was instated to substitute the *encomienda* system that had come to be seen as abusive and promoting unethical behavior. The *repartimiento* was not slavery, in that the worker is not owned outright—being free in various respects other than in the dispensation of his or her labor—and the work was intermittent. It however, created slavery-like conditions in certain areas, most notoriously in silver mines of 16th century7

12. Древнегреческий герой Геракл в одном из своих подвигов должен был достать золотые яблоки вечной молодости в Саду Гесперид, которые охранял змей.

13. Это сейчас, благодаря науке о витаминах и аминокислотах, мы понимаем, что высокий рост, крепкие кости и хорошие зубы были у аборигенов из-за употребления в пищу ракушек, морской пищи и т. д. богатой кальцием, омегой 3, фосфором и т.п.

14. Среди индейцев было распространено поверье, что вождем мог стать только хорошо слаженный наследник без изъянов, так как если вождь будет хлипким или болезненным, или будет иметь изъян, то и все племя будет страдать.

15. Атлатл. Описание. Копье-метатель или ATЛATL Выполняется (/ ɑ т л ɑː т əl /. [1] / автоэкспозиции т л æ т əl /. ; Haya тль : *ahtlatl*науатль произношение: [aʔtɬatɬ]) является инструментом , который использует рычаги , чтобы добиться большего скорость в дротиком -throwing, и включает в себя опорную поверхность , которая позволяет пользователю хранить энергию во время броска. (скорость выпущенного копья из такого приспособления, которое Калуса называли Атлатл, (ATLATL) достигала 100 км в час (70 миль в час).

JeremyDeBary показывает принцип действий Атлатла.
https://plus.google.com/108158260995275931274

16. Еще в 1511 году доминиканский монах Антонио де Монтесинос начал эту полемику в своей потрясающе проницательной проповеди, обращенной к поселенцам на острове Эспаньола в присутствии вице-короля Западных Индий Диего Колумба и всей его свиты. «На вас смертный грех, — предупредил он их. — Вы живете и умираете с ним из-за жестокости и тирании, с которой вы обращаетесь с этими невинными людьми. Скажите мне, по какому праву вы держите этих индейцев в таком жестоком, ужасном рабстве? На каком основании вы развязали отвратительную войну против этих людей, которые тихо и мирно жили на своей собственной земле?»

17. Репартимьенто (исп. *repartimiento* — букв. — распределение) — в общем смысле в испанских колониях XV-XVI века в Новом Свете так обозначали распределение между колонистами земли, коренного населения (рабов), товаров и другого. Так же обозначалась форма принудительного труда коренного населения на колонизаторов. Данная практика развилась из миты, и термин часто понимался как синоним другой формы кабальной зависимости — энкомьенды[1].

https://ru.wikipedia.org/wiki/Репартимьенто/

18. King Ferdinand's contract to Juan Ponce de Leon for exploration ad settlement in Bimini. It's dated February 23, 1512, Burgos. It was signed by King Ferdinand II of **Aragon** and the Bishop of **Valencia**.

19. Bartolome de Las Casas: Witness: Writing of Bartolome de Las casas. ed and trans by George Sanderlin (Maryknoll: Orbis books, 1993) 66-67.

According to Bartolomé de las Casas, who was a witness, Montesinos asked those in attendance,

Tell me by what right of justice do you hold these Indians in such a cruel and horrible servitude? On what authority have you waged such detestable wars against these people who dealt quietly and peacefully on their own lands? Wars in which you have destroyed such an infinite number of them by homicides and slaughters never heard of before. Why do you keep them so oppressed and exhausted, without giving them enough to eat or curing them of the sicknesses they incur from the excessive labor you give them, and they die, or rather you kill them, in order to extract and acquire gold every day.[6]

The sermon outraged the conquistadors, including Admiral Diego Columbus (son of Christopher Columbus) and other representatives of the King. Montesinos' sermon had a formative impact upon Bartolomé de las Casas, who heard it firsthand.[7] Las Casas became well known for his advocacy of the rights of indigenous peoples of the Americas.

20. A **hammock** is a sling made of fabric, rope, or netting, suspended between two points, used for swinging, sleeping, or resting. It normally consists of one or more cloth panels, or a woven network of twine or thin rope stretched with ropes between two firm anchor points such as trees or posts. Hammocks were developed by native inhabitants of Central and South America for sleeping. Later, they were used aboard ships by sailors to enable comfort and maximize available space, and by explorers or soldiers travelling in wooded regions

Full speech you can find in Internet or

Bartolome de Las Casas: Witness: Writing of Bartolome de Las casas. ed and trans by George Sanderlin (Maryknoll: Orbis books, 1993) 66-67.

21. *Adelantado* (Spanish pronunciation: [aðelanˈtaðo]) was a title held by Spanish nobles in service of their respective kings during the Middle Ages. It was later used as a military title held by some Spanish *conquistadores* of the 15th, 16th and 17th centuries.

18. Контракт
, представленный Фердинандом Хуану Понсе для исследования и поселения Бимини. Датированный в Бургосе, 23 февраля 1512. Королем Фердинандом II Арагонским и Подписанный епископом Валенсии.

19. Речь Антонио Монтесинос 1511 год.

30 ноября 1511 года колонисты Санто-Доминго на Эспаньоле (Гаити) собрались в своей церкви. Воскресное богослужение должны были совершать приехавшие из Саламанки монахи-доминиканцы. **Присутствовали и сам адмирал Диего, сын Колумба, и вся местная знать.**

На кафедру поднимается человек в поношенной черно-белой рясе. Это отец Антонио де Монтесинос.

Темой проповеди он берет слова наставника покаяния - Иоанна Крестителя: "**Я - глас вопиющего в пустыне**".
с бесплодной пустыней сравнивает доминиканец души энкомендеро. Они не только погрязли во всевозможных грехах и забыли о Слове Божием - на их совести лежат тяжкие преступления против коренных жителей Вест-Индии.

Незаметно проповедь превращается в гневную обвинительную речь. "Ответьте, - гремит монах, глядя на испанцев, - по какому праву, по какому закону ввергли вы сих индейцев в столь жестокое и чудовищное рабство? На каком основании вели вы столь неправедные войны против миролюбивых и кротких людей, которые жили у себя дома и которых вы умертвляли и истребляли в неимоверном количестве с неслыханной свирепостью?!";

Проповедник умолк. В храме воцаряется напряженная тишина. Пока звучал голос доминиканца, многим казалось, что они слышат глас Страшного суда. Теперь иные растерянны, иные кипят от возмущения. Задеты их кровные интересы! А монах тем временем спокойно сходит с кафедры и вместе с тремя товарищами покидает церковь. Война объявлена. Речь де Монтесиноса - это не спонтанный порыв души. Она была продумана, написана и согласована с другими доминиканцами. Все четверо поставили под ней свою подпись.

Полную речь можно найти в Интернете.

20. Гамак изобретён южноамериканскими индейцами задолго до открытия Нового Света испанцами. От индейцев технология изготовления перешла к европейцам, которые стали широко применять гамаки на кораблях в качестве подвесных коек для членов команды.

Adelantado were granted directly by the Monarch the right to become governors and justices of a specific region, which they were charged with conquering, in exchange for funding and organizing the initial explorations, settlements and pacification of the target area on behalf of the Crown of Castile. These areas were usually outside the jurisdiction of an existing *audiencia* or viceroy, and *adelantados* were authorized to communicate directly with the Council of the Indies.[1]

22. DIADE PASCUADE RESURRECCION. On March 27, 1513 they passed the northern group of the Bahamas and saw the large land after the three-week voyage. Ponce called that land Florida ("Blooming") as it deserved this name doubly: its shore was covered with gorgeous subtropical vegetation and this land discovered on the first day of the Christian "blooming" Easter (Pascua Florida in Spanish). But it's other, "pagan" name Bimini was also written on the Alaminos's map.

23. It's necessary to say that there were no cable chains or anchors in the familiar to us sense at that date. It's also important to mention that there was no steering wheel, which was invented in 16-17. Before that ship keels were turned by several people.

The steering wheel was invented in the end of the XVI century, in 1595, when the first flute left the shipway in the city of Hoorne (Horne) (according to certain sources, this happened in the beginning of the XVII century, in 1605.) [3]. Before that a special long lever arm was used to navigate the vehicle on the larger ships. It was under the deck and was called koldershtok[4], while on the smaller vehicles people used just the tiller[5]. With an increase in the size of sailing vehicles and the increase of force needed to rudder, people began to install coupled steering wheels meant for the work of a big number of helmsman.

24. Dry compasses began to appear around 1300 in Medieval Europe.[10] This was supplanted in the early 20th century by the liquid-filled magnetic compass.[11]

25. Gnomon in the northern hemisphere, the shadow-casting edge of a sundial gnomon is normally oriented so that it points north and is parallel to the rotation axis of the Earth. That is, it is inclined to the horizontal at an angle that equals the latitude of the sundial's location. At present, such a gnomon should thus point almost precisely at Polaris, as this is within a degree of the North celestial pole.

26. **Balneotherapy** (Latin: *balneum* "bath") is the treatment of disease by bathing, usually practiced at spas.[1] While it is considered distinct from hydrotherapy,[2] there are some overlaps in practice and in underlying principles. Balneotherapy may involve hot or cold water, massage through moving water, relaxation, or stimulation. Many mineral waters at spas are rich in particular minerals such as silica, sulfur, selenium, and radium. Medicinal clays are also widely used, which practice is known as 'fangotherapy'.

21. Аделанта́до (исп. adelantado — первопроходец) — в колониальной Испании титул конкистадора, который направлялся королём на исследование и завоевание земель, лежащих за пределами испанских владений. Первыми заморскими **аделантадо** были родственники Колумба — брат Бартоломео и сын Диего.

22. DIADE PASCUADE RESURRECCION (PASCUADE)

27 марта 1513 года, пройдя мимо северной группы Багамских островов, после трехнедельного плавания они увидели большую землю. Понсе назвал эту землю Флоридой ("Цветущая"), так как она вдвойне заслуживала это название: берега ее были покрыты великолепной субтропической растительностью, и она была открыта в первый день праздника христианской "цветущей" Пасхи (по-испански - Паскуа Флорида PASCUAFLORIDA). Но на карте, составленной Аламиносом, на новооткрытой земле было написано и другое, "языческое" имя - Бимини.

23. Нужно сказать, что в то время еще не было ни канатных цепей, ни якорей в том понимании какой мы себе его можем обрисовать.

А еще нужно сказать, что не было даже и штурвала, который пришел только в 16-17, а до этого киль корабля поворачивались с помощью нескольких человек.

Впервые штурвал появился в конце XVI века — в 1595 году, когда со стапеля города Хоорне (Хорне) сошел первый флейт (по некоторым источникам, это произошло в начале XVII века — в 1605 году).[3], а до этого для управления рулём на крупных судах использовался особый длинный рычаг, уходящий под палубу и именуемый колдерштоком[4], а на малых судах обходились одним лишь румпелем[5]. С ростом размеров парусных судов и увеличением усилия, необходимого для перекладки руля, стали устанавливать спаренные и строенные *штурвалы*, предназначенные для работы большего количества матросов-рулевых.

24. Компас. В начале XIV в. итальянец Флавио Джойя значительно усовершенствовал компас. Магнитную стрелку он надел на вертикальную шпильку, а к стрелке прикрепил лёгкий круг —картушку, разбитую по окружности на 16 румбов – Википедия.

25. Гно́мон (др.-греч. γνώμων — указатель) — древнейший астрономический инструмент, вертикальный предмет (стела, колонна, шест), позволяющий по наименьшей длине его тени (в полдень) определить угловую высоту Солнца[1]. Кратчайшая тень указывает и направление истинного меридиана. Гномоном также называют часть солнечных часов, по тени от которой определяется время в солнечных часах.

26. Бальнеология — раздел курортологии, изучающий происхождение и физико-химические свойства минеральных вод, методы их использования с лечебно-профилактической целью при наружном и внутреннем применении, медицинские показания и противопоказания к их применению. Нельзя смешивать с бальнеологиейпелоидетерапию (учение о лечебных грязях и грязелечении) и талассотерапию (учение о морских купаниях). Составными частями бальнеологии являются бальнеотерапия,
   бальнеотехника, бальнеография (описание курортов).
Читать полностью:http://www.km.ru/zdorove/encyclopedia/balneologiya

27. There is a character called Koschei the Deathless in Russian fairytales. His soul is inside the needle, which is inside the birds and animals, in reduction. To get his life you have to kill all the animals from smal to large ones – the bear, the wolf, the fox, the duck and finally get the egg, and the needle with the life out of it.

28. The majority of slaves were women aged from 16 to 30 and children. On the Italian market prices for women were higher than for men. In 1429 a seventeen year old Russian girl was bought for 2093 lira in Venice. It was the highest price of all the bargains historians know, a little bit more than a kilogram of high grade gold. However, beautiful virgins for fun had always been a special piece-good, and prices for them had been way higher than for ordinary slaves.

29. The *Malleus Maleficarum*[2] usually translated as **Hammer of Witches**[3][a] is the best known and the most important treatise onwitchcraft[6][7] first published in German city Speyer in 1486[8] and written by Catholic clergymen Heinrich Krämer (Henricus Institoris) andJacob (Jacobus) Sprenger who were professors of theology and inquisitors. It endorses extermination of witches and for this purpose develops detailed legal and theological theory[9] that is misogynistic.[10] It was a bestseller, second only to Bible in terms of sales for almost 200 years.[11]

30. (DiegoSalcedo (soldier) – real historical person

31. Taíno society was divided into two classes: *naborias* (commoners) and *nitaínos* (nobles). These were governed by male chiefs known as *caciques*, who were advised by priests/healers known as *bohiques*. Caciques enjoyed the privilege of wearing golden pendants called *guanín*, living in square*bohíos,* instead of the round ones of ordinary villagers, and sitting on wooden stools to be above the guests they received.[20] Bohiques were extolled for their healing powers and ability to speak with gods. They were consulted and granted the Taíno permission to engage in important tasks.

32. The funniest thing is that **nobody had ever painted a lifetime portrait of Christopher Columbus**. Only after his death a picture made with the help of his family was made!

33. Unlike France, the prefix «De» in Spain did not mean high rank or belonging to the Count or aristocratic family. It indicated the place where the person was from. For instance, De Leon – the family that comes from the city of Leon, while in France – D'Artagnan is a marquis or a chevalier.

34. Sailing vehicles – link
https://www.google.de/search?q=lhistory.ruparusnyie-suda-v-xvi-i-xvii-vekah.html&trackid=sp-006

Под влиянием сероводорода в коже образуются биологически *активные вещества* (гистамин, ацетилхолин, гепарин), которые вызывают расширение капилляров, прилив крови к коже, увеличение скорости кровотока и силы сердечного сокращения, урежение пульса, снижение артериального давления и уменьшение вязкости крови. Все это оказывает тренирующее действие на сердечно-сосудистую систему. Сероводородные ванны улучшают обменные и энергетические процессы в скелетных мышцах и суставах, в результате чего уменьшаются боли, воспаление и улучшается двигательная функция суставов. Положительное влияние сероводорода проявляется в улучшении углеводного обмена, снижении уровня холестерина в крови, стимуляции функции щитовидной железы, половых желез и надпочечников. Таким образом, многогранное благоприятное действие сероводородных ванн на организм объясняет широкие показания к их лечебному применению .

27. В русских сказках тоже есть персонаж – Кощей Бессмертный, у которого душа находится в иголке, которая находится в птицах и зверях, находящихся по уменьшению. И чтобы достать жизнь надо убить всех зверей от мала до велика: медведя, волка, лисицу, утку и, наконец, достать яйцо, а уже из него - иголку с Жизнью.

28. Большинство рабов составляли девушки от шестнадцати до тридцати лет и дети. Цены женщин на итальянском рынке были выше цены мужчин. В 1429 году семнадцатилетняя русская девушка была куплена в Венеции за 2093 лиры, это максимальная цена из всех известных историкам сделок, немного больше килограмма золота высокой пробы. Впрочем, красивые девственницы для утех всегда были особым, штучным товаром, цен, а которого на порядки превышала обычную цену раба.

29. Место книги «Молота» среди подобных книг было обусловлено несколькими причинами: авторитетом авторов, особенно Шпренгера; детальной проработкой процедуры судопроизводства над обвинёнными в колдовстве, снабдившей «как духовных, так и гражданских судей готовыми приёмами пыток, ведения суда и вынесения приговора»; а также буллой *Summis desiderantes affectibus* папы Иннокентия VIII, давшей полное одобрение действиям инквизиции по искоренению колдовства

30. (DiegoSalcedo (soldier) – исторический персонаж

31. Общество индейцев Таино (Таино- неправильно понятая Испанцами социальная страта нитаино):
«касики» (вожди или князи), «бохики» (шаманы или священнослужители), «ни-тайно» (знать) и «набориа» (простые люди).

35. Two important events took place in the states of Castile, Leon and Aragon.
1.   The expulsion of the unbaptized Jews (1492)
2.   The expulsion of the Moors (1508).

36. Santiago (Saint Jacob) who patronized the Spanish in their fight against the Moors became the saint patron of the conquistadors who rushed into battle with the battle cry of the Reconquista warriors, "Santiago! Protect Spain!"

The officially claimed goal of Conquista was the **Christianization of pagans** and it implied contact, not abruption. This is the fundamental difference of **Spanish Conquista** comparing to the **colonization** of America by English and French. They did not set themselves this task, didn't really contact aborigines and just displaced them from their land. As for the Spanish conquistadors, they could be very cruel to Indians and demonstrate their religious fanaticism in excess, but you cannot find overtly racist passages in Spanish writings. Their racial tolerance which, by the way, was very unusual for that time, resulted in creation of metis Latin-American ethnicities.

http://www.xliby.ru/istorija/rycari_novogo_sveta/p4.php#metkadoc2

37. The **Bimini Road**, sometimes called the **Bimini Wall**, is an underwater rock formation near North Bimini island in the Bahamas. The Road consists of a 0.8 km (0.50 mi)-long northeast-southwest linear feature composed of roughly rectangular to subrectangular limestone blocks. Various claims have been made for this feature being either a wall, road, pier, breakwater, or other man-made structure. However, credible evidence or arguments are lacking for such an origin. On September 2, 1968, while diving in three fathoms (5.5 meters) of water off the northwest coast of North Bimini island, J. Manson Valentine, Jacques Mayol and Robert Angove encountered an extensive "pavement" of what later was found to be noticeably rounded stones of varying size and thickness.

https://en.wikipedia.org/wiki/Bimini_Road

38. The **Calusa** (/kəˈluːsə/ kə-LOO-sə) were a Native American people of Florida's southwest coast. Calusa society developed from that of archaic peoples of the Everglades region. Previous indigenous cultures had lived in the area for thousands of years. At the time of European contact in the 16th and 17th centuries, the historic Calusa were the people of the Caloosahatchee culture. They are notable for having developed a complex culture based on estuarine fisheries rather than agriculture. Calusa territory reached from Charlotte Harbor to Cape Sable, all of present-day Charlotte and Lee counties, and may have included the Florida Keys at times. They had the highest population density of south Florida; estimates of total population at the time of European contact range from 10,000 to several times that, but these are still speculative.

32. Самое смешное, что **никто никогда не делал прижизненного портрета Христофора Колумба**. Только после его смерти появилось изображение, сделанное со слов его домочадцев!

33. В отличии от Франции, приставка «Де» в Испании обозначала не высокий сан или принадлежность к графской или аристократической фамилии, а указывало место, откуда родом был человек. Например: Де Леон – семья, происходившая корнями и города Леон, а у французов - Д´Артаньян – маркиз или шевалье.

34. Парусные суда - ссылка
https://www.google.de/search?q=lhistory.ruparusnyie-suda-v-xvi-i-xvii-vekah.html&trackid=sp-006

35. Два важных события случилось в государствах Кастилия и Леон и Арагоне.
- Изгнание из страны некрещеных евреев (1492) и
- Изгнание мавров (1508).

36. Сантьяго (Святой Иаков), покровительствовавший испанцам в их борьбе с маврами, стал святым покровителем конкистадоров, которые бросались в бой с кличем воинов Реконкисты: «Сантьяго! Защити Испанию!»

Официально провозглашенная задача конкисты — **христианизация язычников** — и предполагала контакт, а не отторжение. В этом состоит принципиальное отличие **испанской конкисты** от **колонизации** Америки англичанами и французами, которые такую задачу перед собой не ставили, на глубокий контакт с аборигенами не шли и просто вытесняли их с принадлежавших им земель. Что касается испанских конкистадоров, то они могли быть сколь угодно жестоки по отношению к индейцам и в избытке демонстрировать религиозный фанатизм, но в их писаниях не найти откровенно расистских пассажей. Именно их расовая терпимость, кстати, очень необычная для того времени, привела к созданию метисных латиноамериканских этносов.

http://www.xliby.ru/istorija/rycari_novogo_sveta/p4.php#metkadoc2

37. Бимини-Роуд, иногда названная Стеной Бимини, является подводным горным формированием около Северного острова Бимини на Багамах. Дорога состоит из 0.8 км (0.50 мили) - длинная северо-восточно-юго-западная линейная особенность, состоявшая из примерно прямоугольного к подпрямоугольным блокам известняка. Хотя это обычно считается естественной геологической особенностью, в результате необычной договоренности и формы косточек, некоторые полагают, что формирование - остатки древней дороги, стены или некоторой другой сознательно построенной особенности. Например, статьи, опубликованные в Большом торговом судне (американский дешевый журнал) и или созданный или созданный в соавторстве Робертом Ф. Марксом, профессиональным дайвером и посетителем Бимини-Роуд, утверждали, что Бимини-Роуд - искусственная структура.

https://en.wikipedia.org/wiki/Bimini_Road

Calusa diet at settlements along the coast and estuaries consisted primarily of fish, in particular pinfish (*Lagodon rhomboides*), pigfish (redmouth grunt), (*Orthopristis chrysoptera*) and hardhead catfish (*Ariopsis Felis*). These small fish were supplemented by larger bony fish, sharks and rays, mollusks, crustaceans, ducks, sea and land turtles, and land animals.

The Calusa believed that three supernatural people ruled the world, that people had three souls, and that souls migrated to animals after death. The most powerful ruler governed the physical world, the second most powerful ruled human governments, and the last helped in wars, choosing which side would win. The Calusa believed that the three souls were the pupil of a person's eye, his shadow, and his reflection. The soul in the eye's pupil stayed with the body after death, and the Calusa would consult with that soul at the graveside. The other two souls left the body after death and entered into an animal. If a Calusa killed such an animal, the soul would migrate to a lesser animal, and eventually be reduced to nothing.

From the Natural History Museum in Florida:
Calusa Indians
- Did not eat humans (were not cannibals like Caribbeans)
- Did not have homosexuality
- Did not have thievery (unlike other Indian tribes)
- Slept in hammocks
- Made fires at night

Food:
Oysters, lobsters, crabs, clams, diverse fish.
What kind of animal skins Calusa Indians wore:
- Cougar with long legs
- Red Lyx
- Red wolves
- Grey fox
- Raccon
- Deer
- American mink
- Boars
- American black bear
- American manatee

38. **Калуса (ka-LOO-sa)** – индейское племя, которое переводится как «Свирепые люди». История Калуса насчитывает более 6000 лет. Это племя контролировало всю территорию южной Флориды, и оно оказало яростное сопротивление испанским конкистадорам.

Это было очень нетипичное племя, которое отличалось от остальных и нравами, и языком, и своим происхождением, и внешним видом.

В 1500-ых годах их описывал Антон де Аламинос и Берналь Диаз как «это люди рослые, сильные, одетые в звериные шкуры с громадными луками...»

Впоследствии все это племя исчезло с территории Флориды, под ударами индейцев Криков и их ответвления – Сименолов, пришедших с Севера. Последние несколько сот человек - остатки некогда могущественного племени Калуса были вывезены Испанцами из Флориды на Кубу.

Калуса великолепно строили каноэ из сосны, выжигая середину. Каноэ были нескольких видов. Самые большие каноэ умещали до 40 человек. Часто каноэ связывались попарно в катамаран для устойчивости во время военных действий и для торговли. Эти каноэ продавали соседним племенам, и индейцы племени Калуса считались лучшими рыбаками. Они строили отличные инженерные сооружения такие как каналы и соединяли прибрежные города и острова.

Из Museum Natural History Florida
ИндейцыплемениКалуса
- не ели человека (не были каннибалами как Карибы)
- у них не было гомосексуализма
- у них не было воровства (в отличии от других индейских племен)
- спали в гамаках
- разводили костры ночью

Еда:
Устрицы, омары, крабы, моллюски, разнообразная рыба

В какие шкуры были одеты индейцы Калуса:
- Пума с длинными капами
- Рысь рыжая
- Рыжие волки
- Серая лисица
- Енот
- Олень
- Американская норка
- Кабаны
- Барибал-медведь
- Американский ламантин

Gods of Calusa:
Calusa Indians believed that a person had three souls.
One of the souls was in his pupil, the other one – in his shadow, and the third – in his reflection. **We only know few of their Gods:**
1. The God of everything that lives on our planet and around it.
2. The second God – patron of state who helps with the government affairs.
3. The third one – the God of war.
4. The God who eats eyes.

Indians did not have monotheism.
Priests, shamans and healers cured people.
They always fasted for about 4 months, were terribly thin and tranced often.

Hunting for turtles:
Calusa tied a sucker fish to the rope by its tail and let it swim to the place where turtles were. When the fish sucked to the shell, the only thing left was to pull and turn the turtle of any size.

Tattoos were used to scare away different insects and animals and to indicate belonging to a clan or a social level.

No pictures of the Calusa tribe exist or have ever existed.

The first pictures of the Indians of Florida were made by a Frenchman... And not of the Calusa tribe, but of the tribe called Timucua. And then the pictures were turned into engravings by Huguenot Theodor de Brie who hated the Spanish and Catholics, even though he had never been to America! It turns out that any picture is an artifice of a medieval engraver!

39, 31

Taino Indians

Taino Indians rebelled because of Spaniards' cruel enslavement and using Indians as free labor.

Men worked in mines which were 10-80 kilometers away from home.

Women worked on farms or country seats and farmed the land: ploughed it manually (not even with hoes, but with sticks), built bread storages and so on.

Sometimes men and women hadn't seen each other for 8 months, and sometimes for a year. They were all exhausted by work, they almost had no children.

40. **Spaniards in the Western Indies (some facts):**
Spaniards of different titles lived in Hispaniola and Puerto Rico:
- Hidalgos without servants
- Caballeros with servants
- Peasants

Боги индейцев племени Калуса:

У Калуса была вера, что у человека три души.

Одна душа находилась в его зрачке, другая – в его тени, а третья – в его отражении. **Из Богов нам известно о нескольких**:

1. Бог всего, что живет на нашей земле и вокруг
2. Второй Бог - покровитель государства и помогает в решении государственных дел,
3. Третий – Бог войны
4. Бог, поедающий глаза

Бог, отвечающий за Войну

Бог, отвечающий за жизнь общества

Единобожия у индейцев не было

Жрецы, колдуны и врачеватели лечили людей от болезней

Они все всегда постились около 4 месяцев и были всегда страшно худыми и часто впадали в транс.

Охота на черепах:

Калуса привязывали к веревке за хвост рыбу-присоску и пускали ее в место, где были черепахи. Когда рыба присасывалась к панцирю, то оставалось только вытащить и перевернуть в лодке черепаху любого размера.

Татуировки использовались для

Отпугивания различных насекомых и животных

Для обозначения принадлежности к клану и социальному уровню общества.

Никаких изображений племени Калуса не существует и не существовало.

Первые изображения индейцев Флориды были сделаны французом …. И не племени Калуса, а племени Тимукуа. И затем перенесены ненавидящим испанцев и католиков гугенотом Теодором де Бри в гравюры, хотя последний никогда не был в Америке! Получается, что любое изображение – выдумка средневекового гравера!

39, 31 Индейцы племени Таино

Индейцы племени Таино восставали из-за жестоко порабощения них испанцами и использования их в качестве бесплатной рабочей силы

Мужчины работали на рудниках, которые находились в 10-80 км от дома

Женщины работали на фермах и поместьях и обрабатывали землю: вспахивали вручную (даже не мотыгой, а палками), разрыхляя почву, возводили хранилища для хлеба и т.д.

Иногда женщины и мужчины не встречались 8 месяцев, а иногда – 1 год. Все они были истощены работой и у них не было детей или они почти не рожали.

Justice:
Alguazils – delivered runaway Indians
Vestadors – combined a judge, a executor and a prosecutor rolled into one

Many simple people worked in mines and took with them:
- Crackers for 8 days
- Hoes
- Two-pound scrap
- Picker

When they gave away the 1/11 part of their income, it was profitable, but when they had to pay 1/3 part, everybody busted.

Many people farmed:
- Raised pigs
- Cultivated garlic, cassava and potatoes.

41. **The Spanish. Some facts.**

When going into battle, the Spaniards called on:
- The God
- The Virgin Mary
- Holy Spirit
- The apostles
- After the battle Spaniards always sang the hymn «TeDeum» https://ru.wikipedia.org/wiki/Te_Deum

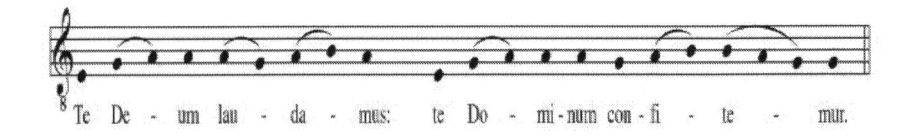

Author: Olorulus – own work, CC BY-SA 3.0, https://commons.wikimedia.org/w/index.php?curid=31614806

Armada Ponce de Leon included:
Soldiers or batailleur consist of:
- *arcabuceros,*
- *piqueros*
- *rodeleros ("shield bearers"), also called espadachines ("swordsmen").*

40. Испанцы в Западных Индиях (некоторые факты):
Испанцы разных титулов жили на Эспаньоле и на Пуэрто-Рико
- Идальго без слуг
- Кабальеро со слугами
- Крестьяне

Правосудие:
Альгавасилы – доставляли беглых индейцев
Виситадоры – совмещали судью, палач, и прокурора в одном лице

Многие простые люди работали на рудниках и брали с собой:
- Сухари на 8 дней
- Мотыги
- Лом двухфунтовый
- Кирку

Когда они отдавали 1/11 часть, то это было доходно, а когда по приказу короля они должны были отдавать 1/3 дохода с рудников, то все разорились.

Многие занимались сельским хозяйством
- Разведением свиней
- Выращиванием чеснока, маниока, картофеля

41 **Испанцы. Некоторые факты.**
Идя в бой, испанцы призывали:
- Бога
- Святую Деву Марию
- Святой Дух
- Апостолов
- После боя испанцы всегда пели гимн «TeDeum»

https://ru.wikipedia.org/wiki/Te_Deum

Автор: Olorulus - собственная работа, CC BY-SA 3.0,
https://commons.wikimedia.org/w/index.php?curid=31614806

Войско испанцев состояло из
- Рыцари (кабальерос)
- Легкая конница
- Пехотинцы (солдаты или пеоны)

Spanish army consist of:
- Knights (Caballeros)
- Light cavalry
- Infantry (soldiers or peons)
- Shooters (arbalesters, archers, harquebusier)
- Artillery (heavy, medium, light (falsconets))
- Hidalgos

Spaniards' weapons
- Steel swords
- Daggers
- Halberds
- Axes
- Peaks
- Spears
- Bows
- Crossbows
- Hackbuts
- Iron and leather shields
- Arms
- Helmets
- Horses (wearing iron breastplates and helmets)
- Dogs (often wearing breastplates as well)

Spanish colonists had a rule:
If the firstborn was a boy, he was named after his paternal grandfather, if the second child was also a boy, he was named after his maternal grandfather.

42. Diseases in the New Indies

The plague killed 50-90% of all Indians.

The plague came with horses, dogs and rats through the plague fleas.

The cholera came with rotten water on the ships.

Smallpox was the most common disease on the island of Hispaniola, it kept alive 16 thousand people out of 1 million Indians (according to modern scientists) from 1492 to 1518!!!

Indians brought to Europe the terrible disease syphilis.

43. Juan Rodriguez de Fonseca was the personal capellan of King Ferdinand II of Aragon.

- нагрудниках и наголовниках)
- Собаки (тоже часто в нагрудниках)

У колонистов-испанцев было правило:
Если рождался мальчик первенец его называли в честь деда по отцовской линии,
Если рождался второй мальчик, то его называли в честь деда по материнской линии

42
Болезни в Новых Индиях
Чума унесла 50-90% всех индейцев
Чума приходила с лошадьми, собаками, крысами через чумных блох.
Холера пришла с тухлой водой кораблей
Оспа - самое частое заболевание на острове Эспаньола оставило в живых 16 тысяч человек из 1 миллиона индейцев по предположительным расчетам (если верить современным ученым) с 1492 по 1518 год!!!
Индейцы принесли в Европу такое страшное заболевание как сифилис.

43. Хуан Родригес де Фонсека – бы личный капелланом короля Фердинанда II Арагонского
(**personal***capellanus***JuanRodriguesdeFonseca**)

44. Антон де Аламинос – удивительный персонаж, сыгравший огромную роль в истории мореплавания. Именно он отметил и открыл теплое течение из Америки в Европу – Гольфстрим. Он первым его и описал, и использовал. Он также водил после Понсе де Леона многочисленные корабли конкистадоров к берегам Флориды и Кубы, и Мексики, используя полученные в походе с Понсе де Леоном сведения.

45. До сих пор ученые спорят где высадилась экспедиция Понсе де Леона после открытия Тортуги. Многие утверждают, что это была не Куба, а Юкатан (Мексика).

46. Как писал испанец Gonzalo Solis de Merks, посетивший Калуса в 1567 году, дом царя Калуса или Касика (Ka-see-kay) был так велик, что в нем могло собираться до 2000 человек и это не стало бы тесно. Там были большие окна. Касик находился в большой комнате, в одиночестве на своем высоком сидении, указывающую на большую власть. А около 500 индейских женщин и мужчин пели песни.

44. Anton de Alaninos is a wonderful personage who played a huge role in the history of seafaring. He was the one who mapped and dicovered the warm current from America to Europe – Gulf Stream. He was the first one to describe and use it. He also navigated the ships of Ponce de Leon and of many other conquistadors to Florida, Cuba and Mexico using information from his expedition with Ponce de Leon.

45. Scientists still discuss where the expedition of Ponce de Leon landed after the discovery of Tortuga. Many of them claim that it was not Cuba, but Yucatan (Mexico).

46. The Spaniard Gonzalo Solis de Merks who visited Calusa in 1567 said that the house of the King of Calusa or the Cacique (Ka-see-kay) was so huge that even if 2000 people would gather there, it wouldn't be tight. It had big windows. Cacique was in the big room, alone on his high seat which indicated great power. About 500 Indian men and women sang.

48,47. Indians were often buried in rivers and lakes so that predators wouldn't eat dead bodies

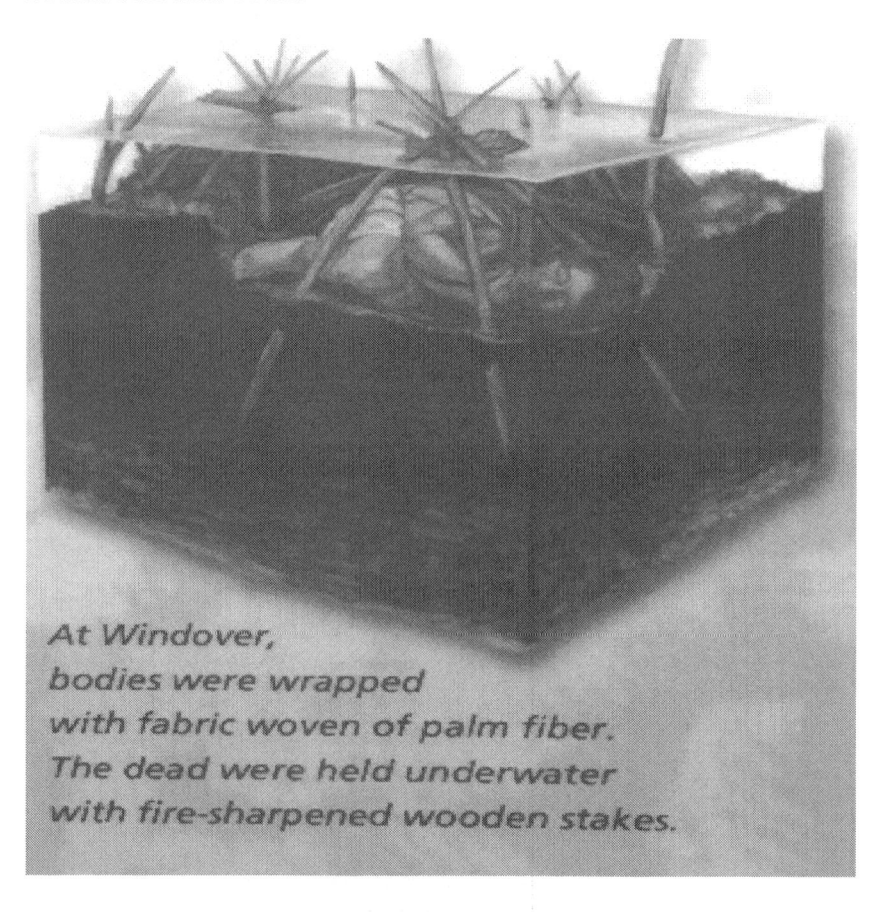

At Windover, bodies were wrapped with fabric woven of palm fiber. The dead were held underwater with fire-sharpened wooden stakes.

47,48 Индейцев часто хоронили в реках и озерах, чтобы хищники не питались плотью умершего (см. картинку в английском тексте)

49. **Juan de la Cosa's first map of the New World, printed in 1500** - ww.atlasobscura.com/places/juan-de-la-cosa-map

Первая карта Нового Мира, напечатанная в 1500 году Хуаном де ла Коса.

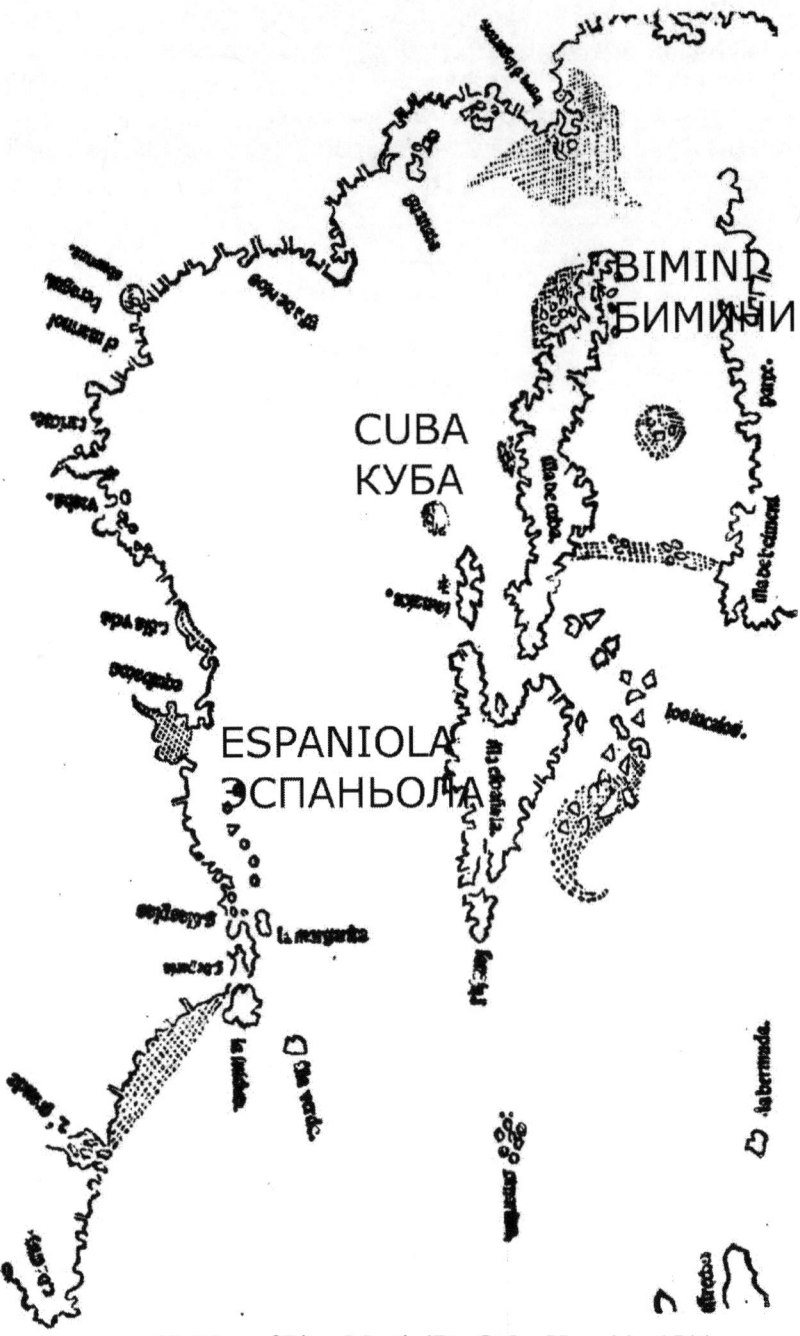

49. Map of Piter Martir **'De Orba Novo'** in **1511**.
Карта Питера Мартира **'Де Орба Ново'** от **1511**.

References and links:
Список литературы и ссылки:

Photos taken with the exposition of the museum, have been provided:
Фотографии, сделанные с экспозицией музея, были предоставлены:
   Florida Museum of Natural History
   De Soto National Memorial
   Marco Island Historical Museum-
   Collier County Museum
   Mount Key Archeological State Park
   South West Florida Museum of History
   Calusa Heritage Trial Rendell Research Center at Pinellas
   National Park Service U.S. Department of the Interior
In book we used parts of pictures of Theodore Morris and Jeremy de Bary
Many pictures were taken from photo session by K. Ashrafyan with "Spain in Florida: 16 and 17 century living history group" and professional model Weimann Maria and Yosbel Amore.
В книге мы использовали части картины Теодора Моррис и Джереми де Бари
Многие фотографии были сделаны из фотосессии К. Ашрафян с "Испании во Флориде: 16 и 17 века живой истории группы" и профессиональная модель Weimann Мария и Yosbel Amore.

List of books / *Список книг*
Бартоломе Лас Касас "Избранные произведения (на испанском)
https://en.wikipedia.org/wiki/Gonzalo_Guerrero
https://en.wikipedia.org/wiki/Ger%C3%B3nimo_de_Aguilar
http://ca.wikipedia.org/wiki/Antón_de_Alaminos
http://prousa.ru/florida_history
http://en.wikipedia.org/wiki/Hidalgo_%28nobility%29
http://www.mainlesson.com/displayauthor.php?author=ober
http://en.wikipedia.org/wiki/Diego_Columbus
http://kubalist.ru/istoriya-kuby/narody-kuby.html
http://krotov.info/library/13_m/myen/2_poborniki.html
http://ochalek.weebly.com/effects_-_of_-_exploration_-_dbq.html
http://wardog.pp.ua/boevye_-_sobaki_-_psixologicheskoe_-_oruzhie

- konkistadorov/
http://doglawreporter.blogspot.com/2011/11/dogs-of-conquistadors.html (about dogs)
http://www.indiansworld.org
Spanish Pathways in Florida 1492-1992. Edited by Ann L Henderson and Gary R. Mormino, Pineapple Press Inc., Sarasota, Florida. ISBN 1-56164-003-4
The Calusa and Their Legacy: South Florida People and Their Environments (Native Peoples, Cultures, and Places of the Southeastern United States) Hardcover – December 31, 2004 by Darcie A. Macmahon (Author), William H. Marquardt (Author),Indians of Central and South Florida, 1513 - 1763 (Florida Museum of Natural History: Ripley P. Bullen Series) by John H. Hann (Aug 10, 2003)
Historia Verdadera de la Conquista de la Nueva España (https://ru.wikipedia.org/wiki).
http://www.e-reading.club/bookreader.php/1028372/Kofman_-_Amerika_nesbyvshihsya_chudes.html
http://prousa.ru/florida_history
Prehistoric Peoples of South Florida by William E. McGoun (Author)
Constructing Floridians: Natives and Europeans in the Colonial Floridas, 1513 - 1783 1st Edition by Daniel S. Murphree (Author)
Florida's First People. Robin C. Brown. Pineaplle Press, Inc., Sarasota, Florida ISBN 1-56164-032-8
Лас Касас Б. де. Кратчайшее сообщение о разрушении Индий.
Theodore Morris. Florida's Lost Tribes. ISBN 0-8130-2739-X Bartolome de Las Casas: Witness: Writing of Bartolome de Las casas. ed and trans by George Sanderlin (Maryknoll: Orbis books, 1993) 66-67.
Лас Касас Б. де. История Индий. М.: Наука, 1968. (Серия: Литературные памятники).
Лас Касас Б. де. Мемориал Совету по делам Индий // Католицизм и свободомыслие в Латинской Америке в XVI—XX вв. (документы и материалы). — М., 1980.
Лас Касас Б. де. К истории завоевания Америки. — М., 1966.
Bartolomé de Las Casas, Short Account of the Destruction of the Indies (Paperback). Translated by Nigel Griffin. Penguin Classics; 1st ed edition (September 8, 1999) ISBN 0 - 14 - 044562 - 5
Bartolomé de Las Casas, The Devastation of the Indies, a Brief Account. Translated by Herma Briffault. Johns Hopkins University Press, Baltimore, 1974. ISBN 0 - 8018 - 4430 - 4
David Orique, O.P. Thesis: [1]
Bartolomé de Las Casas: Apologetic History

Frederick A. Ober. Ponce de Leon

Берналь Диас дель Кастильо исп. Bernal Díaz del Castillo «Правдивая история завоевания Новой Испании» (1557—1575)»

Бартоломе-де-Лас-Касас, *Краткий отчет о разорении Индий*. Перевод Найджел Гриффин. (Лондон: Penguin, 1999) ISBN 0-14-044562-5

Inga. "Fierce and Unnatural Cruelty": Cortes and the Conquest of Mexico Representations, Winter 1991 Schreffler, Michael. "Their Cortés and Our Cortés": Spanish Colonialism and Aztec Representation. The Art Bulletin, Dec. 2009

Juan Ponce de Leon: And the Spanish Discovery of Puerto Rico and Florida

Jul 1, 2000 by Robert Henderson Fuson Florida's First People: 12,000 Years of Human

History Mar 1, 1994 by Robin Brown

1696 Danckerts Map of Florida, the West Indies, and the Caribbean - Geographicus - WestIndies-dankerts-1696.jpg

Discovering Florida: First-contact narratives from Spanish expeditions along the lower Gulf Coast

by John E. Worth

Florida's People During the Last Ice Age

by Barbara A. Purdy

Archaeology of Northern Florida, A.D. 200-900: The McKeithen Weeden Island culture

by Jerald T. Milanich, Ann S. Cordell, Vernon J. Knight Jr., Timothy A. Kohler, Brenda J. Sigler-Lavelle

Florida's Indians From Ancient Times to the Present

by Jerald T. Milanich

Indian Mounds You Can Visit: 165 aboriginal sites of west coast Florida

by I. Mac Perry

Indian Art of Ancient Florida

by Barbara A. Purdy

The Calusa and Their Legacy: South Florida people and their environments

by Darcie A. MacMahon

Florida's First People: 12,000 years of human history

by Robin C. Brown

Native Americans in Florida

by Kevin McCarthy

http://scholar.library.miami.edu/floridamaps/first_spanish_period.php
http://www.trailoffloridasindianheritage.org/index.html
http://www.news-press.com/story/life/outdoors/2015/04/01/wondrous-engineering-feat-calusa-indians/70795314/
http://www.pbchistoryonline.org/middle-school-lessons/001-Calusa/001-Calusa1.htm
http://www.manataka.org/page2733.html
http://www.bigorrin.org/calusa_kids.htm
http://www.hartford-hwp.com/Tekesta/history/part5.html
http://utbunitedthirdbridge.com/pdleon-life.php
http://colnect.com/en/coins/coin/61327-5_Dollars_Ponce_De_Leon-Proof_Coinage-Bahamas
http://flickrhivemind.net/Tags/arawacos/Timeline
http://www.prfdance.org/ConcilioTaino.DiaDelTaino2009.htm
http://www.ebay.tv/sch/Coins-Paper-Money-/11116/i.html?_sop=23&_sac=1&_mPrRngCbx=1&_nkw=deleon

Coin Bahamas islands.
Монета Багамские острова.

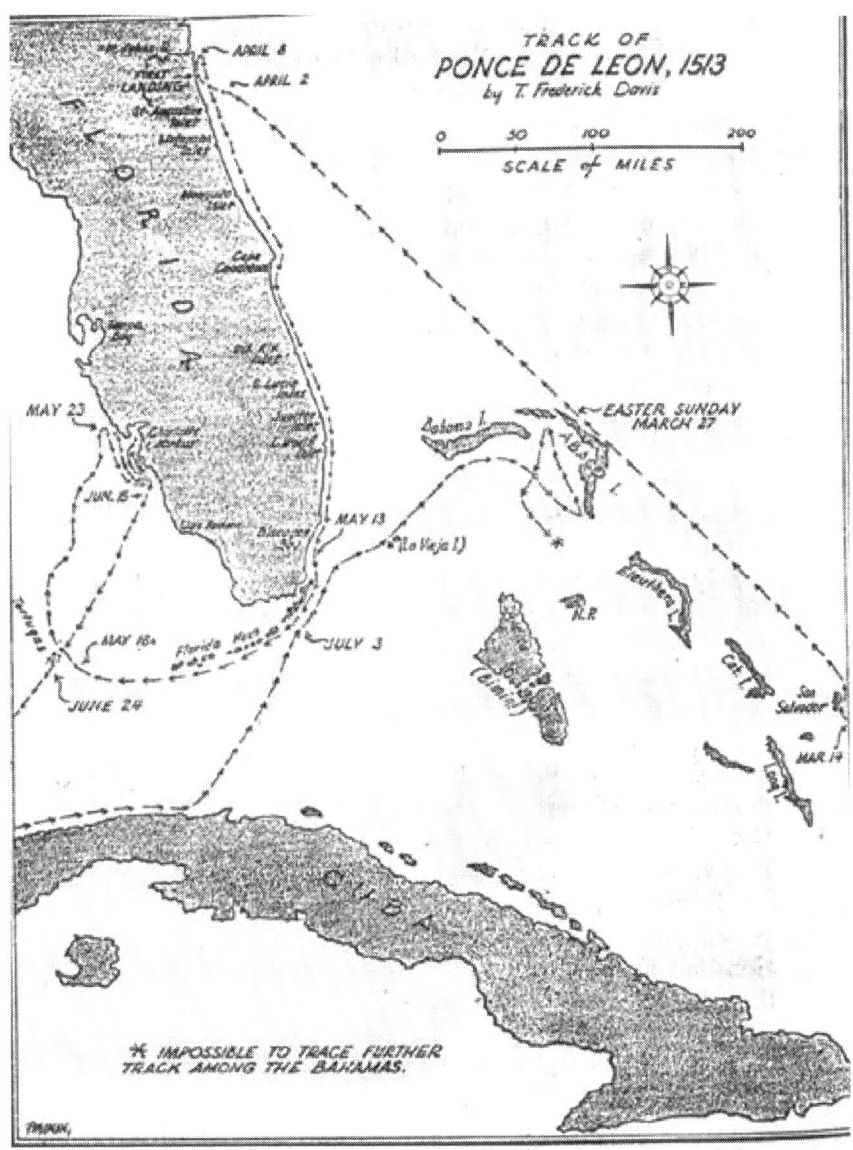

Ponce de Leon's first voyage - 1513

Bahamas Islands which were open by expedition of Ponce de Leon in 1513 (First part of travel)

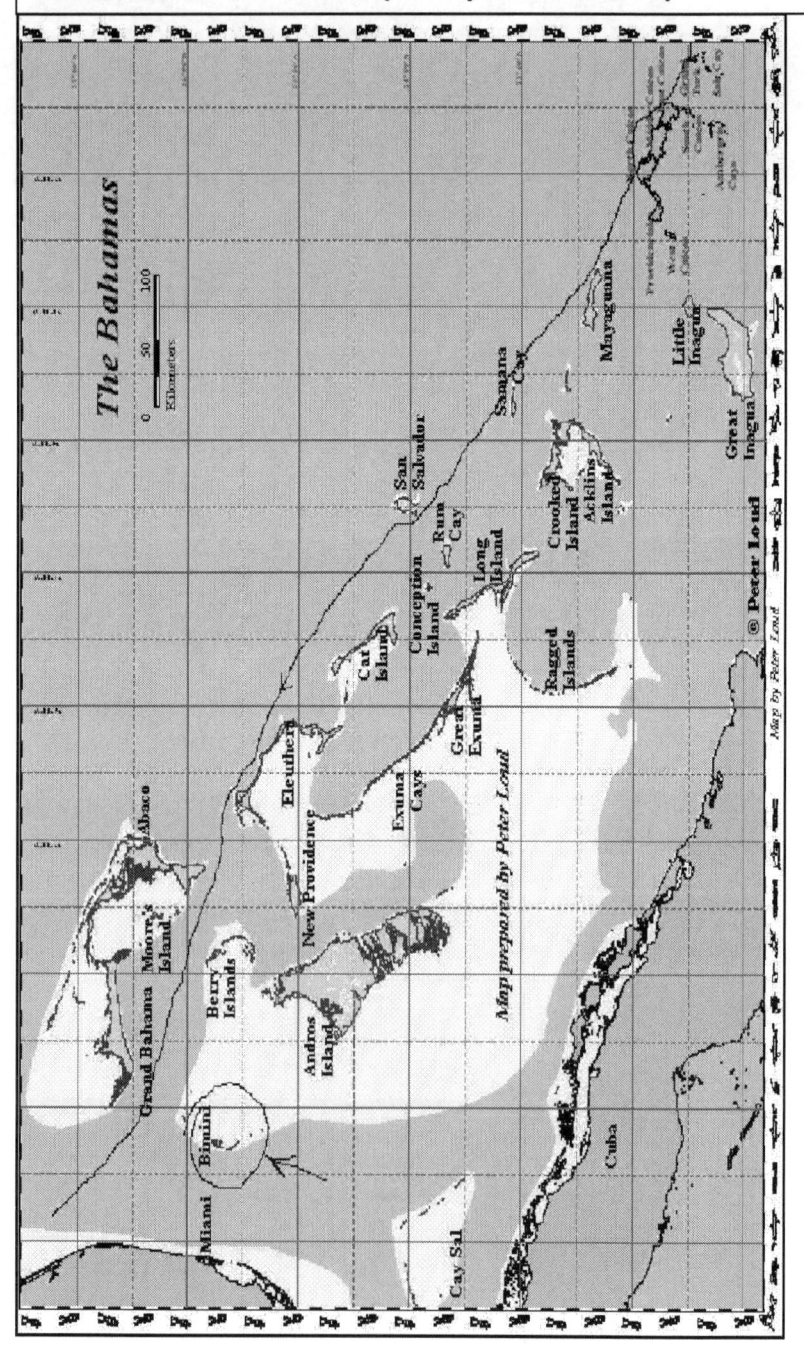

Old name 1513	Modern name	Date in 1513	Place	Anchored at
El Viejo Old Man	Grand Turk	8 March	22 N	after 3 1/2 days' sail
Caycos Caicos	E. Caicos	9 March	24 N	after an easy days' sail
Yaguna	N. Caicos	10 March		after an easy days' sail
Amaguayo Plana Cays	Mayaguana	11-12 March		Repair ships.
Manegua Acklin- Crooked	Samana Cay	13 Марта	24 30 N	During an overnight sail
Guanahani	San Salvador	14-25 March	25 40 N	provisioned and re-rigged the vessels
"unidentified island"	Eleuthera	27 March	NW from Guanahani	
		29-30 March		Hove to during storm

8 March 1513. El Viejo (modern Grand Turk)

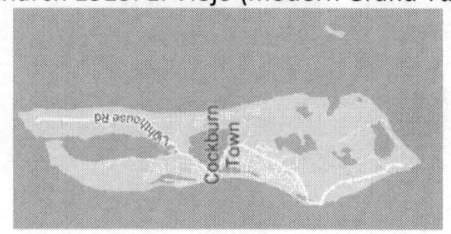

9 March 1513 Cayos (E.Caicos)
10 March 1513 Yaguna (N.Caicos)

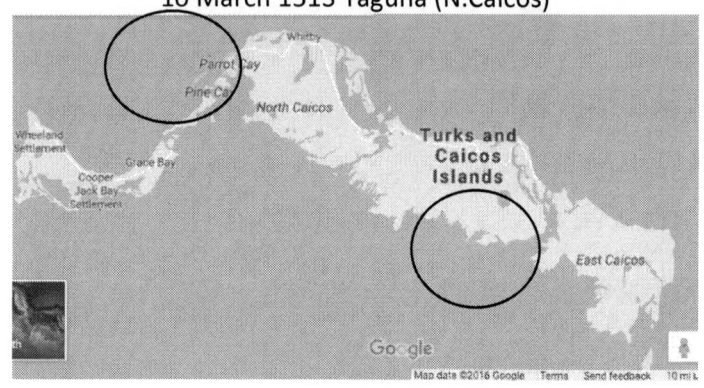

11-12 March 1513. Hove. Amaquavo (Mayaguana)

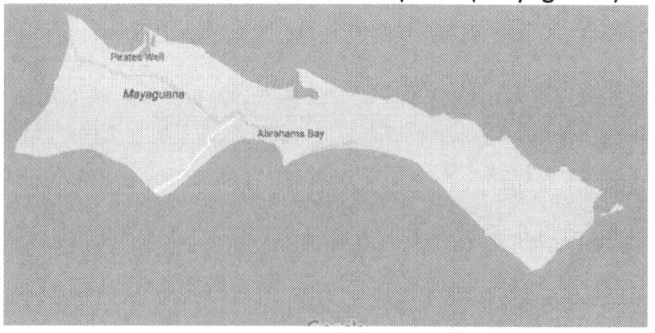

13 March 1513 Manequa (Samana Cays)

14-25 Guanahani (San Salvador)

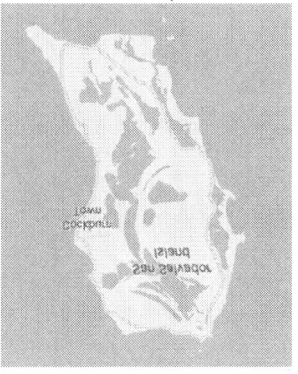

27 March 1513 Unindetified Island (Eleuthera)

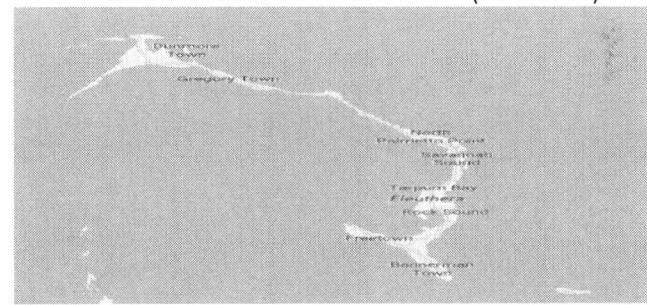

Island Bimini, which was find by Anton de Alaminos and Perez de Ortubia on the *San Cristobal brigantine*.

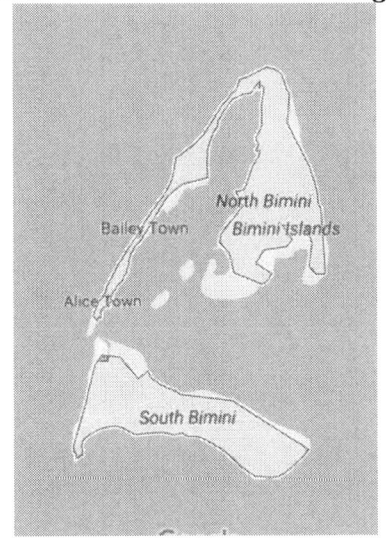

Хуан Понсе де Леон. Монета из Флориды
Juan Ponce de Leon. Coin from Florida.

Хуан Понсе де Леон. Монета из Пуэрто-Рико.
Juan Ponce de Leon. Coin from Puerto Rico

Warm Mineral Springs
The Fountain of Youth

http://www.warmmineral.com/

This site is operated, designed, and financed 100% by the ADM Exploration Foundation and Curt Bowen

Этот сайт разработан, работает и финансируется на 100% ADM Фондом Исследований и Куртом Боуэном

Curt Bowen / Курт Боуэн
www.curtbowen.com

Adventurer and amateur archeologist Col Bill Royal turned the academic world of archeology on its ear in the 1970s. After nearly 25 years of denial, ridicule and general disrespect to Col Royal, in the 1970s the evidence amassed proved that Royals claims that the Paleo-Indian burials he had discovered in the 1950s were indeed over 10,000 years old. Royal's discovery led to extensive excavations and academic research at the site, much of which served to repetitively prove the accuracy of his own research and to establish the site as one of the most important archeological sites in North America.

Авантюрист и любитель-археолог Кол Билл Ройял пришел к академическому миру археологии в 1970 - е годы. После почти 25 лет отрицания, насмешек и общее неуважение к Колу Ройялу, в 1970 - е годы накопилось достаточно доказательств подтверждающих , что палео-индийские захоронения, которые он обнаружил в 1950 - е годы были действительно отнесены к более чем 10 000 летней давности. Это привело к обширным раскопкам и научным исследованиям на месте, большая часть которой служила многократными доказательствами достоверности собственных исследований и возможность создать сайт в качестве одного из самых важных археологических памятников в Северной Америке.

9/17/1934–10/4/2009

В последние 13 лет, дважды в неделю, Ефим Мерхер с энтузиазмом проводил лекции об Теплом Минеральном Озере в городке Норт Порт, в штате Флорида. Стоя до груди в воде, в середине озера, Ефим рассказывал об истории и свойствах озера, а затем оставался ответить на любые вопросы посетителей. Ефим, как правило, проводил две лекции: одну на русском языке, а другую на английском. И хотя Ефим делал это все добровольно, он проводил эти лекции с таким же профессионализмом и трудолюбием как он всегда употреблял в течение всей своей жизни. Ефим покинул нас 4 октября 2009 года, после 10 месяцев борьбы с раком легких

Jeff Merkher
1934 - 2009

A scholar of humanities through and through, with keen interest in Mineralogy, Archeology, Balneology and History, holder of a Master degree in Philology, and a lifetime pursuer of poetry and theatre.

For almost 10 years Jeff volunteered his time at Warm Mineral Springs until his passing on October 4, 2009. His twice a week lectures at the springs were a highlight of every visitor's experience.

Jeff Merkher's contribution to the lore of Warm Mineral Springs will live in perpetuity through this commemoration from his family and the Management of Warm Mineral Springs.

Глава 17
Теплые Минеральные Источники, Норд Порт, Флорида.

Факт.

Важно отметить что Warm Mineral Springs (или Источник Молодости или Фонтан молодости) - можно считать фонтаном, поскольку он бьет из-под земли.

От Warm Mineral Spring Понсе де Леона отделяло совсем немного – несколько миль по землям племени Калуса в 1513 году. И именно туда он вернулся в 1521 году.

Немного мыслей.

Подумать только – высадившись на берег, и найдя Источник Молодости, испанцы сделали бы все, чтобы завоевать эту землю. И Мир бы изменился!

Можно ли было выпить просто из Источника и сразу помолодеть? Нет.

Но в каждой легенде и сказке, уже с точки зрения современной науки, есть правда. И здесь тоже. Бальнеотерапия была известна и древним Римлянам, и другим древним народам еще до рождения Христа. Многие народы основывали свои города и поселения на таких источниках – Будапешт, Баден, Карловы Вары и т.д.

Chapter 17
Warm Mineral Springs, North Port, Florida.

Facts.

It's important to note that Warm Mineral Springs (the Source of Youth or the Fountain of Youth) can be considered the fountain as it gushes out of the ground.

Ponce de Leon was really close to Warm Mineral Springs in 1513 - just in a few miles across the lands of Calusa tribe. And that's where he returned to in 1521.

Warm Mineral Spring. Photo from http://warmmineral.com

A few thoughts.

Just think about it: having landed on the shore and having found the Fountain of Youth, the Spaniards would have done anything to conquer this land. And the world wouldn't have been the same!

Was it possible to have a drink from the Fountain and immediately rejuvenate? No.

But in every legend and fairy tale, from the point of view of modern science, there is some truth. And here, too. Balneotherapy was known to the ancient Romans and other ancient people even before Christ was born. Many nations have established their towns and settlements around these sources - Budapest, Baden, Karlovy Vary, etc.

Давайте разберемся, что это за место.
Сначала посмотрим, что такое бальнеотерапия.
Бальнеотерапия (от лат. *balneum — баня, ванна, купание*) — раздел нетрадиционной медицины, лечение минеральными водами(местные и общие ванны, умывание в бассейнах). К бальнеотерапии относятся различные души, а также применение минеральной воды для питья, орошение и промывание кишечника, для ингаляций и т.д.

Современные исследования показали, что именно вода является источником продления жизни. Щелочная вода, способствует продлению жизни и ведет к улучшению процессов внутри любого организма. Кислотная вода, наоборот, ведет к окислению организма и приводит к быстрому прекращению процессов и смерти.

Минералы, содержащиеся в воде, помогают и поддерживают организм и ведут к нормализации процессов и восстановлении окислительно-восстановительных реакций. Современная химия уже может объяснить все это с точки зрения науки, однако тогда – 500 лет назад ничего этого не было. Понятно, что люди верили в Чудо, так как видели, что на самом деле происходит действительное постепенное преображение человека – старая кожа разглаживается, человек худеет, его морщины и линии уходят с лица, многие болезни желудка и опорно-двигательного аппарата уходят, и человек начинает себя чувствовать, как молодой.

Это можно увидеть и на примере роста растений. Если поставить в воду цветы, то вы увидите, как в щелочной среде цветы будут долго жить и цвести, и, наоборот, в кислотной среде они быстро погибают. Именно это удивительное преображение человека и растений и натолкнуло людей на мысль о Волшебной Воде. Именно эта реальная сказка и явилась главным источником создания сказок, былей, рассказов и преданий об Источнике Молодости.

Кроме того, на Warm Mineral Spring находятся залежи **голубой глины.**

В состав глины входят железо, кальций, магний, кремний, а также серебро, фосфор, медь, никель, цинк, азот, хром, радий и многое другое

Let's see what kind of place this is.
First, let's find out what Balneotherapy is.

Balneotherapy *(from the Latin 'balneum' - sauna, bath, swimming)* - the section of alternative medicine, a spa treatment (local and shared baths, washing in pools). Balneotherapy includes a variety of showers, the use of drinking mineral water, irrigation and intestinal lavage, inhalation, etc.

Modern research has shown that water is the source of life extension. Alkaline water helps prolong life and leads to the improvement of processes within any organism. Acidic water, in contrast, leads to the oxidation of the body and results in a rapid cessation of processes and death.

The minerals contained in water help and support the body, lead to the normalization of processes and the restoration of redox reactions. Modern chemistry can already explain it from the point of science, but then, 500 years ago, there was nothing like that. It is clear that people believed in miracles, because they saw that men were really changing - the old skin was smoothing, people were losing weight, their wrinkles were smoothing, too, many stomach diseases and the diseases of the musculoskeletal system were curing. People were feeling young again.

This can be seen by the example of plants' growth. If you put flowers into the water, you will see that in the alkaline environment flowers will live long and bloom, and vice versa, in the acid environment they'll die quickly. This amazing transformation of men and plants prompted people to think about Magic Water. This real fairy tale was exactly why fairy tales, stories and legends about the Fountain of Youth were created.

In addition, there are reserves of blue clay on Warm Mineral Spring.

The clay composition includes iron, calcium, magnesium, silicon, silver, phosphorus, copper, nickel, zinc, nitrogen, chromium, radium and more.

Голубая глина обладает уникальными свойствами, она:
- нейтрализует и выводит токсины
- убивает бактерии – антисептик
- насыщает клетки человеческого тела минералами
- способствует заживлению ран и переломов
- снимает воспаления
- положительно влияет на обменные процессы в организме
- усиливает защитные силы
- обладает мощным очищающим воздействием
- улучшает структуру кожи. Именно голубую глину очень хорошо применять для лица и волос.

Источник: http://irinazaytseva.ru/golubaya-glina-svojstva-primenenie-maski-dlya-lica-i-volos.html
http://www.warmmineral.com/wms/wmschemistry.html

Теплые Минеральные Источники.

Природа одарила это удивительное место воистину бесценным сокровищем. В North Port находится чудо-озеро Warm Mineral Springs - уникальный природный минеральный источник площадью в 1,4 акра. Диаметр озера - от 125 до 175м, глубина более 80м. Вода в нём проточная и ежедневно обновляется на 9 млн. галлонов (40 тыс. кубометров). Температура воды никогда не опускается ниже +87 градусов по Фаренгейту (около + 30 градусов по Цельсию), что создаёт благоприятные условия для купания.

   Купаться в озере не только полезно, но и чрезвычайно приятно круглый год. В горячие летние месяцы, как бы жарко не было вокруг, никто не испытывает жары, находясь в воде. Самый разгар курортного сезона приходится на осенние и весенние месяцы, хотя и зимой здесь тоже многолюдно. Отдыхающие купаются и наслаждаются природой вокруг озера круглый год.

   Это озеро – явление уникальное и неповторимое. *Warm Mineral Springs* занимает 1-е место в Америке и 3-е место в мире по концентрации минералов и по своим целебным свойствам и превосходит практически все мировые здравницы, включая немецкий Баден-Баден и чешские Карловы Вары. Вода озера обладает ярко выраженным физиологическим действием на организм человека и поэтому очень эффективна при лечении самых различных недугов, что делает North Port местом паломничества за здоровьем.

Blue clay has unique characteristics, it:
- neutralizes and removes toxins
- kills bacteria - antiseptic
- fills the cells of the human body with minerals
- helps healing wounds and fractures
- reduces inflammation
- has a positive effect on metabolic processes in the body
- strengthens the body's defenses
- has a powerful cleansing effect
- improves skin texture

It's better to use blue clay for the face and hair.
Source: http://www.warmmineral.com/wms/wmschemistry.html
http://irinazaytseva.ru/golubaya-glina-svojstva-primenenie-maski-dlya-lica-i-volos.html

Warm Mineral Springs

Nature has endowed this wonderful place with truly invaluable treasure. There is a wonderful lake Warm Mineral Springs in the North Post - a unique natural mineral source of 1.4 acres. The diameter of the lake - from 125 to 175m, its depth is more than 80m. The water there is flowing and updated daily by 9 million gallons (40 thousand cubic meters). The temperature of water never drops below 87 degrees Fahrenheit (about +30 degrees Celsius), which creates favorable conditions for swimming.

Swimming in the lake is not only useful, but also very pleasant all year round. In the hot summer months, even if it's too hot around, no one feels the heat while in the water. The midst of the holiday season is in fall and spring, although there are a lot of people in winter, too. Holidaymakers swim and enjoy the nature around the lake all year round.

This lake is a unique and inimitable phenomenon. Warm Mineral Springs takes 1st place in America and third in the world for mineral concentration and for its healing characteristics. It surpasses almost all the world's health resorts, including German Baden-Baden and Czech Karlovy Vary. The lake water has a pronounced physiological effect on the human body and is therefore very effective in treating a wide variety of ailments, which makes North Port a place of pilgrimage for health.

Наряду с общим улучшением самочувствия, вода облегчает и лечит артриты, боли в суставах, остеохондроз, радикулит, ревматизм, а также кожные заболевания - экзему и псориаз и улучшает кровообращение. После отдыха на *Warm Mineral Springs* люди чувствуют прилив энергии и жизненных сил, избавляются от депрессии и стресса. Этот уникальный природный подарок возвращает людям силы и помогает продлить годы полноценной жизни.

Warm Mineral Springs является также одним из всемирно значимых подводных археологических и исторических мест. С озером связано много легенд и историй. Учёные установили, что возраст этого минерального источника превышает 30 тысяч лет. Всё это время он сохраняет свою чудотворную оздоровительную силу.

Сегодня *Warm Mineral Springs* знаменито далеко за пределами США. Тысячи туристов ежегодно приезжают сюда из соседней Канады, Европы и Азии. Чудо-Озеро посещают тысячи людей, желающих поправить свое здоровье.

Warmm Mineral Spring. North Port, Florida, USA. Photo by Ashrafyan K.
Теплый Минеральны Источник, Норд Порт, Флорида, США. Фотография сделана Ашрафьяном К.

In addition to the general improvement of health, water eases and treats arthritis, joint pain, low back pain, sciatica, rheumatism and skin diseases - eczema and psoriasis, and improves blood circulation. After their vacation at Warm Mineral Springs people feel a burst of energy and vitality, they are relieved from depression and stress. This unique gift of nature returns people their strength and helps to prolong years of a full life.

An interesting fact about why the water changes its color in Warm Mineral Spring during the day. This happens due to the reaction occurring in the seaweed growing in the water. They saturate water with calcium, causing its color to become white instead of transparent.

Warm Mineral Springs is also one of the world's important underwater archaeological and historical sites. There are many legends and stories associated with the lake. Scientists found that the age of this mineral source is more than 30 thousand years. All this time, it retains its miraculous healing power.

Today, Warm Mineral Springs is famous far beyond the United States. Thousands of tourists come here every year from nearby Canada, Europe and Asia.

Warmm Mineral Spring. North Port, Florida, USA. Photo by Ashrafyan K.
Теплый Минеральны Источник, Норд Порт, Флорида, США.
Фотография сделана Ашрафьяном

Этот материал был взят из письма Григория Громова.
Результаты анализа 6 проб воды.

This material was taken from letter of Grigori Gromov.

Analysis results of 6 samples of water.

Date of results: 2013-02-01
Samples: 6 samples of water identified from A to F, 3 oz / sample (~89mL), provided on 2013-01-17

Results
Determination of pH + calcium, magnesium, sodium, potassium, chlorides, nitrates and sulfates contents. NB:
No heavy metal (lead, cadmium, mercury...) was found in significant concentration

Interpretation
Considering portability limit, samples A to E cannot be considered as drinkable.
Sample F is under limit, so it could be considered as drinkable.
Nevertheless, to establish its drinkability, complementary analyzes are needed.

	A	B	C	D	E	F	potability limit (mg/L)
pH	7.25	7.3	7.31	7.26	7.32	7.74	
calcium (mg/L)	482	454	450	453	444	72.1	
magnesium (mg/L)	562	560	551	553	544	29.5	
sodium (mg/L)	5060	4960	4570	4640	4470	66.1	200
potassium (mg/L)	196	190	180	183	176	3.26	
chlorides (mg/L)	9560	9740	9660	9420	9510	163	250
nitrates (mg/L)	27.1	29.2	29.2	30.1	30.3	<3.0	50
sulfates (mg/L)	1620	1630	1640	1610	1600	67	250

Геологические Исследования, Теплый Минеральный Источники, Флорида. Качество Воды
Floridians Geological Survey
Warm Mineral Springs Water Quality

Analytes	1927	1930	1943	1962	1972	2003
Temperature F	-	-	86	84	85.1	86.3
DO	-	-	-	-	1	0.37
pH	-	-	7.0	07.фев	07.мар	07.июн
sp. Cond	-	-	-	-	-	28700
BOD	-	-	-	-	-	1.4A
Turbidity	-	-	-	-	-	0.9
Color	-	-	6	5	-	5.0
Alkalinity	-	-	-	130	130	131
TDS	-	-	-	19	-	17,8
TSS	-	-	-	-	-	7IQ
Cl	9400	9600	9400	9200	9500	10000
CO4	1700	1700	1600	1700	1700	1700
F	-	-	-	2.0	01.сен	01.апр
TOC	-	-	-	-	3.0	2.8IQ
NO3+NO2 as N	-	-	-	-	-	0.013
NH3+NH4	-	-	-	-	-	0.34
TKN	-	-	-	-	-	0.56
P	-	-	-	0.01	0.02	0.019I
PO4	-	-	-	0.4	-	0.004 U
NO3	-	-	01.июл	-	-	-
CA	770	510	640	720	500	712
K	-	-	-	180	150	191
Na	-	-	-	4900	5200	5260

Mg	470	630	540	480	580	616
AL	-	-	-	-	-	64U
As	-	-	-	-	10	4U
B	-	-	-	-	-	1710
Cd	-	-	-	-	-	0.5U
Co	-	-	-	-	-	2.4U
Cr	-	-	-	-	6	5.7I
Cu	-	-	-	-	20	15U
Fe	-	-	-	-	40	7U
Mn	-	-	-	-	20	02.сен
Ni	-	-	-	-	-	20U
Pb	-	-	-	-	-	22U
Ra-226	-	-	-	-	-	16.янв
Ra-228	-	-	-	-	-	01.май
Se	-	-	-	-	-	24U
Sn	-	-	-	-	-	22U
Sr	-	-	-	-	3100	3590
Zn	-	-	-	-	20	4U

Warm mineral spring, Florida, USA
Теплое Минеральное Озеро, Флорида, США.

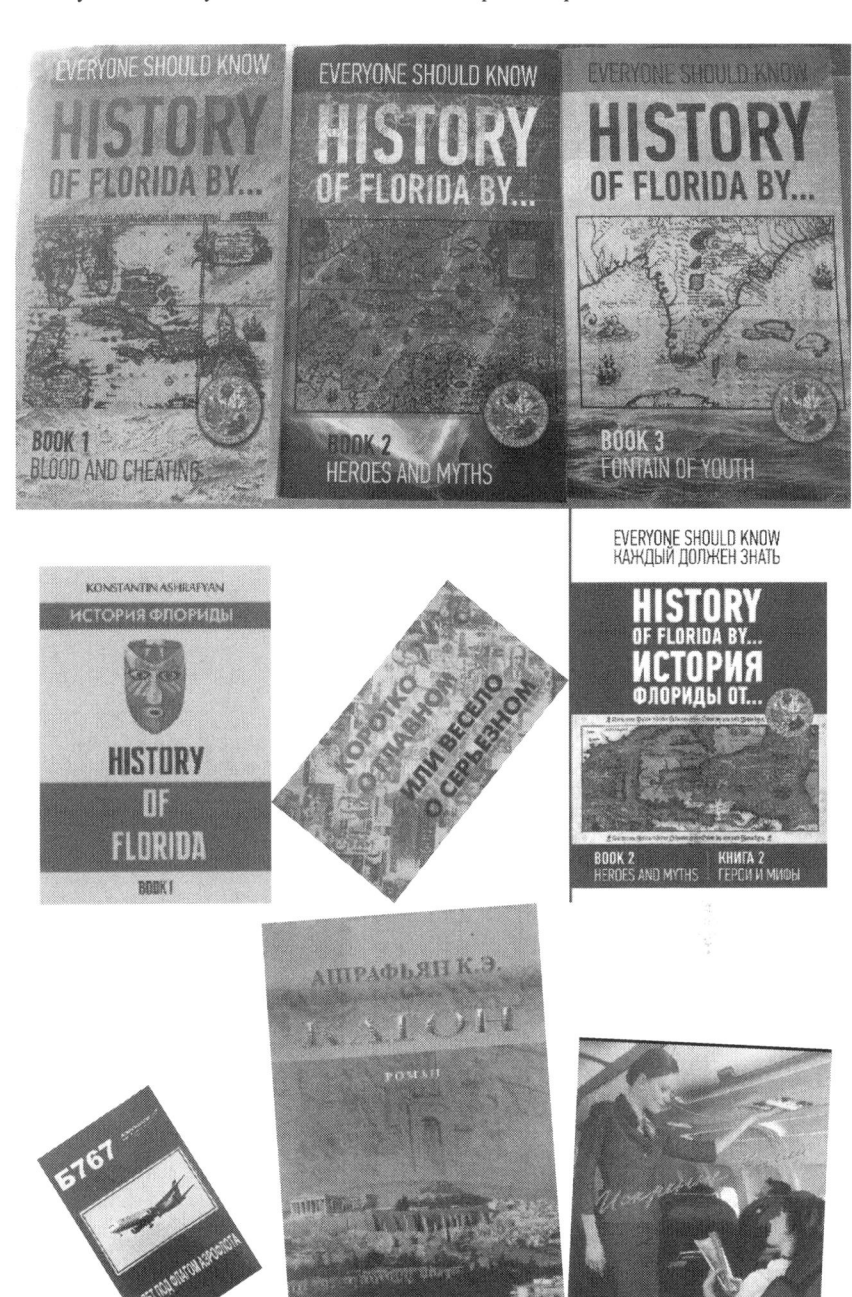

History of Florida by.... Book 3. 1513-14. История Флориды от... Книга 3. 1513-14

ABOUT THE AUTHOR

Konstantin Ashrafyan graduated from National University of Science and Technology (MISiS) and worked as an engineer. Then he quitted his career and started working in the airline «Aeroflot» in 1989. He and his wife Svetlana visited 4 continents, 70 countries. They witnessed epochal events: wars in Angola and Yemen, destruction of Eastern Europe, development of Southeast Asia… They published books about the history of ancient Spain, Portugal and the Roman Empire, business brochures, participated in publication of the corporate books of Aeroflot etc.

This is the third book in the series of the books about the History of Florida. Author's art processing is based on historical realities and forgotten facts here. Narration lifts the veil of a story about the unjustifiably forgotten heroes and combines different records from various scientific and historical sources in one picture of the reason of the discovery of Florida. You, my dear reader, are the most precious Human for the good of whom we have been collecting the History bit by bit. Your life is just as valuable as the lives of those heroes that had lived before you. Their blood flows in your veins!

If you want to tell the story of your life – visit our project www.bankofmemory.org and tell your grandchildren about yourself to make you mark in this world.

ОБ АВТОРЕ

Константин Ашрафьян окончил Национальный исследовательский технологический университет «МИСиС». Затем работал инженером в Научно исследовательском институте Неорганических Материалов (ВНИИНМ). В 1989 он прервал свою научную карьеру и начал работать в авиакомпании «Аэрофлот». С 1989 года он и его жена Светлана побывали на 4 континентах, более чем в 70 странах. Они стали свидетелями эпохальных события: войны в Анголе и Йемене, разрушения связей в Восточной Европы, развития Юго-Восточной Азии...

Они опубликовали книги об истории древней Испании, Португалии и Римской империи, деловые брошюры, участвовали в изданиях корпоративных книг Аэрофлота.

Это третья книга в серии книг об истории Флориды. Художественная обработка автора здесь основана на исторических реалиях и забытых фактах. Повествование приоткрывает завесу истории о неоправданно забытых героях и сочетает в себе различные записи из различных научных и исторических источников в одной картине раскрытия причины открытия Флориды.

Вы, дорогой читатель, самое драгоценный ЧЕЛОВЕК на благо которых мы собирали крупица за крупицей Историю.

Ваша жизнь столь же ценна, как жизнь тех героев, которые жили до вас. В ваших жилах течет их кровь!

Если вы хотите рассказать о своей жизни - посетить наш проект www.bankofmemory.org и вы можете рассказать своим внукам о себе, чтобы вы отмечаете в этом мире.

Made in the USA
Columbia, SC
17 August 2019